怎样起草文稿

李雪勤 著

修订版

浙江人民出版社

序

李忠杰

雪勤同志积多年的深厚功底和丰富经验，写出了《怎样起草文稿》一书。一看书名、一翻内容，我就觉得，这是一本很重要、很管用的书。

为什么？

因为文稿写作，是党和国家正常运转不可缺少的一项内容。治国理政，要制定法律、法规，要发布文告、文件，要下发通知、通告；上级要布置任务，下级要请示报告，同级部门还要沟通、协调；单位对个人有公函，个人对单位也要报材料；安排工作要有计划，专项事务要有方案；开会要准备发言，领导要发表讲话……诸如此类，都有文案工作，都要有人从事写作。所有这些文件材料在正式形成公文之前，大致上都可以称为文稿。在高层写作班子中，习惯于将起草中的重要文件、重要讲话统称为文稿。

文稿不可太繁杂，但也绝不可没有。没有这些文稿，党和国家机器就不能正常运转，一切社会生活都会停滞。为了保证治国理政的科学高效，文稿还必须保证质量，决不可马马虎虎，留下瑕疵。错了一个词，表达有误差，都可能带来严重的后果。为什么机关发文都要精心推敲、反复审核，中央和地方机关都还有专门机构和人员负责核文，道理就在这里。

领导讲话稿，是文稿的一种形式。领导干部按照党和国家的总体计划和安排，会经常在各种场合发表讲话。这些讲话有对党和国家重要决策、重要理念、重要任务的阐释，也有针对某些专项工作的部署和要求，还有对各种情况的分析和总结。领导讲话不可太多，但也不可没有；应该尽量少念稿子，但也不可能全无稿子；讲话稿最好由领导自己动手写，但每篇都由自己写也很难做到。特别是重要会议的重要讲话，内容非常权威，必须集体研究决定，不能由一个人说了算。所以，很多讲话稿都必须有人事先起草，然后由领导审阅、研究、修改、定稿。特别重要的文稿，还必须有一个班子专门组织起草。

这种文稿重要不重要？我曾多次讲过一个道理，作为研究人员，我们自己可能会写很多书、很多论文，也很有价值，但是请问，有哪几个观点和主张能成为国家意志的？很少，甚至没有。但是，如果我们起草的文稿，被中央认可了，作为文件印发了，或者作为领导讲话发表了，那就转化成了国家意志。其中的某些新概念、新观点、新政策、新主张，都立即具有了很大的权威性、指令性，这对于国家、社会乃至每一个人，将会产生很大的影响。同样道理，地方领导干部的讲话，对于这个区域的工作和群众来说，也具有非同小可的影响。写好了、讲好了，有利工作；写坏了、讲砸了，麻烦就大了。

所以，起草好这类文稿，包括领导同志的讲话稿，是治国理政必不可少的一个环节、一项任务。必须高度重视，确保质量。所有文稿，都是集体智慧的结晶。所有文稿起草人员，都是默默无闻的劳动者、创造者，不可能在文稿上挂上自己的名字。但是，起草人员的素质、能力、水平和工作态度，对文稿的质量水平关系极大。所有的文稿，都要按照中央精神和领导意图起草，同时也融合了起草人员的思想观念和政治智慧。所以，从中央到地方，都需要有一批特别能干的文稿起草人员，俗称“笔杆子”。“笔杆子”们要有良好的政治品格、政策水平、思维方式、知识储备和文字功底。所有的起草人员都要以高度的政治责任感优质高效地完成文稿起草任务，并不断提高起草文稿的质量。

遗憾的是，从我工作实际和接触了解的情况看，各级党政机关和部门单位中，真正能写文稿的“笔杆子”并不是很多，能够写出高质量、高水平文稿的人，恐怕就更少了。

为什么？原因很多，在我看来，最基本的有两个。

一个是，我们从小学、中学到大学的国民教育，大多是从文学艺术的角度来教育学生怎么写作的。讲授的多是怎么巧妙构思、怎么编排故事、怎么形象动人、怎么遣词造句、怎么抒发复杂的情感，等等。但对于怎么写应用性的公文，特别是写政务性的文稿，教授和学习得却很少。教师如果没有亲自写过这类文稿，也很难讲好这种课。所以，如果让刚刚分配进机关部门的硕士、博士、博士后写一篇领导讲话稿，几乎可以肯定，他们是写不好的。常见的通病都是用写文学作品的风格来写文稿，堆砌很多形容词，带上过多的感情色彩，或者是用学术的语言来写作，绕来绕去让人听不明白。再加上其他原因和缺陷，这种文稿很难符合要求，甚至连语言口气都不符合领导的身份，照本念了会很尴尬。

再一个是，党政文件和领导讲话这类文稿本身就有很高的要求。它必须站在全局的高度，吃透中央的精神，把握工作的大局，部署规定的任务，抓住突出的问题，拿出切实的举措，提出明确的要求，而且主题要鲜明、条理要清楚、逻辑要严密、术语要规范、文字要简练、语言要流畅、风格要平实。这种要求，即使领导干部本人，也需要通过学习中央精神，调查实际情况，经过认真思考和研究，才能达到。不少领导干部本人的文字水平并不高，即使自己写也未必能写好。这类文稿起草任务对于一般的文稿起草者，当然就是很大的挑战。对于初出茅庐的学生来说，更是难以完成的任务。

所以，至少在40多年前，我就有切身体会，深感从学校走上工作岗位后，如果从事文稿写作，必须经历一个艰难甚至痛苦的转变过程。后来在从事领导工作、处理各式文稿过程中，我发现不仅刚刚从学校毕业的年轻人，甚至很多局处级干部，或者有高级职称的研究人员，也未必能写好文稿。所以，我在工作中，往往要花很多时间来修改部下提交的文稿，指导他们写作和修改。我还让他们把我修改过的过程稿保留好，经常看看我是怎样改的，好好琢磨为什么这样改，从中体会文稿写作的规则和要求。我还专门为单位内外的同志讲授过怎样写公文、怎样写内参等，希望能有更多的同志尽快提高文稿写作水平。

正是有上述这些情况，所以我一看到雪勤同志的书稿，马上便感到非常符合现实需要，也非常有指导意义。对所有文稿写作人员来说，这都是一本值得一读的好书。

雪勤同志在中央纪委、中央办公厅工作了几十年，一直从事文稿写作工作，参与过十六大、十七大、十八大三次党代会报告的起草和党章的修改工作，起草过中央领导同志的很多讲话稿，以及调研报告、政策文件等。这些文稿当然都是集体创作的成果，但雪勤同志个人也作出了重要的贡献。他不仅参与，有时还直接主持了很多文稿的起草工作。在工作中，他善于思考、勤于研究，不断把感性认识上升到理性的高度，多年来总结和积累了非常丰富的经验。

他还重视培训自己的部下，讲授文稿写作的原则、要求、方法、注意事项等，帮助他们提高文稿写作水平。

在这种长期积累和研究的基础上，雪勤同志写成了这本专著——《怎样起草文稿》，把他的宝贵经验与更多人分享。浏览该书，我感到有几个特点：

第一，经验之谈。书中所有的内容都是雪勤同志在工作中积累的经验。说的事情、举的例子，都是工作中经历过、遇到过，或者有关联的。按他所说，这些事例“有一定的个别性”。其实，正是这种特定的经历，才使其经验有扎实的基础，非常切合实际而不是泛泛而论。经历是特殊的，但其中蕴含了很多共性和普遍性。从中抽象出来的原则和方法，可供很多文稿起草工作者参考。

第二，“原始创新”。如前所述，中学语文和大学中文系都有写作课，但怎么写政务性文稿，讲得很少。市场上讲写作的书很多，专门谈如何写公文的书也有，但完全根据自己的切身经历，并且是专门系统地谈如何起草文稿的著作，我还没见过。书中内容，完全是自己的心得和感悟，不是从哪儿搬来的，所以是“原始创新”。

第三，系统深入。全书设置了“文稿篇”，直接谈如何起草文稿；“调研篇”，专门讲文稿起草的基础工作，即调查研究，介绍调研的方式方法和需要注意的问题；“能力篇”，说明起草人员应该培养哪些方面的素质和能力，以及如何提高和锻炼自己。每篇都抓住起草工作的基本过程和具体细节，介绍经验，传授方法。最后还收录了王梦奎等文稿大家的几篇文章，作为借鉴。

第四，针对性强。书稿采用问答式，拉出了几十个问题，然后一个个回答。所列问题都是文稿起草工作中非常重要的事项。作者根据自己的经历和体会，介绍应当注意的问题，讲述具体的破解方法，简明扼要，准确清晰。针对性很强，实用性也很强，具有可操作性，因此很管用。

第五，文风朴实。谈的事情很实在，内容很实在，文字也很实在。讲的都是干货，一条一条，清清楚楚，没有做更多引申和拓展，大凡文稿起草人员，一看都能明白，一琢磨就会有启发。

所以，雪勤同志把他起草文稿的经验系统地总结出来，向广大读者特别是文稿起草人员作一点介绍，我认为是一件好事，有利于更多的同志提高文稿起草水平，更有利于进一步保证党和国家文稿的质量。雪勤同志的工作，包括文稿内容和起草工作，有很多是需要保密的。雪勤同志严守纪律和规矩，没有在书稿中涉及，这是应该肯定的，相信读者们也会理解。

希望这本书能够对各级党政机关、各个部门、各类企事业单位的文稿起草人员有所帮助。

（作者系中央马克思主义理论研究和建设工程咨询委员会委员，中共中央党史研究室原副主任）

目录
CONTENTS

1/文稿篇

2 调研篇

3 / 能力篇

4 参考篇

1

文稿篇

WEN GAO PIAN

文以载道。文稿是党的路线方针政策和工作部署的重要载体。文稿要有政治性、思想性、理论性、指导性，要从全局的高度和领导的角度思考和把握问题，力求体现党的路线、方针、政策，体现把方向、议大事、谋全局的原则，体现从宏观思考问题、指导实践的要求。

由于我一直在中央纪委和中央办公厅从事重要文稿的起草工作，因此本书谈的文稿，主要是政治性文稿，特别是领导讲话、调研报告、政策文件等文稿。

1.1 文稿起草工作重要吗？

我们党历来重视文稿起草工作，把“笔杆子”和“枪杆子”放在一起，作为取得政权、治理国家的重要方法。

1939年12月，毛泽东同志在延安各界纪念“一二·九”运动四周年大会上的讲话中说：“如果知识分子跟八路军、新四军、游击队结合起来，就是说，笔杆子跟枪杆子结合起来，那末，事情就好办了。”1958年1月，毛泽东同志在《工作方法六十条（草案）》里专门指出：“中央各部，省、专区、县三级，都要比培养‘秀才’。没有知识分子不行，无产阶级一定要有自己的‘秀才’。这些人要较多地懂得马克思主义，又有一定的文化水平、科学知识、词章修养。”

1950年5月，邓小平同志在西南区新闻工作会议的报告中曾经说过：“拿笔杆是实行领导的主要方法。领导同志要学会拿笔杆。开会是一种领导方法，是必需的，但到会的人总是少数，即使做个大报告，也只有几百人听。个别谈话也是一种领导方法，但只能是‘个别’。实现领导最广泛的方法是用笔杆子。用笔写出来传播就广，而且经过写，思想就提炼了，比较周密。”

习近平总书记视察中央办公厅时曾强调，无论办文、办会、办事，都要一丝不苟、严谨细致、精益求精，于细微之处见精神，在细节之间显水平。

领袖们的这些论述，都充分说明了文稿起草工作的重要性。

首先，做好文稿起草工作是服务中央决策的需要。大家都知道，中央的文件和中央领导同志的讲话，包括中央纪委的文件和中央纪委领导的讲话，都是我们党的政治理念的具体载体，是用以指导各方面工作的政策措施，是我们执政党在中国施政的重要方法，也是中国特色传统和现代理念相结合的治国理政的重要手段。因此，我们起草文稿，就是科学决策的重要环节，是政策规定的重要体现，也是集中智慧的一个重要过程，而不是一般的写文章。

其次，做好起草文稿工作是机关实施领导、指导工作的需要。中央机关对全党全国实施领导、指导工作的一个重要途径，就是通过各种文件和领导讲话，把党的方针政策和决策部署传达到各地区各部门，以推动改革开放和现代化建设事业向前发展。一般地讲，中央机关实施领导、指导工作的主要方式有三种：一是召开会议，二是制发文件，三是领导在调查研究或听取汇报时提出意见和要求。而这些方式都离不开文稿。

最后，做好文稿起草工作还是体现我们自身工作业绩和价值的需要。在机关，我们经常召开座谈会、研讨会、汇报会，这些会议都离不开文稿，都能体现我们的能力和水平。我们的本职工作做得好，我们的总结汇报写得好，发挥了我们的职能作用，实现了我们的政治和社会价值，不仅我们的同志满意，觉得自己的单位能够被人认可，受人尊重，有荣誉感；我们的领导也满意，因为他分管的部门参谋、助手得力，工作业绩突出，关键时刻能帮上忙，感到很欣慰。

1.2 如何发挥以文辅政的作用?

习近平总书记2014年5月在考察中央办公厅时强调：要围绕大局出谋划策、贡献智慧，“身在兵位，胸为帅谋”，主动对党和国家全局工作、对党中央抓的重点工作进行深入研究，多出大主意、好主意。说的就是以文辅政。

以文辅政，就是要通过起草文稿、调查研究、决策咨询等方式，积极为上级领导提供有价值的意见和建议，发挥好为领导决策服务的“智囊团”“思想库”“参谋部”作用。

更好发挥以文辅政的作用，为领导服务好，首先应当研究这样三个层次的问题。

一要深入研究全局性、战略性、前瞻性的重大问题。宏观战略问题关乎方向、关乎长远、关乎未来，涉及对一个国家、一个地方发展所面临的形势的全面判断和长期把握。任何一个国家、一个地方的发展，首先要有全局观念，要有战略思维，要有前瞻眼光。对我们起草文稿的同志来说，一定要有对发展趋势的动态把握。例如，对腐败与反腐败的发展趋势要有动态把握，对经济社会发展趋势要有动态把握，对国际形势和国内形势的发展趋势要有动态把握。这样才能做到心中有底，才不会迷失方向。

二要深入研究改革发展稳定工作中的突出问题。改革发展稳定是一个动态发展的过程，在这个过程中，时时刻刻都会发生这样那样的变化，出现这样那样的问题。对这些问题，我们要及时地观察、分析、判断，得出结论，并且有针对性地拿出对策，为领导决策服务。

三要深入研究一个时期干部群众反映强烈的热点问题。不同的发展阶段，都会产生与这一时期相关联的热点问题。比如，拆迁问题、环保问题、分配问题、腐败问题，等等。对这些问题，要从分析现象入手，从根源上探究产生的原因，并找出解决问题的对策。由于是一个过程，还要制定相应的预案以及时应对可能出现的各种情况和局面，防止措手不及。

为领导起草重要文稿，是实施领导工作的必要环节。如果我们在文稿中提出的意见建议被上级采纳了，为上级决策贡献了自己的心力，发挥了以文辅政的智慧，那我们出谋划策的参谋助手作用就能充分体现出来。应当说，这是一项令人神往的事业，也是一种富有价值的追求。

1.3 起草文稿怎么把握中央精神？

把握中央精神、领会领导意图，切实解决立意和站位的问题，是写好文稿的关键。主要把握以下三条：

一是要认真学习中央的有关文件，学习中央领导同志的重要讲话，深刻领会蕴含其中的重大理论观点、重大战略思想、重大工作部署，把握实质，掌握要点，加以运用。

二是要真正吃透领导同志对起草文稿的总体要求和具体意见，搞清楚文稿要解决什么问题、发挥什么作用、产生什么影响。

三是要在切实研究中央确定的原则方向和指向要求的基础上，创造性地提出具有创新意义的理念、思想、观点和政策措施。

只有在把握中央精神、领会领导意图的基础上，结合实际情况进行融会贯通，进一步细化、实化、具体化，才能使中央精神在我们起草的文稿中得到充分体现，才能真正做到既想领导之所想，又想领导之未想，创造性地写出高质量的文稿。

1.4 起草文稿怎么领会领导意图?

主持文稿的起草，首要的任务是必须充分领会领导的意图。平时我们接受一项文稿的起草工作，领导一般都有交代，比如要写什么东西。这里的写什么东西，往往就是文稿的主题。主题不清楚，起草的材料就可能驴唇不对马嘴。因此，我们接受任务时，一定要认真听取领导交给我们的是什么任务，弄清楚为什么要起草这个文稿。这里往往有四个方面的情况要注意。

一是有时领导直接指示他想讲点什么。这样的讲话稿的主题是最明确清晰的，往往也是领导考虑过的问题，比较好写。

二是有时是领导的批办件。这样的主题也是比较明确的，我们就要细细领会领导批示的含义。

三是有时是领导准备在具体工作会议上的讲话。这样的主题相对明确，至少在大的方面是明确的。我们就要通盘考虑，如领导在这项工作上以前讲过什么、现在这项工作进展如何、这一次可以讲点什么等，要提出具体的意见供领导参考。

四是有时领导自己没有考虑成熟，他会征求你的意见。这时你就要当好大参谋，在考虑成熟后提出自己的意见。领导如果征求你的意见，你可以坦诚地提出自己的意见和建议，最后由领导定夺。

这和自己写文章不一样，自己写文章可以直抒胸臆、信马由缰，想写什么就写什么。但我们是为领导服务的，必须按照领导的意图来落实，否则就达不到领导的要求。我们研究室的老领导曾经说过：东北有句话，叫作“干活不依主，纯粹二百五”；还有一句叫“干活不随东，累死也无功”。虽然比较俗，确实是这个道理。

1.5 文稿起草的基本要求是什么？

文无定法，但有规律。领导讲话等文稿的起草工作没有固定的模式。但文稿起草工作作为一门专门的学问，并不是没有规律可循。这里，从中央机关文稿起草的共性出发，着重介绍一些基本的要求和方法。

第一，把握中央精神，领会领导意图。中央机关许多文稿直接体现中央的决策部署和工作要求。文稿起草人员既然为领导同志起草文稿，就是代领导立言，“小人物说大话”。要换位思考，“身在兵位，胸为帅谋”，想领导之所想，谋领导之所谋，站在领导的角度看问题、想事情，站在党和国家工作全局的高度看问题、想事情。掌握实情更准一点，占有材料更多一点，思考问题更深一点，观察问题更远一点，真正当好领导的“外脑”。努力做到政治上要有高度，思想上要有深度，逻辑上要周延，实践上要可行。因此，把握中央精神、领会领导意图，就成为做好文稿起草工作的重要基础。

第二，熟悉业务情况，掌握工作规律。起草文稿必须以熟悉基本业务为前提，决不能就文章谈文章，也不能从概念到概念。这一点，对初到机关工作的同志来说尤为重要。有些新来的同志写的东西之所以拿不出手，不是学历学位不高、文字技巧不行，而是对工作业务不够熟悉，对实际情况不够了解，对文稿要解决什么问题、听众或读者关心什么问题摸得不准、吃得不透。这种情况，就叫还没有找到感觉。要解决这个问题，关键是要在了解实际、掌握情况、吃透业务上狠下功夫。

第三，了解起草步骤，遵循基本程序。起草任何文稿，特别是起草上级文件、领导讲话、调研报告等重要文稿，都必须遵循基本的步骤和程序。

第四，注重谋篇布局，讲究逻辑关系。在文稿起草过程中，收集资料、占有资料主要是解决“言之有物”的问题；提炼观点、阐述思想主要是解决“言之有理”的问题；谋篇布局、理顺逻辑则主要是解决“言之有序”的问题。

第五，切实改进文风，力求平实简洁。不要以为平实简洁是起码的要求，人人都能做到。实际上做到平实简洁是最难的。正所谓“精神到处文章老，学问深时意气平”。能够使用朴实平和的语言，又能表达内涵深刻的思想，那便是文章高手了。

1.6 起草文稿如何熟悉情况和把握规律？

熟悉业务情况、把握工作规律，是做好文稿起草工作的基本功。具体应当把握以下几点。

一是要千方百计地熟悉本部门本单位的具体业务。这是你的本职工作，也就是你的饭碗。要重点了解中央的有关政策、工作的最新动态、基层的实际情况，做到心中有数。我曾经同新进我们研究室的同志讲过，其实中纪委研究室的工作领域，就是纪律、作风、反腐败、党内监督等几大块，只要一块一块地理清楚，用不了多久就可以成为某一方面的专家了。

二是要尽量了解和熟悉相关部门和单位的工作情况。我们纪委的同志不仅要熟悉纪律检查方面的工作，而且还要了解熟悉组织、宣传等党的建设方面的工作，同时还要了解熟悉经济、政治、文化、社会、生态等方方面面的工作。这样，你的业务面就宽了，视野就开阔了，真正做到胸中有全局，你写的文稿也会有厚重感了。

三是要养成全面认识和分析问题的习惯。不但要看到取得的成绩，而且要看到存在的不足；不但要关注当前的现实情况，而且要研究以往的历史和今后的发展趋势，真正做到登高望远、客观辩证、知己知彼。

四是要悟透工作规律。善于在个别中发现一般，从反复出现的现象中找出规律，做到举一反三、触类旁通。只要我们坚持这样做，就能够在起草的文稿中体现针对性和可操作性，不仅“形似”，而且“神似”，不仅说内行话，而且能说出门道、说到点上。

1.7 好的文稿应该如何布局？

一篇好的文稿，必须讲究布局，注意基本的章法和逻辑。

文稿的布局，主要包括标题、开头、正文、结尾四个部分。

标题反映文稿的主题内容，意在画龙点睛、描出文眼，讲究准确精练、鲜明醒目。如毛泽东同志的《将革命进行到底》，邓小平同志的《精简机构是一场革命》，习近平总书记的《不忘初心，继续前进》，等等，都是画龙点睛之作。

文稿的开头讲究开门见山、开宗明义，体现文稿的基本意图，意在引出下文，不要绕来绕去，讲半天还不知所云。

正文是文稿的主体，可以分若干层次和段落来展开，讲究内容充实、条理清晰。

结尾是文稿的最后部分，一般写带有方向性、结论性、建议性、鼓励性、希望性的话语，讲究干净利索、简洁明快、提振气势。

文章的开头、正文、结尾，古人用“凤头、猪肚、豹尾”来比喻，要求开头亮丽、正文丰满、结尾有力，今天仍然值得我们借鉴。

文稿的逻辑，反映着文稿各部分之间的内在联系。毛泽东同志曾讲过：“写文章要讲逻辑。就是要注意整篇文章、整篇说话的结构，开头、中间、尾巴要有一种关系，要有一种内部联系，不要互相冲突。”起草各类文稿，都要注意逻辑关系，围绕主题分层次，根据层次排段落，针对轻重定详略，做到思路清晰、层次分明、前后照应、详略得当，切忌顾此失彼、杂乱无章、一盘散沙。

总之，如果一篇文稿思路清、高度够、表达准、特点明，那就是好的文稿，甚至是文稿中的精品。

1.8 文稿结构一般有哪几种?

曾经有位领导同志每次外出考察讲话，都用一个三段论的套路：这项工作很重要，这项工作很难搞，这项工作要搞好。大家可能觉得有点机械，其实效果还不错。特别是初学者更可以借鉴。

现在我们常用的文稿结构，一般有三种：

一是板块结构。一般的文稿可以分为三大块：一是重要性和必要性，二是现状和问题，三是对策和措施。前些年，中纪委全会的工作报告也是三段论：上年成绩和问题、今年任务和措施、其他应注意的问题，或者一部分回顾工作、一部分总结体会、一部分部署任务。复杂一点的文稿也可以有四大板块或五大板块。

二是串珠结构，也叫串糖葫芦法。一开头，一结尾，中间一个肚子串起几个问题，其中要讲的问题可大可小。比如，党的代表大会的报告，往往就是串珠结构。党的十九大报告一开头就点出了大会主题，接着的四块是总论部分，分别讲了五年工作、历史使命、指导思想、奋斗目标。中间从第5块到第12块分别讲经济、政治、文化、社会、生态文明、国防和军队、“一国两制”、外交，是分论部分。第13块是党建，主要是讲党的自身建设，这是组织保证。

三是并列结构。按大概逻辑排列起来讲。如毛泽东同志的《论十大关系》就是并列结构。有时我们给领导起草讲话，几个并列的内容放在一起，用一要、二要、三要的写法写下来也是可以的。特别是比较短的讲话稿，这样比较省事，还能突出重点。有一次，我们就某一方面的工作给一位领导起草一个篇幅不大的讲话稿。当时有的同志用板块结构来起草，结果有点衣服大而身子小的感觉。我就让这位同志不要求全，而是挑了三四个最需要讲的内容一一展开，结果效果很好。

1.9 起草文稿如何最快地收集资料？

我们在承担起草任务、准备起草文稿时，收集资料是最紧迫的任务。有的同志如果没有思想准备，往往就会觉得无从下手。

毛泽东同志工作繁忙，但仍然对文稿起草工作人员如何收集资料、起草文稿手把手地悉心进行指导。针对有的文件“不扎实，轻飘一些”的问题，毛泽东同志指出，这是起草人“脑子里对此问题还很不懂的原故”。他要求文件起草人“用一个星期的时间将全国各省、市、县见于报纸的经验一齐找来仔细看一遍，边看边想，形成成套思想，然后下笔成文……修正文件，字斟句酌，逻辑清楚，文字兴致勃勃”。他的这个要求，对我们收集资料、起草文稿具有方法论的意义。

笔者的体会是，要最快捷有效地收集资料，就要做到“三个注重”。

第一，要注重收集综合材料。我们为领导起草某一方面的重要文稿，就要对这方面的综合情况有一个总体把握。特别是那些我们完全陌生的领域，就更需要我们加强对这个领域综合情况的了解，如某个部门的基本情况、部门职能定位、每年工作报告、主要领导讲话等，都要尽快地了解和熟悉。在这个基础上，再结合中央对这个领域基本的精神，就可以有针对性地提出明确具体的要求。比如，如果起草某领导到一个单位考察讲话的文稿，我一般都会向对象单位要来近三年的总结报告。因为这三年的总结报告基本上反映了该单位的基本和总体的情况。

第二，要注重收集源头材料。我们要掌握的东西很多，只有突出重点，才能效果明显。这个重点就是源头材料，即中央的一些有关重大政策法规方面的重要文件和领导同志的一些重要讲话。这些就是这个领域最基本、最重要的文件，是我们把握重大政策的基础。吃透了源头材料，我们就可以对中央的基本精神有一个总体上的把握。如果不重视研究源头材料，搞什么专题都收集一大堆资料，结果功夫没少花，但写出来的东西往往没有充分体现中央的精神，究其原因就是主次关系没有处理好，没有抓住关键和要害。

第三，要注重收集最新材料。要了解一个领域政策举措的发展变化，就要随时拿这个领域最新出台的文件来学习。我们起草讲话、文件，大多用于指导工作，如果不掌握最新的材料，文稿服务就难以跟上形势的发展，就难以用中央的最新精神去指导实践。这就要求我们随时关注中央的一些新的大的举措，及时把有关最新文件拿到手进行研究，以在文稿起草过程中用最新的精神去指导新的实践。

1.10 平时如何收集写作资料?

为了更好地起草文稿，我们一定要做个有心人，随时随地收集各种有用的资料，特别要学会利用网络等现代化工具搜寻信息、占有材料，以提高效能。平时看书看报看电视、茶前饭后同别人交谈、日常生活中的感悟，等等，要随时动笔，记下所思所想，或者勤做读书笔记，随时记下新颖的观点或者名言警句。只要认为是有用的资料，就及时记载下来。在起草文稿时，我们就可以把自己平时思考和总结的观点写进去，有时能发挥意想不到的效果。

在这方面笔者也有一些体会。前些年，在地方纪委的刊物上看到一个材料，里面有一个“生存代替正义”的观点，认为在金融危机下，很多企业家为了生存下去会向官员行贿，因此这个时期腐败现象可能会增加。我认为这个观点新颖，与以往的老观点不同。后来我们在起草形势报告的时候用了这个观点，结果形成了一个新的亮点。

比如，在起草个别干部自杀调研课题报告的时候，我突然想起将近30年前读《马克思恩格斯全集》时摘抄在卡片上的一句话——“自杀是违反自然的”，就把这句话写进课题报告中。由于引用马克思主义经典作家的重要观点，这个调研报告的理论性和厚重感立刻就增加了。其实当时摘记这句话的时候只是觉得有意义，根本就没有想到会用到文件中去，结果刚好就恰如其分地用上了。

所以，大家要尽力扩大信息总量，增加知识储量，把平时看到的好材料及时记下来，加以融会贯通，随时都可能用上，成为文稿的内容，提供理论和数据的支撑。并且这些内容一旦用得恰到好处，不仅非常管用，也非常出彩。

1.11 起草领导讲话的步骤是什么?

起草领导同志讲话是我们研究室的日常工作。一般情况下，我们起草领导讲话稿可以分为三个阶段和七个环节。

三个阶段就是：第一阶段，确定文稿思路阶段。这一阶段的工作就是吃透领导意图，明确写作目标，收集相关资料，构思文稿框架。第二阶段，文稿初稿形成阶段。这一阶段的工作就是细化写作提纲，充实相关材料，开掘主题内容，阐述思想观点，初步形成文稿。第三阶段，文稿修改完善阶段。这一阶段的工作就是反复修改打磨，“文章不厌千回改”，好文章都是改出来的。

七个环节就是：接受任务、搜集资料、形成提纲、分头起草、集体讨论、初稿审改、报送领导七个环节。下面逐一介绍这七个环节。

一是接受任务。在领导同志布置起草讲话任务时，要认真做好记录，全面准确地理解领导意图和相关背景。有不清楚的地方，要及时询问。只有准确把握领导意图和相关背景，才能确定讲话稿的框架结构、主题思想、基本内容。同时，要认真学习领导同志平时的讲话、谈话和批示，深入学习领导同志分析形势、研究工作、解决问题的思维方式，系统掌握领导同志一贯坚持什么、过去讲过什么、最近关注什么、这次想讲什么，认真研究，反复体会，力求准确地把握领导的要求。

二是搜集资料。“巧妇难为无米之炊”，搜集资料是起草好领导讲话的必经环节。要根据讲话起草任务，迅速全面收集有用的资料，主要是按照权威、最新、管用的原则搜集综合材料、源头材料、最新材料，不能眉毛胡子一把抓。搜集资料要讲究重点，比如搜集中央有关文件以最新的为主，搜集地方和部门提供的材料以综合的为主，搜集专家学者和重要文章的观点以权威的为主。笔者的体会是，如果资料搜集齐全了，一半的文稿起草任务就完成了。就像盖房子一样，如果各种材料都齐全了，房子盖起来就顺利多了。

三是形成提纲。要在快速阅读所搜集资料的基础上，精心设计写作框架，力求做到大的层次逻辑清晰、条理分明，主要思想观点了然于胸、明白无误。只要时间允许，提纲拟得细一些比较好，特别是重要讲话稿，最好要把提纲议深、议细、议透。一些重要讲话的提纲还可以先送领导审阅或提交集体讨论，这样可以集思广益，避免在送审过程中伤筋动骨，甚至被推倒重来。

四是分头起草。起草领导讲话，任务往往都比较急，需要依靠集体的力量，先由个人分头起草，再交集体汇总修改。要根据形成的提纲，按照每个人的专长分配起草任务，确定完成时间。承担任务的同志要深入研读相关材料，按照提纲充实内容，形成初稿。在这个环节，要求大家调动主观能动性，独立进行思考，充分发挥自身优势。每位同志在落笔时要心中有别人，努力写自己提纲范围内的事情，做到前后照应、上下衔接，注意起承转合，避免交叉重复。

五是集体讨论。各自承担的文稿完成后，要汇总合稿，分发大家集体讨论，提出意见后，再交由执笔人进行推敲完善。在这个环节，要求大家畅所欲言，既“种好责任田”又“种好公家地”，既坚持己见又勇于放弃，既敢于破又善于立。就个人来说，要认真听取、正确对待领导和同志们提出的修改意见特别是否定性意见，从中找出不足，明确修改方向。

六是初稿审改。初稿完成后，交由牵头人进行审改。牵头人从主题是否突出、观点是否正确、结构是否合理、内容是否充实、材料引用是否得当、文字表述是否准确简练、篇幅是否适中，以及是否符合领导风格等方面加以把关。有的文稿要视具体情况决定是否再交由大家集体讨论修改或核改。要树立精品意识，从主题思想、篇章结构到语言文字、标点符号，都要反复推敲、反复打磨，“增、删、改、调”，确保观点鲜明新颖、思想丰富饱满、措施具体可行，做到文稿结构完整严谨、行文流畅规范、语言精练准确。

七是报送领导。将经过讨论修改、基本成熟的初稿送领导同志审阅。“千金难买回头看”，送审之前，一定要由至少两人唱校，确保文稿在格式、文字、数字、符号、引文等方面没有硬伤后再送出。这个环节也非常重要，往往最后还会出现硬伤。这方面我就有好几次深刻的教训。

无数实践都证明，如果把握好了这些步骤和程序，文稿的质量就有了起码的保证；如果漏掉哪一个环节或者打乱这些步骤，往往就意味着文稿起草要走弯路。

1.12 起草领导讲话要注意什么？

在领导讲话稿的起草和修改的过程中，有这样三个问题需要注意：

第一，谁来讲。这其实是个不言而喻的问题：给哪位领导起草讲话稿，就是哪位领导讲。但是，这个问题其实隐含着这样几个意思。

一要定位准确。就是这个领导担任什么职务，处于什么样的地位。每个领导都有自己分管的领域，他要处理好这种局部和整体的关系，不要越位。如果你对别的领域说了话、作了指示，那个领域的分管领导就不好办，别的领域的同志也不好办，人家是听你的还是不听你的？

二要有个性。讲话稿和一个人平时说话一样，都要有自己的个性。领导同志讲话的个性表现是多种多样的，特别是在表达方式、语言特点、段落转换等地方，是领导同志体现个性的地方，必须引起我们的高度注意。有的领导喜欢长句子，有的领导喜欢短句子；有的喜欢引用名言古语，有的喜欢引用经典理论；有的喜欢使用民间俗语，有的喜欢使用专业术语；有的喜欢使用排比句，有的喜欢使用四六句；有的喜欢平实，有的喜欢华丽；有的喜欢多用形容词，有的喜欢多用陈述句；等等。总之，人的性格丰富多彩，文章也不可能千人一面。在起草文稿的过程中，要认真观察、细心体会、准确把握领导同志的个人风格，使我们的文稿尽可能符合领导同志的习惯，适应领导同志的性格。这要求我们在起草文稿的过程中必须充分了解该领导讲话的风格，如果可能的话，还应当了解该领导的性格、脾气、爱好、作风、语言习惯等，然后针对该领导同志的个性，是平和型的、实在型的、谦虚型的、激情型的还是一般型的，写出个性化的文稿。如果不看对象，你写出来的稿子领导同志往往念不下去，甚至会使领导同志感到难堪。曾经有位领导在一个大会上通报一起走私案，当他念到某位副市长被拉下水后就“沉醉在温柔乡里”时，这位领导却念成“沉醉在‘他们写的’温柔乡里”。因为他实在不认同“温柔乡里”是他自己写的，因而临时加了个“他们写的”。这就是通报稿起草者没有考虑到领导的个性和风格而造成的尴尬。

三要有起草基本稿子的打算。有时在文稿起草时，一开始不知道谁去讲话。比如，在某一个会议上需要有一位领导去讲话，但是谁去讲并没有最后决定，但文稿起草工作又不能等，就必须按照确定的主题先起草出初稿。这就要按照一般的领导讲话稿先开始起草，等确定是哪位领导讲话以后再根据领导的个性作润色。

第二，还有谁讲。我们往往碰到这样的情况，有时候开一个大会，在会上有几位领导同志都要讲话。这时候就需要我们来把握领导同志各自的地位、角色和分管的工作，做好同一个主题下各自文稿内容的分工和协调。我们可以从这项工作的重要性和必要性、历史和现状、原则和方向、对策和措施等方面，通过主讲和从讲、正面和侧面、详写和略写等不同方式，相互支撑、相互补充、相互协调，使几个讲话稿既单独成稿，又形成一个整体，既可以全面地体现这项工作，又可以较好地避免讲话内容的重复。

第三，对谁讲。就是要搞清楚讲话对象是谁，针对谁讲，需要起到什么效果，解决什么问题。这就叫“有的放矢”，这就要增强文稿的针对性。我们起草的文稿都是用于指导实际工作的，如果与实际脱节，光讲一些放之四海而皆准的原则性大话，这样的文稿就没有多大价值。文稿的针对性不强，与我们这些起草者接触实际、了解实情不够有关，同时也与我们在起草过程中不注意把握这方面的要求有关。要解决不了解实情的问题，就要求我们多搞调研、多接地气，可以走出去深入基层，也可以请进来开展座谈。

1.13 如何增强领导讲话的针对性？

起草过程中怎样注意体现针对性的要求呢，大约有这样几个方面要特别重视：

一是要从阐述中央的新精神上体现文稿的针对性。中央的新精神都是为了解决实践中的新问题提出来的，注重阐述这些新精神，能使领导讲话本身的现实感增强，能给人以实际的指导。

二是要从把握地方和部门的特点上体现文稿的针对性。我们的领导同志经常到地方考察工作，到部门会议上讲话，这一类的文稿一定要在联系该地方和部门的实际上做文章，把握这个地方、部门的特点，有的放矢地提出指导性意见。

三是要从提出带有时间性的要求上体现文稿针对性。一项工作自始至终可以分为几个阶段，在不同的阶段要注意提出不同的要求，比如，工作刚部署时强调统一思想认识、制订实施计划，进行一段时间后强调防止松劲情绪、加强督促检查，快告一段落时强调认真总结经验、做好后续工作，这样就会增强针对性。针对性强了，文稿读起来、领导讲话听起来就会生动具体了，就不会空洞无物了。

1.14 为什么说创新是文稿的灵魂?

创新是一个民族的灵魂，也是起草好的文稿的灵魂。没有创新就没有生命力。《人民日报》原副总编辑梁衡在《毛泽东怎样写公文》中说过一句值得我们深思的话，他说：无论一个团体、政党还是政府，当上下都已形成老一套时，这个团体、政党、政府也就“老”了。与这个“老”相配套的就是空话、老话、套话，写文章就拿腔拿调。党老则僵，政老则虚，师老兵疲，文走形式，这是政治规律也是文章规律。所以，政党也好，政府也好，团体也好，必须坚持创新，才能永葆青春和活力。同样，要做好文稿起草工作，也须臾离不开创新思维和创造激情。要坚持把创新作为文稿起草的最高追求，坚持与时俱进，力求常写常新。只有勇于探索，敢于创新，才能写出观点新、内容新、文风新的文稿，品尝创新的乐趣。

在追求创新过程中，关键是要把握好四点：

首先，要正确理解创新。一般地讲，在文稿中使用新材料、概括新情况、作出新表述、提出新观点、阐述新思想，都属于创新。但真正意义上的创新，不是语言形式的创新，而是内容实质的创新。当然，我们要针对现实需要进行创新，不能搞无病呻吟、哗众取宠的文字游戏。

其次，要理性追求创新。创新不是天马行空、随心所欲，需要充足的知识储备、艰苦的实践探索、长期的积淀感悟、理性的思想升华。要经常深入研究中央的最新精神，研究领导同志关注的重要问题，研究专家学者的学术成果，研究人民群众的所愿所盼，从中挖掘创新的源泉，提炼独到的见解，提出符合中央要求、符合时代潮流、符合人民期望的新命题、新观点、新政策。这些年我们党提出了一系列重大的理论创新，如科学发展观、新发展理念、公平正义、和谐社会、美丽中国、“一带一路”、合作共赢、人类命运共同体等，已经成为我们党和国家的核心理念。这些理论创新成果对我们国家的发展具有重大的战略指导意义。因为一个重大理论创新成果一旦被确立为我们党的重要思想或方针，一方面它就是核心理念，我们党和国家的大政方针就要围绕它来确定；另一方面它就是标准，各项工作都要以它为尺度来衡量。

再次，要具体实践创新。在起草领导讲话的实践中，要尽量使用新材料、概括新情况、提出新观点、阐述新思想。可以是思想新、观点新、语句新、例子新。讲话中，“标准件”可以有，但不可过多。哪怕是同样的意思，完全可以换一种说法或形式，这也是创新。此外，如果把好东西研磨碎了，然后再重新组合起来，并加进创新的东西，这样也会出新意。还要学会“接着说”，就是要在已有的名言上继续丰富、扩展，而不是随意挑选、修改。

最后，要着力体现创新。不拘泥于既有结论，敢于提出新观点、新见解、新表述。最好是能提出一些类似名言警句、口号语录，有的甚至可以作为写在墙上的标语横幅。比如，党的十六大报告提出的“发展是党执政兴国的第一要务”、党的十八大报告提出的“努力建设美丽中国”、党的十九大报告提出的“为中国人民谋幸福，为中华民族谋复兴”、党的二十大报告提出的“以中国式现代化全面推进中华民族伟大复兴”等，都是非常具有方向性的思想理论创新成果。

总之，如果我们起草的领导讲话中有一两句能够成为被记得起来、流传下去、影响甚广的新话，那就很成功了。

1.15 如何用好创新灵感？

灵感是创造性思维不可缺少的重要一环，是创造者在积累大量知识和智慧基础上的思维之花。在各种条件具备之后，需要依靠灵感的力量激活大脑，捅破窗户纸，使具有生命力的新命题、新观点、新政策在我们的笔下奔涌而出。

灵感只会眷顾那些有准备、善思考、会总结、能概括的人。这要求我们平时多学、多思、多践、多悟，使自己始终具有充实的头脑、广阔的视野、足够的敏感，以便随时捕捉灵感的火花。我们参与起草重要文稿的同志，如果能够在理念上提出具有创新意义的重大成果，那对党和国家的贡献就大了！

1.16 怎么能写出“文眼”？

画家追求的是画龙点睛，诗人追求的是“诗眼”，文章追求的是“文眼”，这些都是让人眼前为之一亮、精神为之一振的精华。所以，“文眼”是一种高度概括出来的政治性、思想性、业务性都很强的精练语言，是最能体现主题、升华意境、涵盖全篇的关键性词语，是文章思想感情的焦点，也是一种最能传达意志、思想、旨趣和情感的名言名句。比如党的十六大报告中的“聚精会神搞建设，一心一意谋发展”，又比如习近平总书记在党的十八大后第一次记者见面会上讲的“人民群众对美好生活的向往，就是我们的奋斗目标”，都是极具方向性、思想性、震撼力的“文眼”。

“文眼”往往出现在亮点和新话中。一篇文章如果没有思想，就等于一个人没有灵魂。所以，一篇文章必须要有思想，才能立得住。一篇好的领导讲话，必须有“三出”：出亮点，形成精彩片段；出新话，概括警句名言；出措施，明确工作抓手。

一些人写文稿，用的资料很全，但只是资料的综合，缺乏提炼，还没有拎起来。这拎与不拎的区别，实际上就是高手与一般写手的区别，就是画家与画匠的区别，也是能不能写出“文眼”的根本区别。

道得人人意中语，千回百折费寻思。要写出“文眼”并非一般功夫就出得来的，但也不是出不来的。一些有新意的好话往往不完整，但不要轻易否定，只要多磨几次，往往会成为很有新意的句子，正所谓“突破难点就是亮点”。特别是那些“人人心中所有，人人笔下所无”的新鲜语言，往往会成为风靡一时的名句。当年毛泽东同志的名言“虚心使人进步，骄傲使人落后”，就是秘书田家英最先起草的。这些都是我们起草文稿的同志追求的目标和榜样。

1.17 怎么改进文风？

所谓文风，就是领导讲话或文章所体现出来的思想作风，这往往是某种倾向性的社会风气的体现。改进文风，一直是党和国家领导人十分重视的问题。

1958 年 1 月，毛泽东同志专门起草了一个《工作方法六十条（草案）》，其中特别指出“文章和文件都应当具有这样三种性质：准确性、鲜明性和生动性”，这要求必须切实改变话风文风里“不良的风气”。

2005 年 8 月，习近平同志在《浙江日报》“之江新语”专栏发表的短论《文风体现作风》中说过：“在一定意义上文风也体现作风，改进作风必须改进文风。现在存在一种很不好的文风，喜欢写长文章，讲长话，但是思想内涵却匮乏得很，就像毛主席所批评的那样，像‘懒婆娘的裹脚’。”

2012 年 11 月 30 日，在中央纪委研究室组织召开的部分专家学者座谈会上，王岐山同志要求大家尽量少用讲话稿，要多提观点，因为“说长话容易，说短话不容易”。王岐山同志拿丘吉尔说过的一段话举例说：“如果给我 5 分钟，我提前一周准备；如果是 20 分钟，我提前两天；如果是 1 小时，我随时可以讲。因为这个演讲就是属于信口聊的水平。”

领导同志的文风，一般地讲，应当具备“短、新、实、特”四个特点：一是短，文字要简短，不要长篇大论；二是新，要有新东西，有新思想、新观点、新举措，给人以启发；三是实，内容要实在、具体；四是特，要有个性，看了就知道是谁讲的。郑板桥讲“删繁就简三秋树，领异标新二月花”，形象地体现了文稿写作要“求短、求新、求实、求特”。

切实改进文风，力求平实简洁，尤其要把握以下四点：

一是观点要鲜明。彻底唯物主义者是无所畏惧的。提倡什么、反对什么，都要坚持党性原则，立场坚定，旗帜鲜明，不能含糊其词，更不能颠倒是非、混淆黑白，甚至为了个人私利写一些坏良心的文字。

二是文字要精练。李瑞环同志曾经讲过：“文到高处，言少而意多。”又长又空的文风是毁政之兆，真正有权威的上级机关或个人是从来不须多言的。要坚持长话短说，反对冗长繁杂，力求不讲套话、空话、废话，像鲁迅所说的那样，“将可有可无的字、句、段删去，毫不可惜”。

三是用词要准确。西方有位作家说：要表明一个事物，只有一个名词是最准确的；要描绘一种状态，只有一个形容词是最准确的；要说明一个动作，只有一个动词是最准确的。我们在写作时，要找到这个最准确的名词、形容词、动词，力避似是而非、模棱两可。

四是语言要生动。孔子说过：“言之无文，行而不远。”要多用通俗易懂的浅显例子说明深刻的道理，用生动的语言打动读者。有时可以用一些群众性的生动形象的语言，这样可以增加文稿的生动性和感染力。

1.18 起草重要文稿应注意哪些技巧和方法？

为领导起草重要文稿，任重如山，艺深似海，需要掌握不少技巧和方法。以下这些是我们在起草重要文稿时总结出来的，有的是属于细节方面的技巧。

第一，关于如何切入主题。切入主题要做到信手拈来、顺势而为。主要有五种方法：一是从目前正在做的工作切入，二是从比较重要的大背景切入，三是从热点难点问题切入，四是从刚刚讲过的内容切入，五是从解释相关概念切入。

第二，关于如何处理好全面和重点的关系。可以先将全面工作拢着说，不漏项。然后再根据需要挑几个方面重点讲，做到重点突出。讲对策尽量不用宏观，而要用中观和微观，不能一味求全、面面俱到，要有针对性。

第三，关于如何强调重要性。起草讲话不要写什么内容就把什么内容说得最重要，不能说得太绝对，要注意分寸，要有全局观，要注意同周边的关系。

第四，关于讲问题。领导讲话总会讲到存在的问题，有的是概括地讲，有的是一条一条具体地讲；有的是直接讲存在什么问题，有的是问题和原因一起讲。还有一种比较特殊的办法，就是针对存在的问题从正面直接提要求，这样的讲话针对性同样很强。

第五，关于如何处理重复。碰到文章中有的内容需要在几个地方同时讲的情况，可以选择在一个地方主讲，有深度、讲透彻，而其他地方虚讲，一带而过。比如，当时我们起草《中国的反腐败和廉政建设》（白皮书）时，有些内容如体制、制度、监督等在多个部分都会涉及，我们就集中在一个部分讲实讲深讲透，在其他部分虚讲，这样既保证了各个部分的完整性，又有效地避免了重复。

第六，注意概念统一。文稿所用的概念前后要统一，特别是篇幅长、多人参与的文稿，尤其要注意。每一部分定位要准确，概念既不能过大也不能过小。尽量注意讲某个内容时就专门讲这个内容，让人看一眼就知道讲什么，不会产生歧义。如果这个讲一点那个讲一点，或概念不统一，或内容不一致，就容易模糊主题，也会让人觉得重复。

第七，注意概念大小。在文稿中，如果一个观点、一条结论放到哪个部分都可以用，那就说明这个观点、这个结论比较大、覆盖面比较广，放在当前部分是不合适的，应该放到更高的层次中去。

第八，注意突出重点。别人讲过的又不能不讲的内容，可以泛泛地带着讲，但重点内容要突出讲。要把重点放在需要强调的内容和出新的东西上。其他或者作为背景，或者最后讲一下。

第九，注意前后照应。文稿篇幅比较长，而且是多人合作分工起草的，就容易出现前面部分提出了问题、分析了原因，但在后面部分没有解答、没有对策；或者相反，后面的对策有了，但前面没有谈到问题和原因。这需要文稿把关者统筹考虑，处理好有因无果或者有果无因，以及前后矛盾等问题。

第十，注意文稿校核。无论时间多么紧、任务多么重，都要力求不出现低级的错误，努力实现文稿的“零缺憾”。凡是修改过的地方，必须进行点校或者全校。重要文稿还必须一人读一人看地进行唱校。

第十一，注意及时总结。每起草一次重要文稿，相当于打了一次大仗，一定要拿出专门时间及时总结。有哪些值得肯定的经验，有哪些需要注意的教训，都要一一分析，从中汲取方法。这是起草好重要文稿的重要方法，也是对起草文稿的同志一次非常好的培训。

第十二，保持平和心态。对质量高并得到肯定的文稿，应认为是责任所系、理所当然，不张扬、不炫耀，并适时总结经验；对质量不高的文稿，要经得起批评，不抱怨，不泄气，及时总结教训、弥补不足，以利再战。

1.19 起草重要文稿时还有什么注意事项?

我参加重要文稿起草工作的次数比较多、时间比较长，时不时地会碰到一些实际情况需要我们去体会、去处理。特别是一些工作中的窍门，如果我们能够注意到，就能够取得比较好的效果。以下是我在工作中的几点体会，在这里和大家交流一下：

一是在第一次起草文稿初稿时，往往会借用其他重要文件中的内容，这时可以先提及该文件，待大家都知晓后再作处置。因为有的领导不一定熟悉各种文件精神，有可能对文件已有定论的内容提出不同意见甚至建议修改。有鉴于此，可以采取这样的表述方式：先写“按照中央精神（按照某某同志指示精神、按照某某讲话精神、按照某某文件要求等）”，再写具体内容和要求。这样一看就知道这个重要内容的出处，在提修改意见时就会比较慎重。

二是在开大组会讨论修改文稿时，一般修改意见可以提两次。修改建议第一次被否定时，主持文稿起草的领导可能没有认真考虑过，只是凭直觉判断决定。下次还可以提出，领导这时可能已经认真思考过，如认为可行，就会接受。如果领导还是不同意，就不要再提第三次了，否则就有固执己见、干扰决策之嫌了。

三是在开大组会讨论重要文稿时，一定要提比较拿得准的意见和建议。那些自己都拿不准的意见和建议，最好不要提。一般也不要提一大堆意见和建议，除非是在小范围内部讨论。

四是提出修改建议时，尽量保持谦和平易的态度。即使你的意见非常正确，也要使用“建议作如何修改”等表述，以让领导有冷静判断的空间。同时，不要以为自己肯定正确或者有根据就咄咄逼人，语气要尽量平和。

1.20 如何起草好新上任领导的第一个文稿？

有一次，我的一位同事给新上任的一位中央领导同志起草文稿，由于他全力以赴、精心准备，通过这一次的工作表现就得到了这位中央领导的赏识，让这位同事成为领导身边的工作人员，直接服务于领导。

我的一位朋友，也是从事政策研究工作的。有一次，省委书记到省纪委考察工作。这位同志既起草了代表省纪委工作的汇报稿，又起草了代表省委书记对纪委工作要求的讲话稿。这位同志当时就被省委书记看中，成为省委办公厅的领导。

所以，起草好新上任领导的第一个文稿，是该领导对起草者的第一印象，必须高度重视。

第一，在态度上，一定要按照首战用我、用我必胜的精神对待重要文稿的起草，高标准、严要求、争一流、出精品，直到把文稿起草到最佳水平。

第二，在方法上，一定要到最后尽了最大努力、自己觉得实在改不动了，才拿出来。如果自己觉得还有不满意的地方，就不要轻易把稿子拿出来。千万不要自己心里不踏实还拿着不成熟的稿子到领导那里去试错，这样肯定会栽跟头。

1.21 如何起草好自己不熟悉领域的文稿？

2001年，我参加了党的十五届六中全会通过的《中共中央关于加强和改进党的作风建设的决定》的起草工作，主要是参加起草纪律、作风、反腐败方面的内容。因为我在中央纪委研究室工作，这些都是我比较熟悉的领域，因此任务完成得比较好。

2002年，我参加了党的十六大报告的起草工作。由于自己一直以来都是从事党的建设特别是纪律建设和反腐败方面的工作，因此，搜集的资料大多是这些方面的内容。但是，在文件起草组分工时，我被分到政治和文化组，参与起草“政治建设和政治体制改革”部分的内容。这个任务对我来说是“压力山大”。隔行如隔山，对政治学，我完全是外行。但是，既然上面已经决定，我肯定义不容辞去完成。于是，我摸索着从这样几个方面入手。

首先，搜集资料。当时我从四个方面搜集。一是购买基础书籍。当时购买了一些《政治学原理》等政治类书籍，从基础理论学起。二是搜集各种资料，包括内部资料和公开资料。三是向相关专家请教。在不泄密的前提下，虚心向几位在国内有影响的专家学者请教，请他们介绍一些政治领域的核心思想和主要观点。四是深入研究调研报告。这些调研报告有的是中央专门组织力量开展调研形成的，有的是十六大报告文件起草组组织的调研组形成的。应当说，这些调研报告是起草报告时最主要的资料。

其次，厘清思路。主要是四个方面。一是了解政治特别是中国政治的基本原理、要素、原则、方向，这是起草好文稿的前提和基础。二是大致了解世界各国政治发展的方向和趋势，以供参考和把握。三是了解和汇总地方、部门和基层的意见和建议，以及他们主要有哪些方面的要求和诉求。四是在前三个方面的基础上，提出贴近中国实际、符合时代要求、体现发展前景、具有国际眼光的思路。

再次，把握方向。要把最新的政治实践和研究成果尽量体现在文稿中。党代会五年召开一次，一定要把五年来中国政治发展的成果和经验，特别是最核心最精华的东西，如形成的一些理念和目标、原则和方向，体现到文稿中，这样才能给人以正能量，激励大家向着共同目标奋进。千万不能像温吞水，平淡无奇，波澜不惊，那样无法给人以目标感和方向感。

最后，力求创新。从技巧上讲，起草一个颇有新意的初稿（也就是第一稿），对于整篇文稿的形成具有重要的意义。因为，这篇第一次拿出来的具有新意的初稿，能够决定整个文稿的起点，为文稿的进一步修改和提高打下良好的基础。如果初稿的基础不好，那么，以后每一次增加新的内容都要重新进行讨论，文稿起草和修改的难度也大大增加了。因此，说创新是文稿起草的灵魂，一点也不为过。

经过不懈努力，党的十六大报告起草工作圆满完成。应当说，这次磨炼让我的文稿起草能力有了比较大的提高，尤其增强了起草不同领域文稿的适应性和自信心。以前遇到自己不熟悉领域的文稿起草工作容易发怵，有了这个经历以后就从容淡定得多。

2004年，我参加起草党的十六届四中全会通过的《中共中央关于加强党的执政能力建设的决定》时，具体参加了“提高构建社会主义和谐社会能力”这一部分的起草工作。由于已有了之前的体会和经验，按照总结出的一套思路和方法去做，也比较好地完成了任务。

1.22 如何处理对重要文稿的修改意见？

在组织起草的重要文稿有了相当的基础，且自己心中有底之后，往往有一个征求别人的意见的程序。在这个过程中，我们一般坚持以下原则。

一是大家对文稿的修改意见，只要能够采纳、修改的，就尽量采纳、修改，即使是修改几个字也好。因为他们的意见得到采纳了，一般就不会再有别的意见了。善于吸收别人的意见是一种美德。如果实在不能吸收的话，最好找机会同提出修改意见的同志解释一下。

二是在领导班子讨论修改文稿时，即使领导的修改意见有的不准确，或者对文意有误解，要沉得住气，认真听取他们的意见，千万不要急着去解释、去说明，除非主持讨论的领导让你进行说明。因为一旦多次去解释、去说明，会影响会议气氛：其一，别人会觉得你听不进别人的意见，甚至是不尊重领导。一次，有位领导在讨论文稿修改时，起草人员几次去解释，那位领导就直截了当地说："你让不让我说话了?!"当时的气氛很尴尬。其二，别人怕出差错不敢再提意见，这也会影响到会议的气氛。对他们的修改意见，凡是对的都要采纳吸收，即使是对文字稍作修改，有变化亦可。如果有的修改意见（由于领导不太了解背景）提得不是很准确，我们可以在适当时机和领导进行沟通、解释，得到领导的理解。

三是对修改文稿，一般地讲，宁愿不到位，不要改过头。如果是领导班子成员对文稿的修改意见，我们一定要高度重视，尽量修改。如果碰到别人提出的修改意见比较尖锐，甚至涉及调整结构的，也不要惊慌失措。如果主持人有定论的，就按定论修改；如果主持人没有定论，修改文稿时就要非常慎重，不要盲目照改。特别是需要调结构的，宁可暂时不到位，也不要改过头。

这里举个例子。我的一个同事起草文稿的能力非常强。有一次小组讨论时，大家对他起草的初稿提出了修改意见。这位同事比较急，就另起炉灶，在很短时间内又起草了另一个初稿。但是，第二次小组讨论时，大家又提了不少意见。这个同事当时就蒙了，这样写别人提了不少意见，那样写又提了不少意见，不知道怎么写才好。其实，起草的第一稿肯定会存在不少问题，但也有许多好的内容。同时，起草文稿尤其是重要文稿往往有一个逐步到位、从不成熟到成熟的过程，我们不能操之过急。所以，在起草文稿时，我们一定要保持定力，沉得住气，在原来稿子的基础上一步一步往前推进。对一般的修改意见，宁可暂时不到位，也不要改过头，千万不要把原来好的内容轻易改掉了。

1.23 怎么在文稿中运用和摆布资料？

起草文稿时，我们的一个基本方法，就是把观点比较相同或相似的资料集合在一起，然后进行梳理，逐步概括提炼，形成一个新的思想观点或者工作措施。但是，有的同志在利用资料过程中提炼不够，有的甚至把某一个观点搬过来直接往里装，有的与上下文还不相一致，让人读起来总是觉得别扭，文字也比较粗糙。这主要是没有按照逻辑指向来起草和修改。

我们走在用鹅卵石铺就的路上，如果铺得高低不平，就容易摔跤。只有把石子比较平的一面放在路面上，这条路才会平整，才能避免摔倒。

砍过柴的同志都知道，我们砍完柴火时，因为柴火本身支支棱棱，必须在枝条背面砍一刀，使枝条收拢，这样捆柴火时才能捆得结实。

使用资料也是如此。如果我们把不同背景的资料放在一个稿子里，由于这些资料是别的文稿中的内容，它是为那个文稿的主题服务的。朝向有时向左有时向右，是别扭着的。而你的文稿是要为你的文稿主题服务的，必须进行调整，或者增减几个字，或者调整几个字的内容，或者调整一下顺序，或者进行新的概括，等等，使这些资料顺过来，更好地为你的文稿主题服务。

1.24 如何修改文稿?

无论是修改自己的文稿，还是修改别人的文稿，一般都可以从这样几个方面着手进行修改。

一看主题。文稿代表的是领导的思想要求，如果领导的一篇文稿只有一个主题，那么，就要看这篇文稿是否体现了领导的主要意图和思想；如果领导需要并列地讲几个问题，那么每个问题就是分别需要起草的分主题，要体现这几个方面的思想和要求。但是，无论几个主题，你的立场观点方法必须是统一的。

二看结构。就是这篇文章是由几个部分组成的，这几个部分是怎样围绕主题的逻辑展开的。每个部分中又有几个层次，这几个层次是否都是上一层次的自然延伸。就像一棵树，主题是主干，下面几个部分是分支，分支同主干是有必然联系的。

三看观点。反映主题思想的框架内容、主要观点是通过几个层次来体现的，是否反映和体现了主题思想，是否是主题思想的具体延伸和深化。最好有独创性的观点提出来，这样能够增加文稿的分量。

四看措施。一篇文稿，要有讲道理的，也要有提要求的。这些要求就是措施。措施中可以有政治要求，比如要重视某项工作；有工作要求，比如提出几项工作部署或者具体政策；有纪律要求，比如从时间、质量、标准等方面提出要求；有责任要求，比如如果不落实就要被问责；等等。

五看语言。文稿中的语言要简洁明快，一句是一句，不要拖泥带水。读起来要顺畅，要有美感，铿锵有力。一句话不要太长，尽量不要出现生僻字，如果要用生僻字，请在文稿中用括号注明拼音或同音字，以免念错。

1.25 如何在文稿中恰到好处地引用名言警句？

起草文稿时，特别是在最后对文稿修改润色时，如果能够恰到好处地引用简洁凝练、含蓄典雅的古语或者名言警句，往往会起到烘托主题、渲染气氛的作用，增加文稿的理论厚度和思想深度，增强文稿的说服力和可信度，使文稿增色不少。

用好名言警句，往往是加分之举。一是能够增加文稿的文化底蕴。因为名言警句凝聚和积淀了先哲的智慧和经验，往往都是国内外思想和文化的结晶，用好了能起到画龙点睛的作用。二是能够增强文稿的说服力。尤其是在阐述自己的观点时，引用名言能提供有力的论据。用最精练的文字体现最集中的思想，最能够说明问题。三是能够增加文稿的生动性。名言警句言简意赅，用得恰到好处往往使人回味无穷。

那么，在文稿中应当引用哪些名言警句、怎样引用名言警句比较合适呢？名言警句的分类比较多。一是中华传统文化中的名言警句，这是大量的。比如，林则徐的“苟利国家生死以，岂因祸福避趋之”，近代许多志士仁人以此自勉。二是马克思主义经典作家中的名言警句，有一定理论基础的同志都可以引用。三是世界各国各民族的优秀名言警句。四是国内外文化中的寓言和典故。五是俚言俗语用得恰当，也能收到意想不到的效果。比如，习近平总书记在十八届中央纪委第二次全体会议上的讲话中，强调要强化程序观念，少些“迈过锅台上炕”的做法。“迈过锅台上炕”是北方民间俗语，指的是那些不按规矩、不走程序的错误做法。习近平总书记的批评，把不按程序的做法形象化地凸显了出来，紧扣了组织纪律的主题，引起了全党的关注。

引用名言警句，一要紧扣主题，同所需要展开的内容契合。比如，习近平总书记在联合国教科文组织总部的演讲中，引用了“一花独放不是春，百花齐放春满园”的诗句，恰到好处地点出了“文明是多彩的”这个主题。二要恰如其分，不露痕迹。一篇文稿引用的名言警句一定要恰当，用好了画龙点睛、提神静气，用多了就滥，有卖弄之嫌，反而会损害文稿的美感。三要运用自如，信手拈来。可以在段落前当领句，作为起首语。可以在段落中展开，以例证作说明。也可以在段落后当结束语，作为结论。

1.26 起草重要文件过程中如何处理同他人的关系？

我参加一些重要文稿起草工作的次数比较多、时间比较长，在一些工作中常常会涉及与其他同志的关系，如果我们能够注意，就能够取得很好的效果。以下一些事情，都是我在工作中碰到的，在这里和大家交流一下。

第一，重要观点不要轻易放弃。文稿中具有创新精神的重要观点，往往因为其新容易受到质疑。在领导提出修改意见后，还可以再坚持一次。如果可能，最好同该领导进行沟通，说明这么写的理由，让领导理解该创新观点的本意。

第二，在参与起草和修改重要文稿时，一般可以就同一个问题提两次修改意见。第一次建议被否定时，可能主持文稿起草的领导当时没有认真思考，只是凭直觉判断决定的。这时你可以第二次提出，领导可能已经认真思考过，如认为可行，就会接受。如果领导还是不同意，就不要再提第三次了，否则就是固执了。据了解，在军队中，作战参谋的建议一般也是提两次。如果再提第三次，则会被认为是扰乱思想、影响决策之举。况且，如果你的意见有道理，在征求意见的过程中，别人也会提出来。如果并没有人提出，那就说明你的意见的道理并不充分。

第三，提出修改建议时，尽量保持谦和的态度。即使你的意见非常正确，也要使用“建议作如何修改”等提法，以让领导有冷静判断的空间。不要以为自己的意见肯定正确就咄咄逼人。

第四，别人尤其是领导对你起草的部分提出修改意见时，一定不要当面解释，除非他让你说明。因为提意见者并不了解你所起草部分的所有材料，提意见时往往会凭感觉，有时可能会对上面领导要求的写作内容也提出修改意见。这时如果你一解释，就会造成后面的人紧张，怕出差错而不敢再提意见了。这就会影响到会议讨论时民主宽松的气氛。

第五，对别人所提意见，要尽量想办法吸收。因为吸收了意见，下次就没有这个意见了。善于吸收别人的意见是一种美德。如果实在不能吸收的话，最好和提出意见的人沟通一下。

1.27 起草文稿应该具备怎样的境界？

文章不写半句空，关键要靠练内功。文稿质量的高低，永远取决于思想认识水平的高低，取决于文稿起草人员思想境界的高低。

练好内功，既要注重知识积累、资料积累、经验积累，又要练好思想的基本功、逻辑的基本功、学识的基本功、文字的基本功。

到了一种比较高的境界，我们应该具备三种眼光、站在三个制高点上。所谓“三种眼光”：一是政治的眼光，就是要从政治上考虑问题；二是历史的眼光，就是要了解某一事物的过程，把事情的来龙去脉搞清楚；三是战略的眼光，就是要对事物发展趋势和前景有一个清晰的把握。所谓“三个制高点”：一是理论的制高点，就是全面了解这个领域的理论前沿，知道有哪些思想和观点；二是政策的制高点，就是全面掌握这方面的相关政策，知道最基本的政策和最新的政策是什么；三是实践的制高点，就是通晓这个领域的实践程度，知道什么地方和部门有什么样的经验和存在什么样的问题以及发展趋势。

古代文艺理论家刘勰在《文心雕龙》中说得好：“积学以储宝，酌理以富才，研阅以穷照，驯致以绎辞。”意思是积累知识以储备自身的资产，明辨事理以丰富自己的才识，体验生活以提高观察的能力，顺应情感以演绎美妙的文辞。

毛泽东同志是写文章的大家。他说："文章和文件都应当具有这样三种性质：准确性、鲜明性、生动性。准确性属于概念、判断和推理问题，这些都是逻辑问题。鲜明性和生动性，除了逻辑问题以外，还有词章问题。"在他的眼里，写好文章要靠观点的鲜明、内容的新颖、语言的生动，还要靠美的感召。他要求，"修正文件，字斟句酌，逻辑清楚，文字兴致勃勃"，"使人看了感觉解决问题，百倍信心，千钧干劲，行动起来"。

北京师范大学教授、著名书法家启功先生有一副很好的对子，说的是一种人生追求的境界——"行文简浅显，做事诚平恒"。"行文简浅显"，指研究问题、撰写文章不要搞得很深奥，把自己都弄糊涂，浅不是浅薄，而是浅显易懂，必须用大白话讲复杂的道理。"做事诚平恒"，指做人一定要诚实，不要骗人，也不要骗自己，要平和、实在、有平常心。把行文和做事结合起来进行比较，体现了启功先生追求的人格修养和道德境界。

著名的美学家朱光潜先生曾经论述过文学修养的四种境界。他认为，文学如同写字，在初学时，笔拿不稳，手腕运用不能自如，可以说是"疵境"，特点是纵然一幅字里有一两个字写得好，一个字里有一两笔写得好，但总体看毛病很多。如果用力勤、多临摹、多请教，手腕运用得比较灵活了，就进入了"稳境"，特点是可以写出无大毛病、看得过去的字，但没有什么精彩和独创的东西。如果再进一步临摹各种字体、各时代的碑帖，荟萃各家各体长处，形成自家特有的风格，这可以说是"醇境"。最高境界是"化境"，不但字和艺术成熟了，而且胸襟学问的修养也成熟了，字里行间可以表现高超的人格。

2

调研篇

DIAO YAN PIAN

调查研究是我们深入现场进行考察，探索客观事物的真相、性质和发展规律的活动。

重视和加强调查研究，是我们共产党人坚持辩证唯物主义和历史唯物主义的世界观、方法论的必然要求，是党的实事求是思想路线在实际工作中的具体应用和体现，是实现理论与实际相结合、正确制定方针政策的根本途径，也是必须始终坚持的领导制度和基本工作方法。

2.1 怎样看待开展调查研究的重要性?

调查研究是做好工作的最根本的方法，体现在各项工作中。调查研究本身并不是目的，而是实现更高目的的途径、手段与方法。

第一，调查研究是科学决策的重要基础和条件。

1992年初，笔者和山东省纪委研究室主任到山东省烟台市调研社会各界代表民主评议政府职能部门、实行民主评议监督的经验。这在当时是第一个关于民主评议监督的做法。后来这个调研报告发表在1992年8月的《人民日报》上。当时烟台市纪委研究室主任自谦地说“我们小地方搞不好什么经验”，我当即就和他说：“你千万不能小看地方的经验。中国农村的改革就是从小岗村开始的。只要你的做法符合发展趋势和方向，很可能会成为全国都会推广的经验。”这就是调查研究的魅力!

历史经验说明，各种问题的解决都取决于正确的决策，而正确的决策来源于对客观实际的周密的调查研究。领导机关在任何时候都要自觉把调查研究作为想问题、办事情、作决定的基本前提，用更多的时间、花更大的气力去弄清情况，并加以科学的分析和研究。陈云同志曾讲过，中央书记处讨论决定重大问题时，事先要调查研究，要准备好方案，而且要准备两个方案，不要只准备一个方案。

对于纪检监察工作来讲，同样如此。包括制定反腐倡廉各项政策、出台各项制度、部署各项工作等，都离不开调查研究。纪检监察调研工作的目的不是写学术论文，而是直接为反腐倡廉决策和指导工作服务。比如，中央纪委研究室每年都要进行反腐倡廉形势的调查研究，为部委领导部署反腐倡廉工作提供参考；在每次起草中央纪委全会工作报告前，都要进行大量的调查研究，广泛听取各方面的意见建议。

1992年12月，中央纪委研究室在深圳召开“反腐败斗争理论与实践”研讨会，这是全国第一次以“反腐败斗争”为主题的研讨会。当时除我们研究室的同志外，还有浙江、山东、湖南、广东等地方纪委的同志参加会议。1993年3月，由中央纪委领导同志主持，在南京召开了部分省市纪检监察调研工作座谈会。这两次会议提出的理论观点和对策建议，为十四届中央纪委第二次全会文件的起草提供了重要的理论和实践的决策依据。

第二，调查研究是总结推广经验、推动工作落实的重要途径。

发现、总结和推广经验是开展调研工作的必然要求，也是新时期纪检监察调研部门的一项重要职责。各地区各部门各单位的实践基础、研究资源、探索力度都不一样，有的地方碰到的问题比较早、比较新，可能也更为复杂，他们开展工作的很多做法就走在其他地方的前面，他们解决矛盾问题的治理举措在经过实践检验之后可以作为经验推广。其他地方可以学习借鉴这些经验，取长补短，少走弯路，节约成本，取得事半功倍的效果。中央纪委领导特别强调，要及时总结推广基层创造的新鲜经验。2010年，在全国反腐倡廉建设创新经验交流会上交流的经验，有许多是中央纪委研究室发现和总结的。2011年，研究室总结了上海、安徽等5个省（市）开展“阳光拆迁”的成功做法，形成的《关于各地“阳光拆迁”好做法好经验的调研报告》得到中央和国务院有关领导同志批示，由中宣部组织各大媒体进行广泛宣传。

调查研究也是推动工作落实的有力举措。刘少奇同志曾说：“执行政策就是实践，在实践中间调查研究，在实践中间认识客观世界，在实践中间发现我们的错误，在实践中间发现新的问题，制定新的政策。所以，重要的问题在于执行，在于实践。中央的政策也是实践过程的总结，是总结过去的实践。”2010年，根据中央党建工作领导小组的安排，中央纪委领导同志带领研究室一行9人到宁夏、甘肃调研两地贯彻落实党的十七届四中全会精神的情况，这个调研的过程也是一个督促落实的过程。中央纪委领导同志多次强调，要把检查工作与调研工作结合起来，发现问题，总结经验，更好地推动工作。

第三，调查研究是深入实际发现问题、反映民意的重要方式。

反映民情民意，发现突出问题，提出对策建议，是开展调研工作的最终目的，也是调研工作发挥出谋划策、以文辅政作用的重要体现。

反映民情民意是我们纪检监察调研部门的本职工作。我们要始终站在党和人民的根本利益的立场上，忠诚于党和人民的事业，把立党为公、执政为民作为开展工作的根本指导原则，牢固树立群众观念，始终把群众放在心上，使调研工作更好地集中群众智慧、凝聚社会共识、体现人民意志。现在，随着现代社会科技进步，交通越来越便捷，过去吉普车要跑大半天的路现在用不了一个小时；通信越来越便捷，过去连邮政都难到达的地方都有了手机、宽带、互联网。由于现代社会专业分工越来越细化，加之现代社会运行模式逐渐定型，党员干部脱离群众现象反而越来越突出了。别说在部委大机关工作的同志很少直接面对群众，就是在基层一线工作的同志也整天忙在会议室里、困在办公桌前。我们要密切联系群众，最直接的办法就是深入基层搞调查研究，走到实践的过程中去，走到发展的第一线去，在与群众交流中了解他们的所思所想、所愿所望。这些年，研究室开展反腐倡廉民意调查工作，就是了解群众对反腐倡廉建设的意见建议的一种重要方式，并且每年都要把民意调查报告作为中央纪委全会工作报告（送审稿）的附件一起提交给中央政治局，效果比较好。研究室还把群众的留言进行梳理、归纳，整理成一个综述材料报送部委领导参阅，让领导更清楚地了解群众的心声，也得到领导的高度肯定。

发现突出问题是开展调研工作的首要任务，也是最需要下大力气去攻克的重要环节。特别是一些倾向性问题，更需要去发现和反映。问题找得准，提出对策才能对症下药、有的放矢。问题发现得早，开展工作才能未雨绸缪，防病于未发之前，治病于初起之时，把问题遏制在萌芽状态。对于纪检监察调研部门来说，要及时发现新情况、新问题，并作为开展调查研究的着力点和结合点，提供急需有效的对策建议，以解决实际工作中存在的问题。

提出对策建议是纪检监察调研工作的主要目的。研究室是领导机关的参谋助手，就是要通过各种渠道和方式发现问题、提出对策，为领导决策服务。研究室绝大部分调研工作都是服从于这个任务的。

第四，调查研究是出好大主意、当好大参谋的必修课。

2010年，中央纪委主要领导同志在看望贵州省纪委同志时专门提出，办公厅、研究室等综合部门要出大主意、当大参谋。这是中央纪委主要领导对综合部门的殷切期望。

2000年，南京市一些离休干部向时任中央主要领导写信提出，为什么反腐败抓了这么久、力度这么大，腐败现象依然很严重？究竟有没有什么有效措施遏制腐败现象的滋生蔓延？2000年7月，江泽民同志在信上作了重要批示，指示要研究腐败屡禁不止的原因究竟是什么。为此，在中央纪委主要领导同志的直接主持下，中央纪委组织专门力量，在对40多份调查报告深入研究的基础上，用了两个月的时间进行调查研究，撰写并向党中央呈送了《关于进一步加大反腐败斗争力度建议的报告》。《建议报告》提出了进一步加大反腐败力度的“十七条建议”，提出在继续加大惩治腐败力度的同时，强调要加大治本力度，改革行政审批制度、财政制度和干部人事制度等重大措施。十五届中央纪委第五次全会报告就是在这个《建议报告》的基础上形成的。《建议报告》有力地推动了反腐败斗争从侧重遏制转到标本兼治、综合治理、逐步加大治本力度的轨道，成为反腐倡廉调查研究史上的一个典型样本。

随着反腐倡廉建设的深入，新情况新问题不断出现，所要解决的矛盾和问题更为复杂。这些新矛盾新问题，都迫切需要加强调研，以掌握新情况、认识新问题和寻求新对策、破解新矛盾，增强工作的主动性和预见性，不断推进反腐倡廉建设深入开展。作为纪检监察研究部门来讲，每年拿不出几个像样的调研报告，是不合格的。不会搞调查研究的干部，是难以适应工作岗位的。

总之，重视和加强调查研究，是我们共产党人坚持辩证唯物主义和历史唯物主义的世界观、方法论的必然要求，是实现理论与实际相结合、正确制定方针政策的根本途径，是必须始终坚持的基本工作方法和领导制度。正如习近平同志所说：调查研究不仅是一种工作方法，而且是关系党和人民事业得失成败的大问题；领导干部不论阅历多么丰富，不论从事哪一方面工作，都应始终坚持和不断加强调查研究。

2.2 党和国家领导人是如何重视调查研究工作的?

我们党和国家领导人历来都非常重视调查研究，无论是重大决策部署，还是具体工作安排，都要求建立在调查研究的基础上，以更加符合实际，符合人民利益。

毛泽东同志非常重视搞调查研究，可以说是搞调查研究的专家。在《毛泽东选集》里，第二篇文章就是《湖南农民运动考察报告》。他不仅搞了大量的调查研究，对中国的革命、建设事业产生了巨大的影响，而且还总结了不少好的方法和经验。他明确指出，没有调查，没有发言权。1941年，他亲自起草了《中共中央关于调查研究的决定》，1959年撰写了《调查研究要善于抓住主要矛盾》，1961年号召全党要大兴调查研究之风。他说："我的经验历来如此，凡是忧愁没有办法的时候，就去调查研究，一经调查研究，办法就出来了，问题就解决了。打仗也是这样，凡是没有办法的时候，就去调查研究。"

邓小平同志认为，"所谓群众路线，包括调查研究"，"离开群众经验和群众意见的调查研究，那末，任何天才的领导者也不可能进行正确的领导"。他要求各个地方要多做点工作，多搞点调查研究，养成细致的工作作风。1992年春，88岁高龄的邓小平还亲自到武昌、深圳、珠海、上海等地视察，发表了著名的视察南方的重要谈话，明确提出社会主义可以搞市场经济，推动中国的改革开放进入一个新的历史阶段。

江泽民同志专门就调查研究发表过重要讲话。他指出，调查研究是谋事之基、成事之道。没有调查就没有发言权，没有调查就更没有决策权。他还说，回顾建党70多年的历史，什么时候全党从上到下重视调查研究，工作指导方针符合客观实际，党的事业就顺利发展；什么时候忽视调查研究，就会导致主观与客观相脱离，造成工作中的失误，使党和人民的事业遭受损失甚至挫折。因此，加强调查研究不仅是一个工作方法问题，而且是一个关系党和人民事业得失成败的大问题。他要求，各级领导干部，必须经常深入基层，深入群众，特别是深入到艰苦的地区和困难的地方去，老老实实调查研究，老老实实听取群众的意见，老老实实改进工作，在领导改革和建设的实践中不断取得人民的支持，不断增强同人民群众的深厚感情。

胡锦涛同志强调：要坚持和完善调查研究制度，深入群众、深入基层、深入实际，不断提高根据实际情况分析问题、解决问题的能力。要通过广泛深入的调查研究，切实提高思想认识水平，切实提高政策水平，切实提高工作水平。

习近平同志也高度重视调研工作。他说：调查研究，是对客观实际情况的调查了解和分析研究，目的是把事情的真相和全貌调查清楚，把问题的本质和规律把握准确，把解决问题的思路和对策研究透彻。调查研究是做好领导工作的一项基本功，调查研究能力是领导干部整体素质和能力的一个组成部分。调查研究不仅是一种工作方法，而且是关系党和人民事业得失成败的大问题。领导干部不论阅历多么丰富，不论从事哪一方面工作，都应始终坚持和不断加强调查研究。

2.3 为什么说开展调查研究一定要有全局意识？

开展调查研究，一定要有全局意识，从总体上来考虑形势、判断问题、研究工作。党中央考虑问题是全方位的，有东西南北中、党政军民学，有经济政治文化社会、军事外交国防、“一国两制”，还有党的自身建设。在党的建设方面，有政治、思想、组织、作风、纪律和制度建设，还有反腐败斗争。中央纪委的工作，就是党的建设工作中的一个方面，是全局中的一个局部。即使是中央纪委国家监委，也有纪律、作风、反腐败和国家监察等几个方面的工作。而我们这个单位往往只是其中一个方面的部分内容，是很小的一个点。只有这样来看问题，我们的站位才高，我们的层次才高。只有站在这样的高度来考虑问题，才能看得清楚我们的工作在大局中的位置，我们的定位才能准确，才能正确处理好纪检监察工作和方方面面的关系，才不会就事论事，就纪检监察论纪检监察，只把眼光局限在自己的一亩三分地上。

同时，对我们党的纪律检查工作，我觉得也要有一个全面认识的要求。党的十一届三中全会以来，我们纪律检查的重点工作有这么一个发展过程。党的十一届三中全会时，邓小平同志、陈云同志都提出要端正党风，当时陈云同志是中央纪委书记。党的十三大后的 1987 年至 1992 年，乔石同志任中央纪委书记。党的十三大提出要在党的建设上走出一条不搞政治运动、靠改革和制度建设的新路子，加强党风建设，1988年提出了加强廉政建设的要求，此后中央纪委就提要加强党风廉政建设。1992年至2002年党的十四大、十五大期间，尉健行同志任中央纪委书记。他在1993年的中央纪委二次全会上提出要形成领导干部廉洁自律、查办大案要案、纠正部门和行业不正之风的反腐败三项工作格局，后来被整合为党风廉政建设和反腐败斗争的提法，这个概念一直到现在还在使用。党的十六大后的2002年到2007年，吴官正同志任中央纪委书记。他在反腐倡廉方面提出了坚持标本兼治、综合治理、惩防并举、注重预防的方针，建立健全教育、制度、监督并重的惩治和预防腐败体系，拓宽从源头上惩治和预防腐败领域的要求，还提出要全面履行党章赋予的职能。还在中央纪委机关内部对108名干部进行了交流。党的十七大以后，贺国强同志任中央纪委书记。在原来工作的基础上，他提出建设廉洁政治的要求，召开全国反腐倡廉创新经验交流会，发布第一部《中国的反腐败和廉政建设》白皮书等，特别强调对中央决策部署的监督检查。党的十八大以来，以习近平同志为核心的党中央，制定八项规定，着力反对四风，“打虎”“拍蝇”“猎狐”，坚决惩治腐败，把不敢腐、不能腐、不想腐一体推进作为反腐败战略方针和全面从严治党的基本方略，把党风廉政建设和反腐败斗争推进到一个新的阶段。总之，党的十一届三中全会以来的纪律检查工作，大概就是这样一个发展过程。对此，我们搞调研的同志都要有一个总体上的把握，都要从政治的历史的全局的高度来把握。

我们研究室是为领导服务的，要力争有领导的高度和视野、把握领导的理念和思路、要像领导那样对问题有深入的思考和了解，“小人物考虑大事情”“小人物说大话”，这样写出来的文稿才能有思想、有高度、有气魄。

2.4 调查研究怎样才能更好地为领导决策服务?

2010年我从中央办公厅回到中央纪委研究室后，有一个特别强烈的感受，就是研究室的工作一定要围绕中央纪委常委会的中心工作来开展，直接为领导决策服务，才能更好地发挥研究室出谋划策、以文辅政的职能作用。如果研究室能够积极主动地发挥职能作用，那么我们的地位就会很重要；如果研究室发挥不好职能作用，那么就会有被边缘化甚至被替代或撤销的危险。

我们研究室的工作分为两大块：一是起草文稿。这是直接为领导决策服务的。二是调查研究。调查研究怎么才能更好地为领导决策服务呢？我觉得，调查研究从内容上讲，可以分为理论研究、政策研究、工作研究、信息研究。

理论研究，就是要为领导决策提供理论依据。我们开展纪律、作风、反腐倡廉理论研究，都要从源头上、根子上来加以分析和研究。比如，我们正在开展的反腐败斗争，就要从国内和国外、历史和现状、问题和原因、土壤和条件、发展规律和趋势等方面来研究，把它放到一个时代发展的背景下来考虑，才可能说得清楚，才可能找到解决问题的有效对策。研究室几乎每年都组织召开一次理论研讨会，如围绕“庆祝改革开放30周年”“庆祝建国60周年”

“庆祝建党90周年”“提高反腐倡廉建设科学化水平”等主题组织理论研讨会。因为这些都是经验的总结，都需要进行理论的概括。同时，研究室还同浙江省纪委和杭州市纪委连续举办“西湖廉政论坛”，就“反腐败：权力制约和监督”“反腐败：防止利益冲突”“反腐败：廉洁城市建设”等进行研讨。除了国内有关单位和人士参加以外，还有境外和一些国际组织人士参加，可以说是反腐败和廉政建设理论研究的盛会。

政策研究，就是要为领导决策提供政策参考。研究室针对党内和社会上出现的各种问题，提出应该治理什么，应该采取什么措施，应该制定什么政策，这些都是政策研究。政策研究和法规研究的侧重点不一样。政策研究主要是讲下一步要抓什么，法规研究主要是讲怎么抓。我们搞反腐败形势问题的调研，一个重要的内容，就是要反映现在有哪些值得我们注意的苗头性、倾向性问题，下一步我们工作部署中应该抓哪些新的内容。这要求我们站在中央领导的高度来进行研究，并形成文稿供领导作决策时参考。

工作研究，就是通过总结各地区各部门的经验，发现存在的问题，提供给领导参考，为领导决策服务。这项工作是经常性的、大量的，一般外出调研都会碰到。有的专题调研也属于工作研究，比如研究室关于贵州瓮安事件、安徽古井酒厂等的专题调查报告，中央领导都作了批示，成为指导工作的文件。

信息研究，就是通过报送相关信息，为领导决策提供参考。信息专报要体现两个特点。一是综合性。搞信息综合是我们研究室的优势。一个一个的单项信息，其他部门都比我们有优势。只有把各类信息综合起来形成某一方面的集中汇总，这样对领导的参考和服务才更有价值。二是针对性。我们的信息要能够“挠到痒处，打到痛处”，让人看了解渴，且正是领导所需要了解和掌握的，这就把工作做到了点子上。我们一定要增强敏锐性，注重观察，充分掌握各种资料，善于发现不同事件之间的联系，把网络上、调研中、平时生活中出现的、听到的一些松散的、单独的现象综合起来，总结其出现的背景、发展的态势和解决的办法，上报给领导做决策参考。这也是研究室为领导决策服务的最直接的渠道。

2.5 做好调研工作要掌握哪些要点?

结合这些年在中央纪委研究室和中央办公厅调研室工作的体会，我觉得做好纪检监察调研工作要掌握以下几个要点。

第一，加强学习、开阔视野。

这是由研究室工作性质决定的。学习是研究的基础，研究是学习的深化，学习的过程就是研究的过程，学习的水平直接决定着我们的研究能力和成果质量。我们必须把学习作为立身之本，作为第一要务，放在更加突出的位置抓紧、抓好。研究工作的特殊性要求我们，无论工作有多忙，也要挤出时间学习，重视知识更新，丰富知识储备，完善知识结构。

第二，着眼全局、适度超前。

研究室承担着为领导决策直接服务的职能，要从总体上、宏观上考虑和判断问题，当好大参谋，发挥出谋划策、以文辅政的作用。研究室要当好领导的参谋助手，一定要着眼党和国家的工作全局，着眼党风廉政建设的全局，为纪检监察的中心工作服务。要从总体上考虑、研究、判断党风廉政建设和反腐败斗争的形势，这样考虑问题站位高、层次高，就不会就事论事。要结合实际、适度超前，围绕全年工作和重点工作开展的调研，至少提前半年时间进行研究，做出的成果要拿来为领导的决策服务。要有很强的政治敏锐性和政治鉴别力，密切关注社会上、网络上的一些重大敏感性事件，及时发现苗头性、倾向性问题，准确评估其发展趋势及其影响，为领导决策提供依据。

第三，深入了解实情、摸准情况。

求真务实是调查研究的灵魂。现代社会，媒体资讯很发达，技术手段很先进，特别是互联网的发展，几乎可以做到足不出户便知天下事。但是这些海量的信息资源中，肯定也会有一些虚假的或错误的信息。对此，我们必须提高辨别力。同时，搞调查研究，决不能只搞案头调研、闭门造车，必须深入基层、深入群众、深入实践，深入到问题的所在地和矛盾的症结处，深入到腐败现象易发多发的重要部位和关键环节，溯本求源，真正掌握第一手材料。有些问题坐在办公室里想觉得是个难题，但只要走出去看一看、听一听，就会发现基层有许多创新，有许多亮点，有很好的解决办法。要努力做到调查的情况是真实的，调查得到的数据是准确的，对情况和数据的分析是实事求是的，提出的对策建议是行得通、做得到的。

第四，深入挖掘、把握规律。

反复发生的问题要从规律上找原因，普遍发生的问题要从体制机制上找原因。在纪检监察调研工作中，无论是汇总情况、分析现象，还是指出问题，不要仅仅局限于本地区本部门就事论事，也不要简单笼统地提几条一般性对策建议，视野要宽一点，着眼点要高一点。要从国际大背景、党和国家事业发展全局、党的建设战略高度来把握反腐倡廉问题，在理论层面、体制机制制度层面、政策法规层面进行挖掘，提出具有真知灼见、可操作性强、真正能进入决策的对策建议。

第五，与时俱进、勇于创新。

创新是调研工作的永恒主题。研究室的主要工作是两大块，一是起草文稿，二是调查研究。这两块都是需要着力创新的工作。文稿起草要出亮点、出新话、出措施，调研报告要有新思路、新观点、新举措。如果我们起草的文稿和调研报告没有创新，仍旧是一堆老话空话套话，或者是资料的堆砌拼凑，就没有什么意义，也就很难体现我们的价值。我们一定要解放思想、求真务实、独立思考、敢讲真话，在坚持党性原则的前提下，不回避现实和矛盾，不拘泥于既有结论，敢于想别人之未想，善于谋别人之未谋。

第六，抓好班子、带好队伍。

人才是事业健康推进的重要保障。研究室不仅要出思想、出对策、出成果，更要出人才。在做好业务工作的同时，要始终抓好干部队伍自身建设，把政治立场坚定、理论水平高、研究能力强、综合素质好的优秀干部充实到调研部门，注重思想政治学习和业务培训，提升调研工作人员综合素质，尤其要抓好对年轻干部的培养工作，严格要求，加强培训，积极引导，不断提高调研干部的思想政治素质和业务水平，形成一个具有科学合理梯次结构的干部队伍，为工作任务的顺利完成提供坚强的组织保证。

2.6 为什么说要以文稿论英雄、要从调研看能力？

调查研究，就是我们深入现场进行考察，探求客观事物的真相、性质和发展规律的活动。调查研究的过程，是我们每个同志提高认识能力、判断能力和工作能力的过程，是我们分析和解决问题本领的重要反映，也是我们思想理论水平和工作水平的重要反映。善于调查研究不仅是每个领导干部的基本功，更是每个研究人员的基本功。研究室的安身立命之本，就是调查研究的功夫。

在研究室工作，我觉得应该有两条基本要求：一是以文稿论英雄，二是从调研看能力。

以文稿论英雄，就是要以文稿作为评价研究室人员的标准。一个写不了文稿、写不好文稿的人，你可以说他可能是一名合格的工作人员，但不能说他是一名合格的研究人员。并且，起草的文稿只有被领导认可、发挥了作用，才能算有意义。如果你提出的理念、政策、观点、对策等建议被采纳，真正成为决策的组成部分，那才能算是“英雄”。

从调研看能力，就是说一个能够很好地开展调研的人，能够从调研中汲取营养的人，能够通过调研为领导决策服务的人，一定是一个能力比较强的人。如果一个研究人员不会搞调查研究，那就是不称职。文稿工作要做好，必须建立在扎实调研的基础上。调研要掌握真实情况，提出真知灼见，对解决问题产生重要的推进作用。前些年一位分管调研工作的地方纪委领导同志说的很有意思，他说：一个调研室的干部如果不会搞调研，就好像工人不会做工、农民不会种地、公鸡不会打鸣、母鸡不会下蛋。话虽说得直白，道理却在其中。

2.7 调查研究人员必须具备什么样的能力?

调查研究人员应当具备的能力很多。我认为，必须具备的能力至少有以下几个方面。

第一，履行职能、主动服务的能力。

调研的目的是为了解决问题、更好地为领导的决策服务。因此，我们要通过调查研究获得看法、判断、观点、思路和对策，就要积极履行职能，通过各种方式和途径，主动为领导提供服务。一般地讲，有思想有观点有对策的调研报告，往往会成为领导决策的重要依据。根据我的体会，通过调查研究为领导服务，主要有两个方面的途径。一是把调研报告直接报送领导，让领导阅看调研报告的所有内容。如果调研报告写得好，领导往往会有批示。这些批示，往往就是决策的内容。二是通过起草文稿把调研报告中的思想观点直接写入领导讲话或工作报告中去。这些年，我们在组织和起草领导讲话、会议文件的过程中，都会把调查研究获得的成果放进去，这样不但使我们起草的文稿中有最新的内容，工作决策有了依据，而且也使调研成果得到了充分利用。

第二，把握大局、战略判断的能力。

对某一地区或部门的经验或问题，如果能够确定它在全局中的地位和能够产生的影响，并持之以恒地加以推动，使之成为重大战略任务和战略目标，那就是非常值得庆幸的事。

1988年，党的十三大提出党的建设“要靠改革和制度建设”的要求，“两公开一监督”在全国普遍推广。1989年初，我随研究室老主任到河北保定调研。当时保定市的同志发现，一些“两公开一监督”的措施并没有发挥预期效果，主要原因是权力过分集中导致“权力商品化”，这是当时的政务公开和群众监督覆盖不到的领域。为此，他们指导一些部门探索权力合理分工和有效制约的途径，采取权力分解、管理交叉、干部换岗、以责制权等制约权力的措施，对抑制腐败现象起到了较好作用。我们及时对保定市建立权力约束机制的做法进行了总结，认为这种做法“规范权力的行使，防止权力滥用，有效地遏制了腐败现象的滋生和蔓延，为我们加强廉政制度建设，提供了一个新的思路”，并于1989年分别发表在《求是》杂志和《党风与党纪》杂志上。从此，我们就一直关注、尽力推动这项重要工作向前发展。从20世纪90年代的内部约束、内部制约、权力制约的提法，到21世纪前几年的结构合理、配置科学、程序严密、制约有效的权力运行机制，再到2010年前后的决策权、执行权、监督权既相互制约又相互协调的权力结构和运行机制，经过20多年的逐步发展完善后，终于得到一个非常可喜的结果。

2011年7月，时任总书记的胡锦涛同志在建党90周年大会上的讲话中指出：“我们坚持推进政治体制改革，在发展社会主义民主政治方面取得了重大进展。”这些“重大进展”的第七条就是：“我们建立健全权力运行制约和监督体系，保证党和国家机关按照法定权限和程序行使权力。”2017年10月，习近平总书记在党的十九大报告的“健全党和国家监督体系”部分明确指出，“要加强对权力运行的制约和监督，让人民监督权力，让权力在阳光下运行，把权力关进制度的笼子”，“构建决策科学、执行坚决、监督有力的权力运行机制”。这充分说明，权力制约和监督已经成为党的国家监督体系中的重要组成部分。

第三，高度概括、勇于创新的能力。

人们对于新理念、新思想、新观点、新事物总是有着非常深刻的印象。创新的东西，都是在大量创新实践的基础上提炼出来的，都是在各种各样的调查研究中汇集起来的。因此，对调研座谈会上提出的观点、经验、问题、对策等，都要及时进行概括，形成思路，提出既有高度又有新意的思想和观点。最好是一边听一边慢慢进行概括，然后用最生动形象的语言进行表述。也可以把各种新观点集中起来，然后在这个基础上进行创新。往往有这样的时候，大家提了一些比较有新意的观点，但可能高度不够或概括性不够或准确度不够或凝练不够，总觉得还差一点点，不够提气。这时候我们就要在这些虽有新意但还有所欠缺的观点的基础上进行概括，勇于创新，拎出一个概括性强、颇有新意的观点甚至理念出来。

第四，洞幽察微、见微知著的能力。

我们在听地方同志的情况介绍时，如果发现问题或者线索要及时提问。这样往往会发现许多有意思的内容和事情。

一要以小见大。2004年10月，当时我在中央办公厅调研室5组工作，其间我们到江苏、浙江、上海调研。在饭桌上，听到宁波市纪委的同志介绍情况时说，现在一些原来没有“油水”的单位，如今也暴露出不少问题，甚至连庙宇、博物馆、环卫所、殡仪馆，腐败也时有发生。当时我们马上就问他庙宇中能产生什么腐败，请他详细介绍一下情况。他说，最近查了一个案子，宁波市一个寺庙的和尚为了当上方丈，一次就送给统战部部长5万元。后来，我们在调研报告中写了这个例子。中央纪委主要领导同志看到后，在一个时期里无论是外出考察还是召开会议，只要有机会他就讲：你看，人都是有欲望的，连出家的和尚都想买个方丈当当，别说有七情六欲的普通人了。因此，我们要面向全社会抓好反腐倡廉教育，把廉政文化作为社会主义先进文化建设的重要内容，加强社会公德、职业道德、家庭美德教育，进一步促进全社会形成以廉为荣、以贪为耻的良好风尚。

二要察言观色。我们在调研过程中，有时会碰到有的人发言时欲言又止，好像有难处；有的人讲得很含蓄，把问题当经验来说。现在开座谈会，往往有十多个人，大家在一起，有的是领导，有的是其他部门的负责人。对地方上的有些问题、对上级的有些意见，有的人不敢向我们反映。但有的同志又想反映，觉得机会难得。这就形成了这种情况。这时，你要及时问话，把他想讲的话引导出来。或者会议结束后，可以单独同他沟通，请他把意见讲出来，或者留下联系方式，请他把有关材料送过来。

2.8 调查研究可以分为哪几类?

从我们调研的实际情况看，调查研究可以分为以下几种类型。

第一，基本情况型调研。

这是一种拉大网式调研，或者叫无主题调研，一般在起草重要文稿前的调研往往是这种调研。这类调研是指在一定时间和范围内，对反腐倡廉总体情况进行全面的、综合性的调查研究。其目的是，通过对一些地区、部门或单位反腐倡廉全面情况的调查和分析，估计反腐倡廉形势，掌握中央纪委部署的各项工作进展情况，总结好的做法和经验，找出存在的主要问题，提出总体的对策建议。比如，我在中央办公厅调研室5组工作时，往往会按照领导要求出去跑几个省，看一看面上的情况，有哪些经验、存在哪些问题、有什么典型材料、有什么对策建议等，回来再向领导报告。这种调研既是为领导提供当地的基本情况和现状，供领导参考；也是为了自己熟悉情况，对地方的纪检监察工作有真实的感受，以便更好地开展工作。

第二，政策研究型调研。

这类调研着眼于制定政策、落实政策、完善政策，就改革发展中的有关政策性问题进行调查研究。比如，2010年我们研究室按照中央纪委领导要求，开展了“关于当前反腐倡廉形势和任务”课题的调研。在最终形成的《对当前反腐倡廉形势的调研分析》的报告中，我们对当时的反腐败形势提出“四个并存”的分析：“当前，我国反腐败斗争正处于这样一种总体态势：成效明显和问题突出并存，防治力度加大和腐败现象易发多发并存，群众对反腐败期望值不断上升和腐败现象短期内难以根治并存，反腐败斗争形势依然严峻，任务依然艰巨。”同时，还提出了6条中观对策和15项具体建议，为中央纪委领导决策提供依据。

第三，典型经验型调研。

这类调研是反映新生事物的调查研究，主要是以客观事物的个性与共性辩证统一的原理为基础，对一定范围的事物总体上进行初步分析，有意识地选择有代表性的单位或人作为典型来研究，从中找出具有共性、普遍性的规律，推动经验，以点带面，促进整个工作。这方面的例子很多。比如，1998年，我和《求是》杂志社、浙江省纪委的同志组成调研组，到浙江省金华市就实行政务公开制度进行调查。当时金华市委推进政务公开制度的成效显著，在全国受到广泛关注，被认为是“金华新政”。我们调查发现，金华政务公开的目的，“就是把权力中用来谋私的‘含金量’去掉，使权力只能用来为人民服务”。这不仅促进了廉政勤政建设和经济社会发展，还体现了社会主义经济政治发展的必然要求和趋势。为此，我们起草了以“加强对权力运行的监督制约”为题的调研报告，发表在《求是》杂志1998年第11期上，收到了很好的效果。

第四，了解问题型调研。

这类调研要求把点上和面上的情况结合起来分析，讲求调查的深度和研究的针对性。主要是针对某一问题，特别是针对当前迫切需要了解和解决的反腐倡廉问题进行调研，探究问题产生的原因，分析问题的症结所在，提供解决问题的思路和建议。比如，2010年我刚从中央办公厅调研室回到中央纪委研究室任主任，就发生了福建省莆田市市长自杀的事件。我们按照中央领导的要求，和中央有关部门一起开展调研。在调查中我们发现，领导干部自杀的原因很多，个人原因中，有抑郁症等占一半以上，四分之一为干部自身存在腐败等问题，十分之一左右为家庭矛盾等问题，另外的是其他问题。同时，我们还对国际国内等相关的自杀问题进行了分析比较。我们提出了加强对干部的教育和管理、提高干部心理素质和党性修养的调研报告，并提出了对策建议。其中一条建议就是考察干部的德、能、勤、绩、廉五项指标中应再增加一项“健”，明确为德、能、勤、绩、廉、健六项指标，“健”不仅指身体健康，还指心理健康。这就为中央的决策提供了参考。

第五，紧急情况型调研。

这类调研主要是针对领导急需了解的情况或突发性事件的调研。这样的调查研究时限性强、要求急，必须做到以最快的速度、较高的质量为领导提供决策依据。比如，根据中央纪委领导的要求，我们针对《腐败新怪象：获刑官员出狱收取“坐牢补偿”》专报信息的批示精神专门组织调研组到某省调研，形成并上报了《关于“坐牢补偿费”问题的调研报告》，为领导了解情况、进行决策提供了直接的依据。

第六，考察借鉴型调研。

这类调研主要是通过出境出国考察，了解和掌握境外反腐倡廉情况，发现可以借鉴参考的方法为我所用。1997年3月，我作为监察部代表团成员到加拿大考察，大家对加拿大政府制定《利益冲突与离职后行为准则》、对政府官员提出明确具体的从政道德要求的做法印象深刻，认为我国可以吸取和借鉴。之后我们写了一些文章进行宣传和呼吁。后来我们建议在我国的反腐败工作部署中也应使用“防止利益冲突”这个概念。2000年1月，在十五届中央纪委四次全会的工作部署中作出这样一条规定：“省（部）、地（厅）级领导干部的配偶、子女，不准在该领导干部管辖的业务范围内个人从事可能与公共利益发生冲突的经商办企业活动。”这是我国第一次使用“防止利益冲突”这个概念部署工作。这项工作部署以后，中央和国家机关86个部门结合工作实际和业务特点，分别制定了司（局）级以上干部配偶、子女从业的具体规定。到当年的11月底，经组织审定，处理了17名省（部）级干部和84名地（厅）级干部的配偶、子女不符合从业规定的问题。

2.9 调查研究有哪些方式？

调查研究的方式是很多的。可以说，凡是有人的地方都可以开展调研。就我自己参加的而言，有这么几种。

第一，随领导外出调查研究。

作为研究室主任，随领导外出调查研究的机会是比较多的。许多领导出门时都愿意带研究室的同志。一是随从考察。我们一般都会随领导外出考察调研。在外出调查研究时，主要是形成或者完善本单位重要文件和领导的有关讲话等文稿。二是出国随访。这样的机会不是很多，但也是会有的。

第二，单位组织实地调研。

按照领导要求和工作需要，到地方、部门或其他单位开展调研，通过调研形成调研报告。这个形式比较普遍，大家都有这样的调研活动。1992年初，我们研究室和山东省纪委研究室到山东省烟台市调研社会各界代表民主评议政府职能部门、实行民主评议监督的经验。

第三，多家单位联合调研。

分两种情况。一种是以我们研究室为主。比如2010年的提高干部心理素质和党性修养的调研，是我们会同中央组织部一起开展的。另一种是以别的单位为主，我们研究室配合。这种调研，我们派人参加，之后调研报告征求意见时提出我们的修改意见即可。

第四，委托有关地方和部门组织调研。

主要是请他们提供调研成果。一般地，如果课题比较大、比较重要，自行组织的调研组又不多，往往会辅以委托调研等形式。比如，我们研究室在开展党的十七大以来的反腐倡廉工作调研课题时，除了自己组织调研组以外，还专门委托10多个省区市进行调研。在此基础上，我们还分别在地方举行了两场小型座谈会，以对大家的调研成果进行汇总。

第五，召开专题座谈会进行调研。

可以形成座谈会纪要或座谈会观点综述。这种座谈会的形式比较自由活泼，可以有专家学者参加，地方和部门的领导参加，研究室同志参加，其他职能部门的同志参加等。中央纪委几乎每年都召开一次专家学者座谈会，中央纪委领导出席，听取他们对一个时期反腐倡廉建设的意见和建议。比如，我们研究室和中国纪检监察学院联合举办了“反腐倡廉建设和纪检监察工作”研讨班，就党的十七大以来的反腐倡廉和纪检监察工作进行研讨。还可以就某个概念、某项工作进行座谈。比如，前些年我们研究室全室同志专门就“反腐倡廉建设”这个概念进行座谈和交流，先由几位同志作主题发言，然后大家发表各自的看法，效果也不错。

第六，确定主题后通过搜集材料进行调研。

通过综合别人的学术论文或调研成果，形成专题信息。这也是一种重要的调研方式。我们研究室就有一个《研究室信息专报》，直接提供给委部领导参阅。

第七，开展民意调查。

这是我们研究室的一项重要工作，也是全国各个省区市研究室都参与的工作。民意调查始于1994年，时任中央纪委书记尉健行同志提出“要建立科学的民意调查体系”。从1996年开始，中央纪委研究室连续开展全国性的反腐倡廉民意调查工作。2005年之前，是我们自己一家单独开展这项工作。从2005年开始，由我们委托国家统计局进行民意调查，我们主要做一些组织协调和协助的工作。从2007年开始，我们又委托国家统计局开展国有企业反腐倡廉民意调查工作。从2011年开始，由中央纪委、国务院国资委两家一起，委托国家统计局开展党风廉政建设民意调查和国有企业反腐倡廉民意调查两项工作，形成了反腐倡廉民意调查的“2+1”模式。民意调查的成果作为我们对反腐倡廉形势分析的重要依据，也为中央决策提供了重要参考，有的还作为中央会议的附件。

第八，其他形式的调查。

比如，我们研究室搞了“春节归来话感受”活动，就是让大家利用回家乡过春节的机会，多与亲戚朋友们聊聊，了解他们对经济、政治、社会等各方面的意见。回机关后，大家再坐在一起碰一碰，由于每个人的过年方式、人际往来、所见所闻、思考角度有所不同，把它们汇总起来，就能把转型期中国社会的现状立体化地呈现出来。这对于同志们从总体上把握中央精神、国家发展趋势和群众心声，不断提高调查研究能力大有好处，也为领导同志提供了鲜活的材料。

2.10 调研怎么选题？

这里主要讲一下调研选题需要做到的“四个围绕”。

第一，围绕领导关心和关注的问题选题。研究室是为领导出谋划策的参谋助手，因此，调研的选题必须以领导的要求为标准、以领导的满意为目标。比如，暴力拆迁等问题严重影响党群、干群关系。按照领导批示要求，研究室组成调研组开展“阳光拆迁”课题调研。当时调研组先后赴5个省（市）开展实地调研，共召开座谈会15场，考察拆迁现场20余个，累计听取150多位同志包括拆迁户代表的意见，形成了《关于各地“阳光拆迁”好做法好经验的调研报告》。调研报告在领导批示后，由中宣部统一组织新华网、《人民日报》等新闻单位对一些好做法好经验进行集中宣传报道，取得了好的效果。

第二，围绕本单位中心任务特别是当前工作中的重点难点问题选题。比如，加强对“一把手”的监督始终是一个重点难点问题。我们研究室就组织开展党政正职监督实践和经验课题调研。我们组成6个调研组，分赴8省市开展调研，了解各地加强党政正职监督的好做法好经验，形成的综合调研报告成为领导决策的重要依据。

第三，围绕与群众利益密切相关、受到普遍关注的热点问题选题。比如，针对人民群众反映强烈的突出问题，研究室组织开展基层干部作风与预防“村官”腐败课题调研。我们组织人员赴4个省开展实地调研，形成的调研报告以机关文件的形式转发各地。再如，有一次我们在新疆开座谈会调研时，有同志说当前脱离群众的问题相当严重，建议中央领导专门就这个问题作一重要讲话。后来我们在收集大量资料的基础上，认为当前脱离群众的问题最突出，解决这个问题也最有针对性。我们就建议围绕这个主题起草领导讲话，得到了领导的同意。

第四，围绕新出现的苗头性、倾向性问题或社会争议较大的问题选题。1990年，我国在上海和深圳成立证券交易所，在全国发行股票。这在当时是新生事物，对经济社会的影响很大。1992年5—6月，中央纪委研究室就专门就股份制和股票问题及其对社会的影响进行调查。在《北京、上海、深圳、海南股市情况及对社会影响的调查》中，我们既充分肯定了实行股份制和股票交易的意义，提出了应注意的问题，还对党政机关工作人员能否买卖股票提出了建议。在1993年十四届中央纪委二次全会的工作部署中，“不准买卖股票”就作为领导干部廉洁自律的五项规定之一。

2.11 怎么做好调研准备?

凡事预则立，不预则废。一旦领导要求或者工作需要就要开展调研，调研前我们要做好调研准备。

第一，确定调研主题。每次外出调研，除了摸情况、拉大网式的调研以外，一般都要有一个调研主题。同时，最好有一个大致的调研报告提纲，这样提问题更有针对性。

第二，组织调研小组。除了大型调研以外，我们研究室外出调研往往由2—3人组成一个调研小组。当然，有时为了培养和锻炼人才，多一两个人也没有关系。如果是一个大课题，那么就不限人数了。如果调研主题明确，调研提纲也大致清楚，甚至可以事先做好分工，哪个人写基本情况，哪个人写问题和原因，哪个人写对策。如果是两个人，可以由一个人写情况和问题，另一个人写对策，因为对策部分往往是调研报告的重点。

第三，事先发出通知。这样可以让地方的同志有个准备的阶段。如果是为了摸情况搞拉大网式的调查，至少提前三天告诉地方的同志，因为他们要考虑安排调研的单位、调研的路线、陪同人员等事情。如果是专题调研，至少提前五天就要发通知，以便让与会人员事前有个准备。

2.12 怎么在调研中组织座谈？

调研中开展座谈会的情况较多，组织座谈要注意以下几点：

第一，控制会议规模。一般的座谈会，人数多了不行，少了也不行。根据我们的经验，人数控制在8—10人比较合适。这样每个人可以发言15—20分钟。如果调研课题比较小，人数还可以多一点，但每个人发言的时间要控制在10分钟以内。毛泽东同志1941年在《〈农村调查〉的序言和跋》中还说过："开调查会每次人不必多，三五个七八个人即够。必须给予时间，必须有调查纲目，还必须自己口问手写，并同到会人展开讨论。因此，没有满腔的热忱，没有眼睛向下的决心，没有求知的渴望，没有放下臭架子、甘当小学生的精神，是一定不能做，也一定做不好的。"

第二，主导座谈进程。按照提供的名单先后发言，这是一种方法。也可以在讲清楚意图和时间要求后，请大家自主发言。座谈过程中，一定要按照调研主题进行提问和引导，不要把调研座谈会开成漫谈会。

第三，注意做好记录。主持者自己可以挑重点进行记录，同时请其他同志作详细记录。有的书面材料可以要过来。如果会议允许，可以进行录音。

第四，尽量多听少说。去调研，主要是听调研对象反映情况，除了提问和适当总结以外，尽量不要多说。我们有的同志好为人师，碰到一个自己熟悉的或者研究过的问题，就滔滔不绝地讲起来，把调研座谈会开成了他的报告会。这是不可行的。

2.13 调研中有哪些小窍门？

结合多年的调研经验，我总结了一些小窍门。

第一，进行个别访谈。个别访谈的好处是，访谈者没有心理负担，可以把大家在一起时不好说的内容都跟你说，能够谈得深、谈得透。个别访谈的不足是，如果每个人都作个别访谈的话，就太占时间。因此，个别访谈可以选择重点人物进行。比如到一个地方，可以在召开座谈会后再找几个重要人物单独谈一谈。如果可能的话，也可以找主要领导谈一谈，既汇报了这次调研的成果，也请他们谈一谈自己的看法。当然，如果可能的话，也可以一开始就向主要领导介绍这次调研的目的，并请他介绍本地区本部门的基本情况，这样下去调研就有一个全局的印象。

第二，重视实地察看。到一个地方，除了召开调研座谈会以外，还可以去几个地方看一看。看的地方可以是出经验的单位，也可以是有问题的单位。这些地方可以请地方的同志安排，如果时间允许也可以听了介绍后临时去考察一下，以增加感性认识。我们的一位领导同志因为别人陪同考察，他就吩咐随员个别出去询问附近的情况，以与他的考察情况相比对，核实情况的真实性。

第三，及时梳理消化。如果时间允许，最好是白天调研，晚上抽空整理材料、提炼观点，及时把当天的重要收获摘录下来，充实和调整调研报告的提纲。同时，还可以把需要继续了解的问题拉出清单，以便第二天继续提问或者请他们提供材料。这样可以“趁热打铁”，也便于“拾遗补缺”。

第四，加强团结协作。要加强调研组内部的团结协作。一个调研小组2—3人，可以分分工。带队领导主要是主导调研进程，在开座谈会时主持会议。先介绍调研组的来意和调研背景，请大家在内部座谈会上畅所欲言。在会议进程中把握节奏，调节气氛。最后可以作一个简单总结。会议结束后要及时与其他同志沟通，把自己的思路和想法告诉组员。其他同志主要做好会议记录和收集材料工作，如果需要什么资料的话要及时沟通，请他们拿来或者寄来。会议记录要尽量全面，要注意记好插话，这往往是精彩的内容。当然，记录的同志要特别注意履行自己的职责，不要忘了形。在中央一次会议上，我们有个同志在作会议记录时，听到一位领导的发言非常精彩，不仅忘了记录，还情不自禁地一拍桌子说：“讲得太好了！”这就是忘记自己的身份和职责了。

第五，要加强与地方同志的沟通协调。我们到地方去，地方上的同志非常尊重我们，千方百计地想把我们接待好、把调研安排好，生怕有什么不周到的地方。实际上，我们都是去麻烦地方，一定要谦虚谨慎，尽量客随主便，有什么困难尽量自己克服，不提任何不合理的要求。

2.14 调研会议需要注意什么?

要增强善于引导的能力。在调研过程中，我们可能会碰到有的人发言离题、有的人发言啰唆、有的人观点有问题等情况。有的同志碰到这种情况往往会控制不住自己，当时就打断别人的发言，甚至公开进行批评，质问“你这个人怎么就这样的素质”“你怎么当的领导”等，让人下不来台。还有的碰到观点不一致的情况就作为观点另一方同别人争论。这样的行为是我们需要避免的。我们要牢记，自己是调研座谈会主持人，承担着把握会议主题、主导会议进程的职责。那么，碰到这样的情况我们应该怎么办呢?

第一种情况是有的发言人的发言离题。这时需要我们通过提问、解释、介绍等方式进行引导，把发言人的话题引导到设定的主题上来。

第二种情况是发言人啰唆。有的人发言边念稿子边插话，非常啰唆，还要超过时间。这时要善于把握自己，不要急躁，尽量让他讲完。然后，再提醒后面发言的同志注意把握时间。这是一种涵养。

第三种情况是发言人的观点不太正确，特别是在召开专家学者座谈会时。这时主持人要把握住以下两点：如果只是一般的问题，就不要打断他的发言，这是对发言人的尊重，也是我们要求他们畅所欲言的应有权利；如果观点确实有问题，我们就要通过问话、探讨等方式进行引导，但态度要和气，不要给人盛气凌人的感觉。

2.15 参加别人的座谈会时要注意什么问题?

根据自己调研的体会，在参加别人主持的座谈会时，至少要注意两个方面的问题。

第一，要注意时间。一场座谈会，一般安排在3个小时之内，往往会找8—10人参加，一般每人发言时间为15—20分钟。这样，大家要看一看会场的总体情况，看一看自己的发言时间大概应该控制在多少分钟以内，因为还要为主持人留出总结的时间。有的人只管自己讲，不管超出多少时间。这样的人就是缺乏时间观念和全局观念。你超过了时间，就意味着占用了别人发言的时间或者主持人总结的时间，这也是对别人的不尊重。

第二，要提高随机应变的能力。有的同志发言时照本宣科念稿子。这时我们有的领导同志会说“稿子你不要念了，能不能讲一讲还有什么需要反映的问题”。这个时候，有的同志随机应变，反应敏捷，很快就能够把事情一二三四地讲清楚，思路清晰，逻辑严密，既结合了稿子，也延伸到了稿子外，得到了领导的肯定。但有的同志就不行了，平时讲话还可以，一旦在领导面前，离开了稿子就说不好话。

2.16 怎样写好调研报告？

俗话说，文无定法。但对于公文而言，写领导讲话也好，起草调研报告也好，都是有一定规律的。之前我听说某领导只要到一个地方讲话，都是一个模式：这项工作很重要，这项工作很难搞，这项工作要搞好。实际上这个三段论是有道理的：第一个讲重要性，第二个讲工作难度，第三个讲要求。一般地讲，我们起草一个调研报告，应该有三块内容：是什么，为什么，怎么办。

“是什么”，主要是摆出事实，把情况说清。要介绍这项工作或这个事情的基本情况，总体状况怎么样，有什么主要成效和特点，有什么经验和体会等。

“为什么”，主要是分析问题和原因，把道理讲明。先提出存在的主要问题，并且详细分析产生问题的主要原因。主要原因三条五条研究透了，对策自然就呼之欲出了。

“怎么办”，主要是提出对策，把建议谈透。如果是文字量少的调研报告，就可以直接谈对策建议。如果是文字量大的调研报告，可以把对策建议分成几块来写。比如，可以讲一讲总体要求、讲一讲要把握的原则，再讲几条具体的对策措施。

2.17 起草调研报告的顺序是什么?

起草调研报告，一般有梳理材料、确定提纲、进行起草三个过程。

第一，梳理材料。

梳理材料是一个硬功夫。同样的材料，不同的梳理得到的调研成果往往会有很大的区别。使用材料，要注意两个方面。

对座谈会上的材料，最好的办法是一边做发言记录，一边把重要内容、新鲜观点和典型例子用线画出来，一边慢慢地进行归纳、整理、提炼、概括，或者在旁边批注，把自己思考的观点记下来。如果发言人有稿子，最好把稿子要过来，这样可以避免漏记。还要特别注意发言人离开稿子时的插话，一些生动精彩的内容往往出现在插话中。甚至吃饭闲聊时听到的内容，如果同调研课题相关，也可以利用起来，将其作为调研报告的内容。1995年4月，中央向全党通报王宝森自杀、陈希同引咎辞职的事件后，在全党引起强烈反响。当时我们正好在河南三门峡和山西运城、太原调研。所到之处，无论是在座谈会上，还是在平常的交谈中，大家都对这个问题反应强烈。我们就根据这些内容，整理出《河南、山西部分干部群众对陈希同引咎辞职的反映》的材料报给领导。领导非常重视，专门用这个材料来说明问题，收到了很好的效果。

对自己收集的材料，最好的办法是一边看材料，一边把一些主要观点和内容记下来，或者画线或者折页，然后再进行整理。如果晚上有时间，再分门别类地整理一下。

第二，要确定提纲。

提纲是一个调研报告的框架结构。内容决定形式，什么样的内容决定什么样的形式。关键是要把想向领导反映的思想观点和思路举措尽量体现出来。一般出发前要对调研提纲有个谱，如大概写几块，每块写点什么。调研提纲像是一个篮子，篮子里面有不同格子，需要我们用不同类型的生动鲜活的材料分别放到不同格子里去，这样调研报告就会丰富厚实。

如果是综合性调研报告，比如对形势的调研就比较复杂。以中央纪委研究室2010年上半年对当前反腐倡廉形势的调研分析为例，我们列了五个部分的提纲：主要成效和有利条件，存在的主要问题，具体原因分析，具体思路和对策，发展趋势分析。每个部分中再分列若干条内容。

如果是单项性调研报告，比如对一个方面工作的调研报告就比较简单一些。一般可以按照是什么、为什么、怎么办的框架来构思，是什么谈现状，为什么谈问题和原因，怎么办谈对策。比如前面讲到的关于干部自杀问题的调研报告，我们提出的三个二级标题是“一、近年来领导干部自杀的基本情况和主要特点”“二、领导干部自杀事件发生的主要原因”“三、有效防范和应对领导干部自杀的对策建议”。

第三，进行起草。

经过前面两个过程后，起草调研报告就是水到渠成的事情了。

2.18 起草调研报告有什么窍门？

关于起草调研报告的方法，我觉得同写文章的路子是一样的，这里谈点体会。

第一，总体拢着写。对某一项工作的调研，肯定要涉及这项工作的总体情况以及基本估计。因为大家都知道这项工作的内容，因此可以不必再展开来详细介绍。除非有专门要求，一般用一段话简单交代一下总体情况即可。

第二，重点挑着写。在调查过程中，对于要反映的情况，要让领导了解和掌握情况，尤其是有几个需要重点反映的问题（或者观点，或者对策措施），一定要一个一个挑出来讲，把几个重点问题突出出来。不要什么问题都想反映，什么对策都要罗列。如果面面俱到，就把这些重点问题“埋”在里面了，如白开水一杯——平淡无味。

第三，对策写中观。就是对策一定要写有鲜明个性、突出特点的内容。我们有的同志起草调研报告时，包括给领导起草讲话稿时，往往有一个毛病——把对策写得太大太空。比如只要起草有关反腐倡廉工作的调研报告，无论什么具体工作或者针对什么具体问题，都按照教育、制度、监督、改革、惩治的结构来写，都用这个框框来套，再多就是调整一下前后结构，这样写一大二空，没有个性。

为了说明这个问题，这里自曝一下家丑。当年我们起草治理集体腐败的调研报告时，一开始所提的对策建议是这样的结构："（一）强化廉洁意识，筑牢思想防线；（二）发挥领导干部执行反腐倡廉各项制度的表率作用；（三）严格规范'一把手'的权力运行；（四）加大问责力度，完善体制机制；（五）完善监督体系，提高监督实效；（六）坚持有案必查，保持惩治集体腐败案件的高压态势。"

大家可以看一看，这几条，每一条都对，但放之四海而皆准，中央纪委领导的报告可以用，某个省纪委书记的讲话可以用，如果写一篇关于其他反腐败工作的调研报告也可以用，看起来都没有错，但是缺乏针对性，不解决实际问题，好像大炮打蚊子，声音很响，火力很猛，但瞄不准，打不着。当时我就说："你们的对策好像是在地球上放炮，无论往哪个方向打，最终肯定都会落到地球上，但是这能够解决具体问题吗？"后来我让调查人员讲在调查过程中大家反映最多的问题是什么。当时他们你一言我一语地说，归纳起来，在集体腐败中，一是"一把手"权力太大，往往是一个人说了算，其他领导处于弱势地位，集体讨论只是走个过场；二是单位往往是事业单位，或者有小金库，有钱可分；三是人员长期在一个单位，形成了分利集团，只有进来的，谁都不肯离开这样的肥缺；四是监管不分离，自己收钱自己管，上级财政交多少是多少，没有人监督；五是集体腐败案件涉案人员众多、关系复杂，很难深入查处，即使有人案发，也是当作个案处理。当然还有一些其他问题。我说"只要找到这五个主要问题，对策自然就出来了"。

后来，我们在调研报告中提出了以下五条对策："（一）严格规范'一把手'的权力运行，防止'一把手'借集体决策之名行集体腐败之实；（二）坚决取缔‘小金库’，切断集体腐败的资金来源；（三）加大干部轮岗交流力度，防止‘分利集团’形成；（四）积极推行监管分离模式，堵住集体腐败发生的‘漏洞’；（五）加大查处和惩治力度，降低集体腐败的预期收益。”

这样的对策，都是中观层面的，甚至是微观层面的。但是，条条对策都是对着集体腐败提出的，都是奔着漏洞去的，都很有针对性，让人一看就知道这些都是对付集体腐败的硬招。

第四，观点要鲜明。观点包括对策，是一篇调研报告的核心。所谓观点鲜明，就是要让领导看了以后，一目了然地就知道调研报告的主要内容。总体上是什么情况，存在什么主要问题，主要是什么原因，有什么对策，一定要在小标题上就体现出来。每一个小标题实际上就是你要表达的主要观点，就是标题下面这一部分主要内容的概括。领导同志一看这些标题，就能够大概知道调研报告的基本结构和主要内容。如果把观点埋在内容里，让领导去找，让领导去概括，这样的调研报告肯定不是好报告。所以，观点一定要清晰，不能太笼统，不能含糊其词。

2.19 调研报告怎么写得生动？

第一，用好事例。形象大于思想。形象的东西是最能被人记住的，是最能够被人接受的，也是最具冲击力的。往往有这样的情况，别人忘记了你的观点，但记住了你的故事。因此，在调研报告中，如果有合适的例子恰当地安排在其中，往往能够起到意想不到的作用。比如2005年8月在北戴河纪检监察干部培训班上，时任中央政治局常委、中央纪委书记的吴官正同志讲了一个《鹖冠子》中扁鹊三兄弟的故事：魏文王问名医扁鹊，你们三兄弟哪一位医术最高？扁鹊回答“大哥最好，二哥次之，我最差”。文王再问，那为什么你最出名呢？扁鹊说：“我大哥治病，是在病形成之前。我二哥治病，是病刚出现的时候。我治病，是在病情严重的时候。所以大家认为我的医术高明。”故事读完后，官正同志接着说：“这个故事说明扁鹊很谦虚，讲的是实话，也启发我们理解‘良医治未病’的道理。反腐倡廉工作一定要加大预防力度，像扁鹊的大哥那样，治病于未发之前。发现同志有问题，要像扁鹊的二哥那样，治病于初起之时，与人为善，早打招呼，改了就好。对腐败分子，要像扁鹊那样，动手术，下猛药，务必严肃查处，坚决清除出党员队伍。”借这个故事巧妙地阐述加大预防腐败力度的重大意义，效果非常好。

第二，用好数字。有些地方必须要用实实在在的数字来说明才更确切。之前在某省调研时，我们用了一个数字来说明有的干部制度规定缺乏弹性，限制了优秀人才脱颖而出：有个组织部门的同志计算过，如果完全按照当时党政干部选拔任用的年限规定和领导岗位台阶设置的实际情况，一位同志从最基层进入干部队伍起，即使每到一个台阶都能按时提拔，到达一个市（地）级主要领导岗位也需要28年的时间。这说明，这个干部体制死板、缺乏弹性，是有问题的。

第三，用好图表。图表是最直观的形象，最能表达上升或下降的态势。2010年，在《对当前反腐倡廉形势的调研分析》第五部分中，我们用了8个图表来说明反腐败的发展趋势。这样大家看起来生动直观、一目了然，效果就不错。在2007年中央纪委在党的十七大作的报告的附件中，第一次用了我们研究室提供的民意调查数据，收到了很好的效果。这些年来，中央主要领导在讲话中也经常引用民意调查数据来说明形势，效果很好。

第四，用好他人评价。可以用老百姓的话来评价我们的工作，或者从国外的角度评价中国的问题。如果仅仅是我们自己对工作的评价，人们往往会持怀疑的态度，觉得是主观评价，可能会评价过高，同实际情况不一定符合。如果引用第三方的评价，就会更具说服力。比如，我们在前些年关于反腐倡廉形势的调研报告中，在论述中央反腐败态度坚决时，除了阐述中央对反腐败的重大决策和部署以外，还引用了一位“透明国际”专家的话来印证：“在全世界范围内，中国政府领导人反腐败的决心都是首屈一指的。这同某些发展中国家的执政党在反腐败方面的消极、无为，形成了鲜明的对比。”又如，在论述中国特色反腐倡廉道路时，我们引用一位国际专家的话，中国制造“是足以同在中国这样一个世界上人口最多的国家解决温饱问题、极大地消除贫困相提并论的一个巨大贡献”。总之，把第三方的论述作为我们观点的印证，会更客观，更具说服力，也更能被大家接受。

第五，用好国外的资料。国际政治是会传染的，国际经验也是通用的。我们搞政策研究一定要有国际视野、国际思维，把世界上所有的好东西都拿来，进行比较、进行选择，结合我们中国的国情，看看能不能用。我在中央办公厅调研室工作的时候，负责组织提高中办服务能力和水平的课题调研。当时在国内，中办是最高的，是独一无二的，没有办法和其他部门的办公厅作比较，我们就请外交部协助，通过一些大使馆把美国、英国、德国、法国、日本、俄罗斯、印度、韩国、越南、朝鲜10个国家的政府办公厅的材料找来进行比较，提出了一些改革举措，有的已经在推进。比如，起草领导干部自杀问题的调查报告的原因分析时，我们一开始就用具有国际眼光的数字来说明：“自杀问题一直是全世界共同关注的公共卫生和社会问题。据世界卫生组织（WHO）最新统计，全世界每天有2000多人死于自杀，自杀未遂者则是它的8—10倍；全球的年自杀死亡率为16/10万；我国的年自杀死亡率为13.9/10万；年自杀死亡率最高的是白俄罗斯和俄罗斯，分别高达35.1/10万和30.1/10万。中国疾病预防控制中心的统计数据显示，我国居民的自杀现象从2005年起呈现下降趋势。但是，领导干部自杀人数有所增加。把干部自杀问题放到国际大背景下来反映，就能够使领导准确地评估我国的自杀现象特别是干部自杀现象的严重程度。”

3

能力篇

NENG LI PIAN

研究室是负责政策理论研究和重大课题调研的专职部门，承担着出谋划策、以文辅政、直接为领导决策服务的职能。研究室的同志是专门从事文稿起草和调查研究的，他们的能力和水平的高低，直接关系到为领导决策服务的能力和水平。要提高文稿起草质量，关键是提高我们自身的政治素质和业务能力。

3.1 政策研究人员应该具备哪六个方面素质和能力?

结合自己长期从事调查研究和文稿服务的经历，对我们从事政策研究工作的同志必须具备的六个方面的素质和能力，谈点体会。

第一，要有坚定不移的政治立场。政治坚定是做好政策研究工作的首要条件。立场不同，对事物的看法会截然不同；立场不坚定，思想就会走入误区，研究就会拐进歧途。列宁曾经说过：“唯物主义本身包含有所谓党性，要求在对事变做任何估计时，都必须直率而公开地站到一定社会集团的立场上。”也就是说，党性就是立场，立场决定党性。对于共产党人来说，就是要站在最广大人民根本利益的立场上，这就是共产党人的党性。对从事政策研究工作的同志来说，当前就要自觉增强政治意识、大局意识、核心意识、看齐意识，在任何时候、任何情况下，都要坚持党性原则，把握政治方向。无论是开展调研，还是起草文稿，都必须坚定地站在党和人民根本利益的立场上，而不能站在某一利益群体的立场上，不能站在“左”的或右的立场上，更不能站在敌对势力的立场上。要切实提高政治敏锐性和政治鉴别力，在重大问题上立场坚定、旗帜鲜明，在大是大非面前头脑清醒、态度坚决，经得起各种风浪和复杂局面的考验，始终同党中央保持高度一致。同时，一定要严守政治纪律和政治规矩。我们在开展政策研究的过程中，可能会接触和掌握一些机密数据和材料，也可能会接触各种思想和言论，甚至包括敌对势力对我们的歪曲和攻击。这些资料只能内部研究使用，不能不分对象、不分场合地去传播，更不能以此沽名钓誉、哗众取宠，一定要注意时刻绷紧“研究无禁区、宣传有纪律”这根弦。

第二，要有以文辅政的使命意识。文以载道，以用为贵。以文辅政是做好政策研究工作的最高境界。搞政策研究不是做学问，起草文稿也不是撰写学术报告。衡量政策研究工作成效的根本标准，就是看有多少成果能够进入决策、指导工作，在实践中发挥多大作用。如果我们的政策研究不能为党和政府的决策服务，不能起到指导工作的作用，那就是失职，就会逐步被边缘化。从事政策研究工作的同志要当好领导的参谋助手，就必须明确并强化以文辅政、出谋划策的职能定位。要紧贴中心、立足全局，从总体上分析形势、判断问题、研究工作，主动适应形势和任务的发展变化，准确把握党和政府工作的重点、热点和难点，加强对战略性、全局性、前瞻性问题的研究，为全局性工作提供决策依据。在研究过程中，站位要高一点，视野要宽一点，考虑要更周全一点，思考要更深入一点。要想领导之所想，想领导之未想，把握领导同志的思路和关注点，形成的成果为领导提供急需管用的参考依据。要注意把课题调研、理论研究、信息综合等工作取得的成果，及时转化到领导讲话、工作报告、规章制度等文件起草中，使来之不易的研究成果得到最大限度的综合运用，成为决策的有机组成部分。

第三，要有如饥似渴的求知欲望。学习积累是做好政策研究工作的基本功。在研究室工作，要以文稿立身，以文稿论英雄。我们经常说，文稿是脸面，资料是粮食。对从事研究工作的同志来说，写不出好的文稿，就应该觉得脸上无光。没有充分积累的资料，肯定也写不出好文章。打仗的时候，手中有粮才能心中不慌；写作的时候，手中有资料才能胸有成竹。我们要通过各种渠道学习，了解日新月异的世界，掌握自己需要的东西，广泛学习与党的建设相关的经济、政治、文化、社会等各方面知识。尤其是要认真学习领导讲话、政策规定等文件材料，要了解文件的出处、有关问题的时代背景、历史沿革和发展脉络，及时掌握各种最新动态精神。要做个有心人，注意资料的日常积累，对所接触的各种材料要进行去粗取精的搜集，然后进行分门别类的整理，以备随时调用。还要加强同志之间的思想交流，探讨才有争辩，碰撞才有火花，并且还会产生新的思想。

第四，要有全面精通的业务素养。业务精通是做好政策研究工作的必然要求。当前，各项工作的专业性越来越强、难度越来越大、要求越来越高，如果不与时俱进地增长见识、提高能力，就难以履行职责、做好工作。研究室的同志要不断拓宽视野，强化实践锻炼，努力掌握和运用研究工作所需要的新思想、新知识、新经验，不断提高业务素质和工作能力，增强做好研究工作的本领和水平。要善于调查，灵活运用各种方式方法，向实践汲取新鲜经验，向基层汲取生动素材，向群众汲取营养智慧，力求掌握第一手材料，全面了解事物的本来面目。要勤于研究，对通过调查收集到的素材，要系统分析、反复比较、深入思考，透过纷繁复杂的现象看到事物的本质、问题的根源，提出自己独到的见解。要精于写作，写文稿要逻辑严谨、条理分明、论证周密，文字表达要准确、鲜明、生动，让人看得懂、愿意看、有收获。政策研究工作是一项政治性、政策性很强的工作，涉及党和政府工作的方方面面。如果我们对相关业务工作不熟悉不了解，想问题、出对策就提不到点子上，甚至会说外行话。因此，要想当好领导同志的参谋助手，自己还必须先成为业务领域的行家里手。

第五，要有敢为人先的创新精神。创新是做好政策研究工作的关键要素。随着工作实践的深入发展，迫切要求研究工作也能够开拓创新、推陈出新。如果现在搞研究还只是罗列一些众所周知的现象，分析几条大而化之的原因，提出几条放之四海而皆准的所谓“对策”，那也只能是食之无味、弃之可惜的大路货。只有创新才能脱颖而出，只有创新才有出路。无论是搞调查研究还是起草文稿，都要有一种创新的激情。在思想内容上一定要有创新，要敢于提出一些新思想、新理论、新观点、新举措；在表现形式上也要有创新，要勇于提出一些新词汇、新概念、新表述，多用一些富有个性、特色鲜明、生动活泼的语言。当然，我们讲创新，并不是要去刻意求新，甚至搞文字游戏，更不能背离常识，标新立异，要正确理解创新、理性追求创新。

第六，要有爱岗敬业的思想境界。敬业是做好政策研究工作的内在动力。我国古代思想家朱熹说：敬业者，专心致志以事其业也。爱岗敬业、尽职尽责是对党员干部的基本要求，从敬业精神上也能看出一个人的党性修养、职业道德和思想境界。热爱研究工作，才能干好研究工作。既然组织把我们放在研究室的工作岗位上，就应该干一行、爱一行，兢兢业业，勤勤恳恳，尽心尽力把工作干好，把自己这份研究工作的职业变成为党分忧、为国尽责、为民奉献的事业。当然，与其他岗位相比，在研究室工作很辛苦，更需要耐得住寂寞、忍得住清苦、放得下得失。人的追求决定人的境界。在研究室工作虽然是个苦差事，但也是个能够很好地体现价值的位置，干好了就会苦中有乐，你的成果得到承认了，就会觉得很欣慰，很有成就感。从事研究工作的人还得有一颗淡泊名利的心。有位老同志说：官大官小，没完没了；钱多钱少，一样烦恼；知心朋友，越多越好。讲得非常有道理。日吃三餐饭，夜睡一张床，知足者常乐。思想境界高了，名利自然就看得轻了，个人的得失就看得淡了，干事创业就不会轻易受到干扰了，反而会有更多的收获。

3.2 起草文稿应当坚持哪三个导向?

当前，起草党内重要文件应该注意三个导向。

第一个导向是问题导向。最近，中央领导同志经常讲，问题是时代的声音。大家知道，党的十八届三中全会文件的主题是全面深化改革。习近平总书记专门指出，我们的改革都是因为问题倒逼而产生的，所以文件起草一定要体现问题导向，通过改革来切实解决当前经济社会当中存在的突出问题。习近平总书记这个要求，给我们很多启发，我们起草的各种重要文件都要首先以问题为导向，推动解决问题。

我们起草文件肯定要表达政治立场。党的文件，包括会议报告、决定和领导讲话、文章等，都是政治性、政策性很强的文件。政策规范要有现实指导意义，要有清晰的逻辑表达，还必须明确一个理念，就是往什么方向努力、要解决什么问题，这个特别重要。人类总是在不断地碰到问题、解决问题的过程中聪明起来、发展起来、进步起来的。如果关系人类生命安全的哪个问题解决不了，人类就可能要毁灭；党如果有自身问题解决不了，也可能有存在不下去的危险。所以，问题导向非常重要。

问题就是时代的口号。马克思在《政治经济学批判〈序言〉》中说得很到位，“人类始终只提出自己能够解决的任务。因为只要仔细考察就可以发现，任务本身，只有在解决它的物质条件已经存在或者至少是在生成过程中的时候，才会发生”。就是说，任务本身都是在解决它的条件已经基本具备的时候才会发生。也可以换个角度这么说，问题发生到比较严重的时候往往就是解决它的时候。这些年，我们党提出了“三个代表”重要思想，提出了科学发展观，提出了习近平新时代中国特色社会主义思想。这些都是我们党与时俱进提出来的指导思想。提出“三个代表”重要思想是20世纪90年代，时间可能早一些。科学发展观的形成和提出，是21世纪初全国范围内爆发“非典”疫情，上海、北京等特大城市连续被大水淹城，环境污染的问题也日益突出，等等。所有这些问题都说明，光发展经济不行，必须要科学发展，其他各方面的发展也要跟上。科学发展观就是在这样的背景下产生的。习近平新时代中国特色社会主义思想的提出，也是因为改革、发展、稳定中都出现了不少的问题，有的还很严重。这些问题提出来，摆在我们党面前了，就必须去解决它。新的指导思想就应运而生。

现在我们都在讲中国梦。习近平总书记指出，中国梦已经在眼前了，现在是我们离中国梦最近的时候。我们已经快到山顶了，到这个时候就要开始发起冲锋。以前离得比较远的时候，我们还要迂回曲折地攀登前进。但现在已到这个时候，就要冲锋了。习近平总书记强调，有些问题阻碍我们实现中国梦了，在这种情况之下就必须要全面深化改革，我们的改革就是因为这些问题倒逼而产生的。因此，党的十八届三中全会围绕解决问题提出的改革措施，针对性就非常强。

我们起草重要文件，起草领导讲话，一定要找准问题，方方面面的问题都要找。这是起草好一个重要文件的重要前提。爱因斯坦曾说过，提出一个问题往往比解决一个问题更为重要。只有问题找对了、找准了，然后才能有针对性地采取措施解决它。那么我们的对策就都是瞄着靶子去的，有的是明靶子，有的是暗靶子。也就是说，只要措施是为解决问题去的，就是有的放矢的，都是打到点子上的。只有这样，老百姓也好，党员干部也好，都会觉得这个文件挺好、解渴，说到心坎上去了。所以，问题导向是我们一定要注意的。

第二个导向是民意导向。我们的文稿都要体现党的性质和宗旨，反映党的原则和立场，维护人民的根本利益。党的利益和人民的利益是一致的。党章明确规定了我们党是最广大人民利益的忠实代表，为人民服务是我们的宗旨，我们党除了最广大人民的根本利益之外，没有自己特殊的利益。这就是我们民意导向的一个基础。

凤凰卫视经常放一个镜头，就是习近平总书记在讲："人民对美好生活的向往，就是我们的奋斗目标。"这是一个非常经典的精彩的政治宣示。我们党为什么讲全心全意为人民服务，为什么讲没有自己的特殊利益？因为我们党从诞生开始就是为了人民的根本利益，就是代表人民的根本利益，这条不能动摇。如果这一条改变了，不代表人民的根本利益，而只代表一部分人的利益甚至少数人的利益，那么就说明党的性质改变了。马克思曾经讲过，人们所奋斗争取的一切都与他们的利益有关。毛泽东同志讲过，一切空话都是无用的，必须给人民以看得见的物质和利益。邓小平同志也讲过，我们党是人民群众在特定历史时期为了实现自己目标的工具。所以我们起草报告也好、起草讲话稿也好、起草文件也好，最根本的是要体现和符合人民的根本利益，顺应民心民意。当年陈毅讲淮海战役的胜利是老百姓用小推车推出来的。为什么？打土豪、分田地以后，土地刚刚到手，牲口刚刚到家，老百姓都欢天喜地的。国民党要返回来，要把他们的胜利果实抢走，那怎么行?！他们为了保护自己的胜利果实，都自觉自愿地用小推车把物资送到前线去，有的还把独生子送去当解放军。这就是民众的力量，也是我们党为人民谋利益体现出来的巨大力量。习近平总书记讲人民的期望就是我们的奋斗目标，我们要把人民放在心中最高位置，要以人民为中心，这与我们党的性质、党的宗旨、党的纲领都是一致的。

所以，民意导向很重要，虽然有时候体现很不容易，但我们写文稿的时候心里要有数，要体现和代表人民的根本利益。只有这样才能保证我们的政策或者改革举措是符合人民根本利益的，也是我们党所需要的。

第三个导向是目标导向。当前我们讲要实现中华民族伟大复兴的中国梦，那么我们的改革举措都要围绕实现这些目标提出来。党的十九届三中全会提出，我们改革的总目标是完善和发展中国特色社会主义制度，推进国家治理体系和治理能力现代化。这就为我们起草文件提供了一个明确的目标导向，所有的改革都要围绕这个导向。现在我们在推进国家治理体系和治理能力现代化当中，就是要通过制度、通过法规，实现制度化、规范化，使治理体系成为可以执行的、可以检查的、可以操作的东西。也就是讲，不要光说改什么，还要讲通过什么样的制度来保证改革落到实处。

所以，我们起草任何文稿都要围绕目标来设定具体的措施。如果我们的目标是到月球上去，那就要根据各种需要、各种参数一步一步设计，一个过程一个过程地走，才能最后到达目标。就像只有通过一级级的楼梯才能上楼一样，如果没有一系列具体的措施，缺少中间的环节和过程，是永远也到达不了目的地的。我们反腐败和党风廉政建设，目标导向就是建设社会主义廉洁政治，做到“三清”，我们现在要围绕这个目标来考虑和研究，然后出台各种举措。

3.3 起草文稿需要哪四种思维？

我觉得，同我们起草文稿工作结合得最紧密的有四种思维。

第一种思维是源头思维。我们研究问题、寻找对策，首先要找源头、找根子。前几年北大哲学系教授汤一介先生写了一本书，叫《瞩望新轴心时代——在新世纪的哲学思考》。他一开头就讲到西方的一个哲学家雅斯贝尔斯说过："人类一直靠轴心时代所产生的思考和创造的一切而生存，每一次新的飞跃都回顾这一时期，并被它重燃火焰。"所谓轴心时代，指公元前800年至公元前200年之间，这段时期是人类文明的突破时期，产生了数个独立的辉煌的文明，如中国先秦文明、古印度文明、古希腊文明等。后来的欧洲文艺复兴并不是凭空产生出来的，而是进入中世纪之后，通过研究古希腊时候的东西，如宗教、艺术等，重新兴盛起来的。看起来它是复古的，实际上是从源头上找根子去了。汤先生讲到，我们中国的宋明理学，为什么成为一个新的高度？因为经过印度佛教的传入，大家一时迷茫了，不知道往哪里走了，于是回到孔子、孟子那个时代里去找，后来就形成新的宋明理学。所以我们不管搞什么研究，一定要回到源头上去看。要重新审视一个东西对不对，就要看一开始是什么样的，就会发现问题出在什么地方。

第二种思维是框架思维。就是有一个框架或者一个结构来装要说的这些东西，才能够说清楚问题。我们讨论问题、起草文稿，一般就是讲几条，分几个方面讲或者分几个层次讲，很有条理，这就是一种框架意识。我上大学的时候，特别喜欢哲学，没有学分也去听了许多哲学系的课。有一位教西方哲学史的老师说，当时德国的哲学家特别多，每个人都想创造一个自己的哲学体系，立一个框架，搞一种学说，这是一种时髦。当时笔者也受这种思想影响，大学毕业论文写的是《马克思主义人性观和文学》。我想从人性这个角度来解释文学，文学即人学嘛。我按照自己的理解，提出了一个马克思主义人性观，把人分为生理属性、心理属性、社会属性，然后对应文学的几种形式，生理属性对应自然主义文学，心理属性对应浪漫主义文学，社会属性对应现实主义文学。当时很简单，一一对应，也想用一个框架来梳理文学的起源。现在看上去确实有点机械，但不管怎么样，也算是一种尝试吧。

我们起草报告、决定等文稿，也很讲究框架思维和逻辑顺序。比如党的十八届三中全会决定中第十部分讲权力运行制约和监督体系，第一句话，是讲这个改革很重要，这是论断。后面接着讲一些原则性的要求，再接着的就是具体措施。往往就是这么三个层次：论断、要求、措施。这就是框架。古人写东西，也讲究起承转合。我们撰写调研报告时，也是先写基本情况，再写存在的问题和原因，接着再写对策，都有一些框架性的东西在里面。这都说明框架思维的重要性。缺少框架思维的人往往只是罗列现象，这里有一个什么事情，那里发生一个什么案件，东拉西扯，没有逻辑，没有高度，因为他没有提炼、没有概括、没有归纳。所以，我们要重视框架思维。

第三种思维是结合思维。结合思维是我们中国人重要的思维方式。比如，民主集中制是民主和集中的结合，社会主义市场经济是社会主义和市场经济的结合。民主和集中，社会主义和市场经济，看起来是矛盾的，但又可以是统一的。通过这种结合，尽量把双方中好的内容最大化，尽量把双方中不好的内容最小化。不要怕有矛盾，有矛盾是正常的，可以让其统一于一炉之中。这些年我们党把选举民主和协商民主结合起来，形成一种新的国家治理方式，就是一种具有中国特色的政治创新。我们在起草文稿过程中讲结合思维，就是要把所有的好东西、好想法、好观点，尽量都结合起来、体现出来。我们在写稿子的时候，有些好的观点和建议一开始尽管不完善，也要尽量留在那里，给它一个位置，不要马上就否定掉。好东西先留着，再一点一点往前拱，不断完善，最后就出来新东西了。这就叫“突破难点就是亮点”。在讨论稿子的时候，大家众说纷纭，一定要善于辨别和保留好的东西、好的观点、好的话语，即使不是很准确也没关系，慢慢修改完善嘛。我们给领导起草讲话稿，就是要尽量把某一方面的所有好话都弄到一起，进行再加工，这样才有亮点，才能好上加好。每句话都靓当然更好了，但实际上做不到，不过要往这个方向努力。如果能够把好东西集中到一起，不就更靓了吗！把几个不同的观点尽量靠一靠，既要这样又要那样，这样行不行？只有把大家所有好的意见汇总起来，梳理出来，形成一个吸收各方意见的共识，大家才会比较满意。

第四种思维是国际思维。就是要在国际的范围考虑中国的问题，如更好地利用国际经验就是具有了国际视野。现在我们国家的经济总量已经是世界第二了，综合国力逐年上升，国际地位越来越高。所以我们治国安邦的政策必须要有全球视野，一定要借鉴国际经验，借鉴人类文明中所有有益的东西。我们在提对策建议的时候，一定要看看国际上有什么思想理论可以学习，有什么经验可以借鉴，有什么教训可以汲取。只有这样，我们才能站在中国的土地上，又吸收了世界范围的好的东西，拿出来的东西就是具有国际水平的。如果搞的东西没有国际视野，只是在自己这一亩三分地中摸索，无疑是坐井观天，境界、层次就太低了。这样搞出来的东西，一是格局太小，二是没有高度，三是小家子气，领导看不上的。所以，我们每拿到一个课题，都要看看古今中外有没有可以借鉴的东西。要有中国立场，还要有国际视野。只要有可利用的成果，我们都要利用起来，为我所用。

3.4 起草文稿需要坚持哪五种意识？

影响我们研究水平的因素有很多，其中一个重要方面，就是同我们所具备的意识有着直接的关系。有什么样的高度，就有什么样的视野；有什么样的视野，就有什么样的胸怀；有什么样的胸怀，就有什么样的境界。但是，达到什么样的高度、视野、胸怀、境界，同具备什么样的意识有非常紧密的联系。我们常讲，想到的可能做不到也可能做得到，但想不到就肯定做不到。因此，主动地、自觉地强化应当具备的几种意识，对我们开阔视野、提升境界很有必要。这里我想结合自己在工作实践中的感悟和心得，谈一谈我们从事研究工作的同志应当具备的五种意识。

第一，应当具备“理念意识”。

前几年，清华大学社会科学学院院长李强先生曾经提出了“理念文化”的概念。他认为，理念文化建设是文化建设最为核心的目标和内容，主要是关于人自身的理念、信念、信仰、理想、价值观。这一点对于世界上任何一个国家和民族来说都很重要。我觉得他讲得有道理。

理念决定方向。一个国家的核心理念，往往是一个国家的发展方向和社会的价值取向。同时，理念还是文化的核心，是国家的名片。我们中央纪委研究室在2010年就提出了博学、深思、求是、创新的研究室作风，或者叫室训，这就是我们研究室同志应该努力的方向。党的十八大报告明确提出：“倡导富强、民主、文明、和谐，倡导自由、平等、公正、法治，倡导爱国、敬业、诚信、友善，积极培育和践行社会主义核心价值观。”从国家层面、社会层面、个人层面分别对核心价值观进行了具体表述。这些核心价值内容，既包含了人类共同的优秀文明成果，也体现了中国文化中具有普世意义的理念。现在，全国范围内的核心价值观，或者说我国自己的国家理念，正在逐步形成，成为整个国家和民族的共识，成为我们党和国家的努力方向。

现在，西方国家常常用民主、自由、人权等理念为自己辩护，甚至作为动用武力的口实。比如，西方用是否民主来判断一个政权的性质，用是否自由来衡量新闻的价值，用是否符合人权来决定是否推翻一个合法政权。他们利用这些漂亮的理念来掩盖他们追求国家利益的行径，并且利用他们掌握的国际话语权进行垄断，使自己站在道德制高点上。

民主、自由、人权虽然是西方国家最早提出来的，但其作为人类社会的一部分，我们都是接受的，我们的宪法也规定了民主、自由、人权的具体内容。我们国家正处在一个快速发展的阶段，需要大量借鉴可以帮助国家发展的一切人类社会的优秀文明成果。我们的原则是，凡是人类社会的优秀文明成果，我们都不拒绝，而且要拿来为我所用，赋予其中国的精气神，并且去真正地实践它。这是一方面。

另一方面，这些年，我们党提出了科学发展、和谐社会、和谐世界、公平正义、协商民主、以人为本、执政为民、廉洁政治、合作共赢、人类命运共同体等理念，并且今后还会继续提出符合中国实际的核心理念。这些都是具有中国特色、富有中国气派的理念，同时又是具有普世价值的理念，是中国优秀传统文化和现代社会文明的结晶。我们要通过各种形式大力宣扬出去，在国际范围内增强中国的影响力，提高中国的话语权。

我们是中央和省区市的研究机构，有不少机会参与起草重要文稿，要站在全党全国的高度，敢于和善于提出具有中国特色的理念。如果我们能够通过提出理念对党和国家的发展起一些推动作用，这样的价值会是无比巨大的。

第二，应当具备“战略意识”。

现在我们党内有一种很不好的现象，就是有的领导干部缺少战略思维，存在着战略短视。只要一个新的理念、新的举措出来，马上就会有人问：这行不行啊？能不能做到啊？就在这些质疑声中，一些很有远见、很有价值的理念或者对策胎死腹中。这些疑问看起来很务实，但实际反映的是战略的短视。没有理想，没有方向，只看到眼前的事情，这样的政党是没有前途的。如果我们党没有战略眼光，怎么能够长期执政？如果我们国家没有战略眼光，怎么能够长治久安？马克思和恩格斯1848年就写了《共产党宣言》，认为共产主义一定能够实现。这是我们共产党人的共同理想和远大的战略目标。如果按照某些人短视的眼光，共产主义这个目标根本就提不出来。

简单地说，谋长远、谋全局的意识，就是战略意识。有了战略意识，自然就有大局意识。天下一盘棋，是中国人的天下观。不谋全局者不足谋一域，不谋万世者不足谋一时，是中国人的战略观。习近平总书记提出的实现中华民族伟大复兴的中国梦，就是引领中华民族和中国人民为之努力奋斗的战略目标。

风物长宜放眼量。我们考虑问题，不能只局限在眼前3年5年，而是要看到30年50年，甚至300年500年。清末，李鸿章曾经说过，当时的中国面临“几千年未有之变局”，他看中国的眼光是用千年来计量的。看得远，才能看得清规律和趋势，才能看得准实质和本色。因此，我们不能局限于一时，而是要看到长远；不能局限于一地，而是要看到全局。对我们从事的具体工作来说，不能只局限于一个时期某一方面的工作，而是要看到一个时期整个党的建设和政权建设，要看到中国整个经济政治文化社会的发展，还要看到整个世界发展的趋势和方向，看到天下大势。

因此，我们一定要以站在山顶的高度、环视世界的眼光研究战略问题，谋全局，谋大势，谋党和国家的长治久安，谋民族和人民的千年福祉。

第三，应当具备“政治意识”。

有的人认为搞政治不好，政治不干净，政治就是争权夺利。其实，我们都是为党工作，政党就是政治组织，政党的活动就是政治活动。因此，我们就是搞政治的，必须具备政治意识。

毛泽东同志说过，所谓政治，就是把自己的人搞得多多的，把敌人搞得少少的。想要把自己的人搞得多多的，你的政策就必须站在大多数人的立场上，代表大多数人的利益，否则是不能长久的。所以，政治意识的核心就是立场。到底是站在谁的立场上，代表谁的利益，为谁服务，这是要害。

如果有了明确坚定的政治立场，那么，有的观点只要分析一下，就知道它背后代表的是谁的利益了。千万不要看谁讲得如何动听、写得如何漂亮，一定要看一看他背后代表谁的利益，他的这些说法对谁有利。这也就是我们常说的要有政治敏锐性、政治鉴别力。我们必须把握一条原则，一个标准，就是我们党是始终代表人民根本利益的。坚持了这一条，也就是坚持了党性原则。在人民根本利益的立场上站得越稳，一个共产党员的党性就越强；站得不稳，党性就不强；如果不站在人民根本利益的立场上，那就没有共产党员的党性。刘少奇同志说过："凡对人民有利的事业，即是对党有利的事业。"我们搞研究的同志，研究问题要科学，提出对策讲立场，一定要站在党和人民利益的立场上看问题、找思路、拟对策。如果有人在这个问题上面搅和，就应当要考虑他的动机了。当然，这其中还有当前利益和长远利益、局部利益和全局利益、个人利益和集体利益的关系要处理好。

第四，应当具备"人文意识"。

所谓人文意识，就是我们在提出理念、制定政策时，一定要尽量体现以人为本的精神，更加尊重人、关怀人、爱护人，实现人的主体地位。

我们国家的历史传统是重国家、重集体、重家族、轻个体，是容易忽视个人权利的文化。笔者看到有的制定法律或政策的人，特别是那些技术主义者在解释某一项法律或政策时，往往讲这项法律或政策如何如何，如果按照这项法律或政策做会怎样怎样，很少考虑到这项法律或政策会对人们的衣食住行、人们的喜怒哀乐、人的存在和发展产生什么影响。他们的眼中没有人，只有法律、只有政策，只想把人管住，而不考虑人是有思想、有意识、有情感、有个性的。

实际上，人文意识，人文精神，包含着对人的理解、尊重、容忍、爱护和关怀。人是有情感、有思维、有主体意识、需要尊重和尊严的个体。我们一定要以人为本，要有人文关怀，要把人当人，不能当工具，更不能当"东西"看待。

这些年来，我们的国家发展了，衣食足了，仓廪实了，肚子的问题解决了，但脑子里的问题就出来了。荣辱问题、礼节问题就重要起来了，人的尊严、人的价值、人的发展问题，也就更加突出地摆到我们面前，需要我们党和政府的政策来实现、来维护。正如邓小平同志所讲，发展起来以后的问题并不比不发展时少。我们党提出的科学发展观，特别强调要体现以人为本这个核心立场，就是顺应了经济发展、社会进步的时代潮流。这些年，我们搞了不少社会福利，包括全民医保、养老保险等，已经初步建立起一个比较完整的人性化的社会保障体系，虽然都是基础性的、低水平的，但也花了不少钱。这对于体现以人为本、实现人的全面发展提供了一个非常重要的平台。

当然，人民生活水平和幸福指数的提高会受到许多客观条件的制约。这些年，我们党内在效率和公平问题上一直有争论。党的十六大前，我们还提效率优先、兼顾公平。这个观点的实质含义是，国家的发展要优先于人民生活水平的普遍提高。虽然现在还有争论，但我们已经不这么提了。这主要是因为，在社会主义初级阶段，发展是第一要务无疑是正确的，效率放在首位在一定时期特别是打破大锅饭时期也是必要的。但是，随着经济的发展、社会各种矛盾的增加，特别是分配不公等问题突出，已经影响到效率的发挥，影响到社会发展，甚至严重影响到社会的稳定。在效率和公平的问题上，社会公平问题已经逐步成为矛盾的主要方面。在这样的情况下，我们就必须把解决公平方面的问题放到更加重要的位置上，必须在“切蛋糕”时更加注重体现社会公平，以实现从效率中国向公平中国的转变。当然，另一方面，解决社会公平的这种投入是刚性的，是只能增加不能减少的，因此必须把握得当，必须力所能及，在财政支出可以承受的范围内。如果社会福利超过国家财政负担的能力，超过国家发展水平，同样也会后患无穷。现在欧洲一些国家的财政危机，就让我们看到了这种危险性。

因此，对我们从事理论和政策研究的同志来说，特别是在提出理念、制定政策时，既要有高度和深度，也要有温度，一定要有人文意识，要体现人文精神，要有悲天悯人的情怀，在可能的范围内，最大限度地体现人的价值、维护人的尊严、促进人的发展。这应该是处于主导地位的理念和价值。同时，我们也必须充分考虑到所处的发展环境，考虑到所处的发展阶段，做这个时候应该做的事情，否则容易出现欲速则不达的情况。

第五，应当具备“担当意识”。

最近，中央领导同志多次强调，我们的党员领导干部要有担当意识。担当意识和责任意识比较类似，但我觉得现在用担当意识这个概念比责任意识要好。一是担当意识的含义要宽一些，不仅包含有责任的内容，而且还有敢于承担的精神，而责任意识的概念相对来讲要窄一些。二是因为责任意识讲得太多了，大家都听习惯了，容易麻木。而担当意识的概念比较新，容易受人重视，产生深刻影响。

我们老家有句话，叫作“心中有江山，才会有江山”，意思是说心中有目标，才可能实现目标。我们讲要有担当意识，就是要胸怀天下，心系全局，要有为天地立心、为生民立命、为往圣继绝学、为万世开太平的胆略和气魄。在这方面，我们必须取法乎上。在起草文稿过程中，我们心中要有大目标，并且能够提出来，找准出谋划策、以文辅政的职责定位，出好大主意，当好大参谋，更好地为领导决策服务。我们要自觉地站在党和人民的立场上，站在历史高度、时代前列，为党分忧，为民代言，敢于担当，勇于担当，善于担当，提出符合中国特色、时代要求、普世认同的理念、思想、思路、观点和对策，为党和国家的长治久安、人民群众的幸福安康贡献智慧和力量。

人们都说：“国家兴亡，匹夫有责。”我们都是“专家”——专门吃一碗饭的家伙，专门从事理论研究和政策研究的工作人员，当然要有这样的担当意识。这是我们的工作职责所在，更是国家和历史的责任所在。当前，我们面临的形势和任务，人民群众的期望以及领导同志的新要求，都逼着我们这些“参谋”人员必须勇于开拓、勇于创新，描绘出新的前景，创造出新的希望。我们要有这样的信心，要有这样的担当，要有这样的雄心壮志。

3.5 对起草小组成员有哪些基本要求?

起草文稿，尤其是一些重要文稿，比如年度工作报告、工作会议领导讲话等，往往会组成一个起草小组。那么，对起草小组成员有哪些基本要求呢?

第一，要有高度的政治责任感。领导讲话往往是代表一个地方、部门和单位部署工作、安排任务时的要求，代表着这个地方部门的发展目标和工作思路，是集体智慧的结晶。所以，我们接到任务都要有一种强烈的政治责任感，没有退路，一定要写好。出于保密的需要，领导讲话的起草、报送没有那么多程序，只能在不大的范围内征求意见，起草组之外的人没法给你出主意、想办法、提建议，主要依靠分管领导的指导、主要领导的最后把关，具体依靠起草组的共同努力。当然，这样有弊也有利，时间和精力的投入会更加集中一些。

第二，要有科学求实的态度。领导讲话是一个地方和部门大的工作思路的载体，涉及一个地方和部门的经济社会的发展和人民生活水平的提高。仅靠写作技巧、玩弄文字、堆砌材料肯定不行，要靠科学求实的态度，靠充分收集材料、深入研究探索、反复讨论修改，才能写好初稿。领导同志的高标准、严要求也促使我们要把讲话初稿写好。

第三，要有团结奋斗的氛围。研究室是一个团结奋斗的集体，起草组也是一个团结奋斗的工作班子，每个人各有长处和优势。在集中起草讲话的过程中，大家充分体现了高度的党性觉悟、科学求实的态度和严谨细致的作风。业务工作方面再难的文稿，机关的大会文件，我们都能够承办。这个信心，就是建立在大家的党性觉悟、团结奋斗的氛围和办文办事能力的基础之上的。

第四，要有一个好的起草团队。一个好的团队是起草好文稿的重要保证。特别是一起对一些重要的提纲进行讨论，相互碰撞，效果往往非常好。有时候碰到难题，大家坐在一起，讨论一下，就想出来了。这个方法很管用，因为单凭一个人想，容易走极端、不全面，有时甚至走进死胡同。所以说，有一个好的团队，有一种钻研业务、讨论业务的氛围很重要。

第五，要增强大局意识。不管是起草工作，还是文稿本身，都要进行通盘考虑和研究。虽然大家各管一块，有利于提高效率，但另一方面也存在一个各自为政的问题，有时候会存在重复或者前后矛盾等问题。这需要我们顾全大局，考虑周边，尽量在规定的提纲范围内起草，不要把脚伸到别人的园子里去。

第六，要经常换位思考。有的同志在写自己的那部分稿子时，往往觉得自己查阅了大量资料，方方面面都考虑到了，只有以这样的角度、这样的语气、这样的提法来写，才是最合适最恰当的，而看别人写的那部分总是感觉差强人意。这其实是一种敝帚自珍的心态。一定要学会换位思考，站在他人的位置和角度，从他人的立场出发，仔细琢磨他那部分遇到了什么困难和问题、为什么会这样写，这样才能找到自己的症结所在，才能有高度。

3.6 刚刚从事研究工作的同志如何尽快提高文字能力？

有的同志刚刚分配到研究室，从事文稿起草、调查研究、信息综合等工作。因为他们往往都是通过公务员考试进来的，一般都有比较好的文字基础。在这样的情况下，我一般都会提一些基本的要求。

首先，多学习，尽快进入工作角色。要尽快了解本系统的业务工作。业务工作从大到小都可以分为几块。比如，我们中纪委的工作有纪律、作风、反腐败、党内监督等几块。每一大块还可以细分成几小块，比如纪律可以分纪律定义、纪律内容、纪律检查、纪律处分、纪律检查史等。这些都是最基础的工作。同时，还应涉猎同党的建设和政权建设相关的基本理论以及最基本的源头文件，包括中央的相关决定和其他法规性文件。如果时间允许的话，进行大量阅读也是十分必要的。古人说，“读书破万卷，下笔如有神”“书读百遍，其意自现”，主要也是讲积累多了，垒土成丘，熟能生巧。我刚到中纪委时是20世纪80年代中期，当时有一段时间由于工作任务不是很饱满，就集中时间专门学习了《马克思恩格斯全集》，当时积累的上千张资料卡片，现在还时不时拿出来翻看，温故而知新，有的内容时不时地还可以放到正在起草的文稿中去。

其次，多练笔，尽快提高自己的文字水平。一是可以让大家特别是年轻同志多写信息专报。信息专报是研究室为领导提供信息服务的载体，主要体现综合性、针对性、时效性。当年笔者在山西调研时，刚好碰上陈希同的事件发生。当时听到山西的同志有一些议论，说“在北京都这样，地方就可想而知”“职务这么高的领导都这样，职务低的人可想而知”。当时我们就专门针对这些议论写了一期信息专报报给委部领导。中央纪委主要领导看到后，还专门针对这些议论进行了解释和批驳。二是可以就专业或其他领域做读书笔记，习练学习体会和发表文章。劳于读书，逸于作文。只有多读、多记、多写、多练，多进行模仿、习练，才能不断提高写作水平。

再次，多提炼，尽快培养自己的文字概括能力。吴官正同志多次同我们讲，书要越读越薄。他的意思就是要通过提炼和概括，把书中的精华都萃取出来，日积月累，必有所得。他举例说，心理学有两点印象最深：一是所有人共同的弱点，就是很难约束自己；二是需要引发动机，动机决定行为。经济学给他印象最深的，一是供求关系，二是纳什均衡（即博弈）。他对恩格斯的《自然辩证法》有三点理解：一是零的辩证法，有多少数比零大就有多少数比零小；二是人们在改造客观世界的同时，也在改造自己；三是人们在征服自然的同时，往往也会遭到自然的无情报复。吴官正同志的这些读书体会，已经到了规律性认识的高度。在党的十六大报告起草过程中，原来有一段长长的话讲经济建设和发展，随着逐步提炼，最后浓缩成一句话：“聚精会神搞建设，一心一意谋发展。”真是一字值万金！这就是提炼和概括能力的魅力所在。

3.7 如何提高调研和利用成果的能力?

起草重要文稿，一定要建立在充分调查研究的基础上，并且要充分地利用调研成果。

一要多进行前期调查研究。起草领导讲话存在一个保密的问题，在做好保密工作的前提下，加强前期调查研究是很有必要的，比如，可以到产生好的做法、好的经验的地方去调研和总结；到出现严重损害群众利益的地方，到维护群众权益好的地方和部门开展调研；可以召开若干专家学者座谈会，倾听他们的意见和建议；等等。

二要坚持边研究边起草。应该是先有研究，然后才能动手起草，并且要边研究边起草，这样才能有思想、有新意，而不是简单地当一个文字匠，把地方汇报的材料重新编一编，把领导讲过的话重新理一理。研究室的品牌在于“研究”二字，要在研究上下功夫，任何文稿出去，都是经过深入研究了的。这样，才会有影响，才会有作为。

三要以深入的调查研究成果作为支撑。在调查研究过程中，大家手里都有一批重要的调研成果。这些调研成果，都是我们起草文稿的重要支撑，都可以在文稿中反映出来。特别是建立在大量调查研究基础上的重要的调研报告，其他领导同志的重要讲话，还可以成为文稿的结构性、实质性内容。还有我们的民意调查数据，也可以引用到文稿中去，成为重要的数据支撑。有了这些扎实的调研成果，我们的起草工作就更有底气，就会事半功倍。

四要吸收各种有价值的观点和信息。党内外同志、专家学者和社会上各种思想和观点，或者可以补充完善，或者变个说法，都可以拿过来为我所用，把各种各样的观点和信息充分利用起来。当然，一定不要一字不改地照搬照抄，这是起草文稿的大忌。

3.8 如何提高收集和积累资料的能力？

收集和积累资料是起草好文件的前提和基础，是文字工作者的一项基本功。

一要尽可能多地搜集资料。没有大量的资料作为素材，就好像没有“源头活水”，“夜半临深池，盲人骑瞎马”。临时抱佛脚，写出来的文稿必然是单薄的、信息量少的、不够厚重的甚至是干瘪的稿子，不可能达到领导和工作的要求。要把搜集材料培养成一种习惯，把材料视为财富、视为粮食，只有积累了丰富的材料，才能做到“手中有粮，心中不慌”，从容承担起写作任务。

二要充分掌握各方面的资料。一篇讲话，一篇文章，少则几千字，多则上万字，涉及的资料很多。比如，我们搞反腐倡廉工作的，就需要掌握反腐倡廉方面的理论和领导的重要论述，党风廉政建设和反腐败工作进展、成效、经验和存在的问题，民意调查结果，人民群众反映的突出问题，舆情动态，国际国内形势，等等。这些资料储备就是粮食，粮食充足了，才能做到信手拈来。

三要重视学习消化资料。资料搜集到手了，只有把材料认真地学习消化吸收，材料才能发挥出应有的作用。学习资料可分为两种：一种是泛学，一种是精学。泛学的目的就是把搜集到的资料在有限的时间内尽量多看，对哪些资料讲了什么内容有个大概的印象或有个大致的了解，这样做的好处就是在起草文件某一方面内容的时候，对哪些资料已经讲过这块内容心中有数，便于迅速查找到相关资料。在广泛阅读的同时，还要对重要的领导讲话或领导讲话的重要段落进行精读，这样才能更好地领会和理解好中央的精神、领导的关注点，才能使起草文稿抓住重点、切中要害，也能保证我们起草文稿时表述规范、准确、到位，不出现硬伤。

3.9 起草文稿时如何做到“吃透两头，兼顾左右”？

有位长期从事文稿起草工作的同志说，起草文稿有四怕：一怕不与时俱进，缺乏创新；二怕不贴近工作，脱离实际；三怕不引领发展，没有抓手；四怕不顾及个性，不对胃口。所以，我们起草文稿时，一定要做好资料方面的准备工作，做到“上要着天，下要着地”，“吃透两头，兼顾左右”，不打无准备之仗。

一要深入学习领会中央精神。要想起草好领导讲话，必须熟悉中央的最新精神和中央领导的重要讲话，做到吃透“上头”。比如，在每次起草讲话工作之前，我们都要进行集中学习，认真领会党内重要文件精神，特别是学习党中央和中央领导同志在党的建设方面的最新论述，这对于把握文件方向和脉络会起到至关重要的作用。

二要熟悉部门和地方的各项工作。要“吃透下头”。研究室是综合职能部门，但必须熟悉各个业务室的具体工作，最起码也得知道个大概。在起草领导同志讲话的过程中，如果不谈各个口的具体业务，那也就没有实实在在的内容，就没有针对性。

三要了解和掌握周边左右的情况。比如搞纪律检查工作的，也要了解组织、宣传等部门的一些基本工作情况；我们搞党建的，也要了解经济、政治、文化、社会等方面的情况；同时还要了解国际方面的一些情况，使自己处在一个开放的环境中。有这样全面扎实的知识和信息储备作为基础，我们写的文稿才可能有高度、有思想，才可能是厚重的、有味道的、有生命力的。

3.10 如何提炼标题？

有的重要文稿要冠以标题。标题应当体现文稿的核心思想。文稿的标题要简洁、观点要鲜明、内容要准确、文字要精练，要像报纸上用的标题那样简洁明快。

一是观点要鲜明。提倡什么，反对什么，提出什么目标，一目了然。比如毛泽东同志的《星星之火，可以燎原》《将革命进行到底》，邓小平同志的《精简机构是一场革命》，习近平总书记的《把权力关进制度的笼子里》，等等，方向非常明确，观点非常鲜明，语言非常精练，是非常值得我们学习的。

二是内容要准确。标题的内容必须准确，实事求是，与实际情况相一致，不能产生歧义，不能随意拔高或贬低，否则会产生不良后果。特别是要反对"标题党"。现在有些报刊特别是有的网站，为了点击率，为了利益，无实事求是之意，有哗众取宠之心，故意制造耸人听闻的标题，甚至用市场营销的手段来忽悠别人上当。这种做法要不得。

三是文字要精练。文稿的标题最好是一句话一个标题，能用10个字表达的就不要用一串话或几行字，把最想表达的观点，用最准确简洁的语言铿锵有力地说出来。这一点我们可以向好的报刊学习，比如《参考消息》的标题，一般都比较简洁明快、观点鲜明。

有的同志生怕标题表达得不全面，有些东西还没有说清楚，就用一串话甚至几行字的标题。这样反而把标题搞得不伦不类，主要观点也被淹没了，让人不知道重点想讲什么，效果反而不好。

3.11 如何提高概括和提炼观点的能力？

在一次品酒会上，举办方专门请了一位高级品酒师，为我们介绍如何品评和欣赏红酒。这位品酒师曾满世界寻找各国著名酒庄，经历非常丰富。从世界各国的红酒种类到如何品评红酒的色香味，他举了大量例子，说得天花乱坠。但我们还是不知道红酒好坏的标准到底是什么，因为他只讲例子，没有概括。

笔者和几个朋友就把他讲的内容一一进行了概括。在倒好红酒后，品酒师说“好的红酒颜色一般呈紫红色，清澈通透无杂质”，我们就概括为“颜色透”；品酒师说“红酒置放于橡木桶中，含有单宁酸，所以闻起来有点‘臭’的味道”，我们就概括为“有点臭”；品酒师说“红酒进入口中时，先在口中停留几秒钟，品尝一番”，但由于口感顺滑，就很想喝下去，我们就概括为“顺着走”；品酒师说“好的红酒喝下去后会有满口的香味。一般的，红酒这种香味停留在口中3秒，以后香味在口中每多停留1秒，红酒的价格就加倍”，我们就概括为“香在口”；品酒师说“好的红酒喝了以后还想喝”，我们就概括为“口水流”。颜色透、有点臭、顺着走、香在口、口水流，通过这15个字，就把好的红酒的评价标准简单通俗地概括出来了。尽管我们不懂得如何品尝红酒，也不知道别的品酒师如何评价，但通过这个经历，也就对红酒有了初步的了解。同时，我们也发现，随时对生活中的现象进行概括，也是一件很有意思的事情。

概括和提炼观点的能力，是起草文稿中非常重要的一种能力，也是一种重要的创新能力。1951年，毛泽东同志在审阅一件中央指示时特地指出："一切较长的文电，均应开门见山，首先提出要点，即于开端处，先用极简要文句说明全文的目的或结论（现在新闻学上称为'导语'，亦即中国古人所谓'立片言以居要，乃一篇之警策'），唤起阅者的注意，使阅者脑子里先得一个总概念，不得不继续看下去。"毛泽东同志的这个写作提炼的方法，几乎在写各类文稿中都可以使用。

现在我们不少同志在按领导要求写文稿时，往往会搜集各种相关的资料，然后再汇总整理出一篇领导讲话的文稿。但由于功力不足，写出来的文稿明面上说是领导的讲话稿，但实际上是一个东摘西抄出来的综合材料。由于其中没有新的思想观点，或者有针对性的意见和建议，这样的稿子一般都不成功。

一般地讲，我们在起草文稿的时候，应当结合自己掌握的知识积累、资料积累、经验积累，寻找自己需要的东西，再从中概括提炼出一两句有新意的思想和观点。这种思想和观点可以把它作为文稿的重要内容，或者作为标题，放在最重要的地方，成为精彩动人、发人深省、催人奋进的警句，成为一篇文章中的"文眼"。这样精彩的语句，"在篇首则后必顾之，在篇末则前必注之，在篇中则前注之、后顾之"，一定是全文之重心。如讲话稿里能出这样精彩而独到的思想精华，能使通篇讲话生辉。

一篇讲话或文章，往往有三五块内容，每一块往往有一个小标题。从这三五个小标题的内容中提炼出来一句话，就是这篇文章的主题思想。如果有几篇不同类型的文章，我们如何从中提炼一个能够盖得住的主题思想观点呢？这就是“拎”的功夫。

所以，写文章要学会跳出来、拎起来。跳出来，就是你要从另外的角度去看问题，你的立足点要和文章的立足点不同。如果你跳不出来，就说明你高度不够，或者你的水平跟文章平行或低于文章。拎起来，就是你要从你手中的材料中提炼出新的观点，而不是综合一下。能否拎得起来，就是高手与写手的区别所在。

3.12 如何处理和协调领导对文稿的不同意见？

吴官正同志在他的《闲来笔潭》中谈到，2007年10月25日，他刚从领导岗位上退下来，就把我们中办调研室五组的同志叫到他办公室谈话。他在谈了一些想法后就同我们说：“你们搞文字工作，写材料就像‘二月天’，很不容易。有的时候一个人一个看法，左右为难，这是很自然的。只有左右为难，人才能逐渐成熟起来。”吴官正同志说的“二月天”，就是民间流传的一段唱词：“做天难做二月天，蚕要暖和麦要寒。种田哥哥要落雨，养蚕姑娘怕阴天。”应当说，老领导是非常理解和尊重我们的工作的。

在主持起草文稿过程中，确实有不同的领导有不同的意见的情况。如何处理和协调领导的不同意见，确实是一门学问。

我在处理和协调文稿起草过程中领导的不同意见时，会注意把握这样几个方面的原则。

一是坚持“结合论”的原则。也就是前面讲到过的结合思维，尽量把方方面面好的意见和建议都吸收进来，结合起来，从而形成一个具有广泛共识的文稿。因为一个重要文稿，一般都是集体智慧的产物，是大家共同的思想成果和政策成果。只有尽量把方方面面的意见和建议都集中起来，吸纳进来，充分吸收好大家的主要意见和建议，形成一个思想性、政策性、包容性都很强的文稿，才能具有很好的指导性和操作性，才能具有强大生命力。有一次，我们的两位主要领导对一个重要文稿的主题有不同的角度和要求。当时我们就找到两位领导对主题都认可的方法，把这两位领导的意见结合起来，用同一个标题来体现，结果取得了两位主要领导都满意的效果。

二是坚持主导性的原则。既然由你来主持起草文稿，那你就要主导好这个文稿的起草。比如，我们在起草《〈中国的反腐败和廉政建设〉白皮书征求意见稿》时，由于涉及的面比较广，特别是政法系统的领导和专家都有参加，大家往往会从本单位的角度提出修改意见和建议。这时就要按照主导性原则，站在党和国家全局的高度来把握和协调，既要保持文稿的高度和质量，又要尽量体现大家的意见并达成最大共识，使这个文稿最大限度地发挥应有的作用。

三是坚持合适性的原则。领导提出的一些同文稿主题相关性不大的内容，觉得并不合适的，在文稿中就不一定采纳。在起草重要文稿过程中，大家可能会有这样的体会，就是在文稿中的个别地方，或者是逻辑或者是内容都比较别扭。其实，这些内容很可能是按领导的要求加上去的。有的同志觉得领导都说了，不加也不好，就不管合适不合适硬加了进去。其实，一个文稿的主题是有基本规定性的。一些同主题相关性不大的内容，如果确实重要，可以增删调改其内容，尽量纳入文稿的逻辑框架之中，使之成为有机组成部分，这才是最好的解决办法。如果既不合适，意义也不大，那就弃之不用。

3.13 怎么在写作中发挥集体智慧？

领导交代一项重要文稿起草任务后，我们就要组织起草班子完成任务。作为主持者，就必须充分发挥集体的智慧。因为一个人的本事毕竟是有限的。怎样发挥集体智慧呢？我觉得应做到这样几点。

一是在提纲形成过程中充分听取大家的意见。领导讲话主题确定后，接下来就是搜集资料和确定提纲。笔者在中央办公厅调研室五组工作时有一个办法，就是让大家统一使用资料，分头起草提纲。搜集的资料大家都有电子版，提纲大家都要考虑，并且每人都拿出一个提纲来。为了保证大家都能充分发表意见，我让职务最低的同志最先发言，然后依职务从低到高分别发言。职务低的同志率先发言，他可以畅所欲言，阐述自己的观点，提出自己的意见，不用担心同其他同志的意见不一致而不敢发言。后面发言的同志既不用担心同前面发言的同志意见不一致，而且还可以从前面发言的同志那里吸取思路和想法，补充自己的提纲，使之丰满起来。如果有不同的思路也不要紧，大家可以用不同的提纲进行比较。这样三四位同志拿出自己的提纲后，特别是副组长一般都在综合大家的意见后形成提纲，这个提纲往往就比较可行。最后由组长拍板定稿。

二是文稿修改过程中充分吸收大家的意见。大家分头起草各自承担的部分后，就合成一个稿子，一起讨论修改。还是之前的办法，按职务从低到高分别提出修改意见，最后由笔者决定如何修改。如果修改后还不成熟，可以再讨论修改。如果稿子比较成熟了，就可以由笔者统稿修改。笔者统稿修改后的稿子，再分头请大家修改，让他们直接改在稿子上，修改后的稿子直接交给笔者。这样做的好处，一是每个人修改的稿子都要直接交给笔者，他们是否认真修改可以看得很清楚；二是还可以从中看到他们起草和修改文稿的水平，了解他们的特长。这样几遍下来，几双眼睛看过的稿子，一般也就没有什么大毛病了。

三是要高度重视对文稿的征求意见的吸收。一些重要文稿，往往会征求方方面面的意见。根据文稿的重要性，有的文稿会征求几位领导的意见，有的文稿会征求地方和部门的意见，有的文稿征求意见的面还会更大一些。对于征求的意见，我们必须高度重视，能够吸收的尽量吸收。因为这是集体智慧的结晶，也是党内民主的体现。

3.14 主持文稿起草时需要注意什么？

主持起草比较大的重要文稿的同志，需要注意的问题还有这样几个方面。

一是自己要有主见，不能人云亦云。在起草文稿过程中，由于涉及不同部门和单位，他们的意见往往就是代表本部门和单位的意见和利益。这样往往在一个问题上有不同声音，甚至有完全相反的意见。这就要求主持者耐心听取大家的意见和建议，同时站在党和国家全局的立场上来把握和考虑，能够采纳的尽量采纳，能够兼顾的尽量兼顾，实在不能采纳的也要解释清楚，一切以大局为重。

二是要把握一个原则，就是在文稿形成过程中，主持者不要轻易上手修改。只要还有修改调整的余地，可以指出来，让别的同志再去修改。除非别人确实改不动了，才来作最后的修改、润色、定稿。如果主持者过早地就进行了修改，其他同志往往会把修改过的地方作为定稿固定下来，不敢再作调整和修改。这样就会影响整个文稿起草的进程和质量。

三是到最后统稿时，要全方位进行打磨。文稿起草完毕后，主持者就要对文稿进行统稿。以我自己的经验，必须专门用几天的时间，从头到尾，好像梳头一样一遍一遍地进行梳理，从标题、帽段，到结构、层次，到观点、措施，再到经典引用、事例数据、标点符号，等等，要把每一句话都断开，做仔细检查、精心打磨、前后照应，把所有环节都要理顺。如果有哪一段不顺，或者需要找什么资料，当即就让起草者重新修改或者寻找资料，一直到理顺为止。一直到自己实在改不动，认为可以定稿了，即依程序报送领导。

3.15 怎么在写作中体现实事求是?

在文稿起草过程中，要体现实事求是，看起来容易，做起来有时候却非常不容易。

一是能不能做到实事求是。起草文稿往往会涉及对某一方面工作的评价，对这方面的工作评价往往也就是对某位领导同志工作成效和能力的评价。特别是随领导同志外出考察，当地的领导都希望上级领导充分肯定他们的工作。这时，我们出以公心，实事求是地肯定他们的成绩，评价他们的工作，不能随意夸大或者贬低，更不能有私心。

二是能不能坚持实事求是。起草文稿时往往会碰到这样的情况，自己的直接领导因为实践中反映的情况对上级领导不利或者是上级领导不爱听的，就隐瞒事实，或歪曲事实，或文过饰非，甚至作正面解读，以讨得上级领导的欢心。这是很要不得的，从某种意义上讲，这已经属于品质方面的问题了。

三是能不能真正体现实事求是。我们研究室的同志都是有思想的人，有观点的人，有自己看法的人。所以，在所掌握的材料同自己的观点不一致的时候，我们一定要以事实为根据，而不能剪裁材料为自己的观点服务。

3.16 怎么处理好写理论文章与写公文的角度问题？

起草文稿的同志可能会碰到，有的人是某方面的专家，他写文章是一把好手，但一旦参与领导讲话或者文件的起草，往往就不太适应，甚至很不适应。我觉得，这里头有个角度的问题。

一是政治角度和理论角度不一样。政治是求同的，理论是求异的。毛泽东同志讲过，政治就是把自己人搞得多多的，把敌人搞得少少的。政治文件的要求就是要尽量最大限度地达成共识，让大多数人都认可你的观点。所以，我们在起草领导讲话时，一般都不使用容易引起争议的观点。因为一旦引起争论，就说明领导所提的要求他人有异议，就达不成统一的认识，因而也就难以有统一的行动。而理论文章是要提出新的思想和观点，要求饶有新意，要求脱颖而出，以引起大家的关注，甚至广泛的争论，引起的争论越多越大，往往说明你提出的观点有价值。

二是领导角度和学者角度不一样。领导的讲话要求大家都能听懂，不要产生歧义，然后大家都可以去执行，都能照他说的去做，形成统一的力量，这是最好的。而学者写领导讲话时，往往从自己的角度看问题，认为自己的观点很好，就把它写到稿子中，而且别人提意见的时候还常常固执己见，不容易接受修改意见。在实践中我们可以看到，有的学者岗位转变很快，很快就能站在领导的立场上想问题提对策，因此也就能很快适应领导讲话的起草。而有的学者则很难转变角度，转变自己的思维方式，老是站在自己的立场上分析问题和提出对策，因而很不适应领导讲话的起草工作。

3.17 研究室应当有什么样的室训?

研究室是专门为领导决策服务的综合部门，既有纪检监察机关工作的共性，也有研究室自身的个性。纪检监察机关的研究室需要一个怎样的作风？这也是我们从事调查研究和文稿起草的同志应具备一种什么样的精神气质、树立一种什么样的形象的问题。

2010年，我们在总结研究室光荣传统和优良作风的基础上，开展了全室范围的大讨论，形成了“博学、深思、求是、创新”的研究室八字作风。应当说，这八个字的内涵很深，是针对研究室同志的学习、思考、研究、写作提出的要求，能够很好地体现研究室的特点和精神。现在，这个八字作风已经成为中央纪委研究室的室训。下面，结合我们研究室的工作实际，谈谈对这八个字的理解，希望它也能给每位从事调研工作的同志一点启发，使我们努力做到勤于学习、善于思考、笃于研究、精于写作，为发挥好出谋划策、以文辅政作用积极贡献力量。

第一，关于博学。

博学是搞好调查研究工作的基础，也是调研干部履行职责必须具备的基本素质。《礼记·中庸》中对君子提出的“博学之，审问之，慎思之，明辨之，笃行之”的要求，讲的是做学问的几个层次，博学是第一个层次。党中央、中央纪委都非常重视学习。党的十七届四中全会明确提出要建设马克思主义学习型政党的要求。在2010年全国纪检监察调研工作会议上，中央纪委分管副书记明确提出要加强学习型研究室建设，要求我们“必须把学习作为立身之本，作为第一要务，放在更加突出的位置抓紧抓好”。有的境外学者认为，中国这些年能够发展得这么快，解决这么多困难和问题，取得令世人瞩目的巨大成就，一个很重要的原因，就是中国共产党是一个非常善于学习的政党。有人撰文说：“‘学习’已成为中共的主要特征，一个上下‘学习’的政党，自然有条件有能力在挑战中壮大。”现今这个时代是信息极大丰富的时代，是知识更新极快的时代。只要稍一放松，就会落后于时代。见多才能识广。学习的过程也是积累资料的过程。我们要通过各种渠道的学习，来了解这个日新月异的世界，搜寻自己需要的信息，特别是要及时搜集与自己工作需要相关的资料。资料信息是我们搞好研究工作的基础，也是我们站到别人肩膀上去的台阶。谁占领信息制高点，谁就拥有工作的主动权。资料积累得越多越全面，我们站的位置就越高，分析问题就越全面，就越有可能在别人的基础上创新。如果不通过学习掌握充分的资料，我们搞研究、写文章就会心虚胆怯，就有可能重复别人的东西。

这几年，按照建设学习型研究室的要求，我们在加强学习方面也做了一些工作。一是专门增加了现有文件传阅的范围，加快了文件传阅的速度。一般的文件和资料，包括各种会议的材料，都在全室范围内进行传阅，尽量做到研究室所有人员的信息都对称。二是专门设立了研究室信息交流平台。我们在机关局域网上设立了只对研究室人员开放的信息交流平台，建立了信息资料的共享机制。所有不适宜对外公开的信息资料，包括领导内部讲话、调研报告、信息专报等，还有研究室的工作日志，都分门别类地放在平台上，方便大家及时了解工作动态，交流研究成果和相关资料。三是举办学习交流会。碰撞才有火花。我们不定时地举办专题学习交流讨论会、文稿起草经验交流会等，既有主题发言，也有随意发言，加强了工作和思想的交流，开阔了大家的眼界和思路。总之，要通过各种方法的学习，既要使自己成为专才，又要努力使自己成为通才。

第二，关于深思。

深思是研究工作与生俱来的品格，是有效提升调研工作质量和水平的关键环节。当今世界正处在大发展大变革大调整时期，各种思想文化交流交融交锋日益频繁，对于从事调研工作的同志来说，更要有意识地培养独立思考的习惯，培养举一反三的习惯，培养见微知著的洞察力，培养宏观的政治眼光、历史眼光和战略眼光。中央纪委主要领导同志在看望贵州省纪委同志时专门提出，办公厅、研究室等综合部门要出大主意、当大参谋。这是中央纪委主要领导对综合部门的殷切期望。我们一定要努力站到理论制高点、政策制高点和实践制高点上，观察问题、思考原因、拎出思路、提出对策，不断提高我们的认识水平和调研工作水平。这几年，我们研究室每年都组织召开纪检监察系统的理论研讨会，每次都取得了比较丰硕的成果，有的直接转化为决策。我们研究室内部有时也举办工作务虚会、专题座谈会，专门就某一个问题进行深入交流和研讨，促进大家勤于思考、善于思考，不断提高思想理论水平和文稿起草水平。比如，春节过后我们都会召开春节归来话感受座谈会，大家交流各自回家过年的见闻、体会和思考，效果很好。中央纪委主要领导同志还专门在这一期的信息专报上作了批示："利用节假日走访基层、了解社情民意的做法好。对基层反映的有关党风廉政建设与反腐败工作的问题，要结合今年的工作，认真研究落实。有些问题还可作些延伸调研。"再如，按照打一大仗总结一次的要求，我们在每次中央纪委全会结束后，都要召开全研究室同志参加的文件起草总结会，请参与文件起草的同志就起草过程中的经验教训进行总结和交流，同时也请其他同志发言谈体会，使大家都能从中得到启迪和收获。总之，我们要通过精研覃思、厚积薄发，使我们的学习和研究达到新的高度，使我们的认识和思考达到新的境界。

第三，关于求是。

求是是科学精神的核心，是调查研究的灵魂，也是研究室干部必须秉持的工作原则和职业操守。毛泽东在《改造我们的学习》中指出：“‘是’就是客观事物的内部联系，即规律性，‘求’就是我们去研究。”求是的内涵就是去认识规律、把握规律、遵循和运用规律。反腐倡廉是长期任务，探索反腐倡廉建设规律是永恒课题。这些年，我们研究室在这方面也做了一些努力。比如，中央纪委监察部每年都要召开委部领导同志务虚会。年中的务虚会都有一个主题，2010年的主题是惩治和预防腐败体系建设，2011年的主题是党的十七大以来的党风廉政建设和反腐败工作。年底的务虚会主要是为中央纪委全会做准备。我们研究室在大量调查研究的基础上，都向年中的委部领导同志务虚会提交调研报告作为参阅材料。比如，在2011年的参阅材料中，我们对党的十七大以来的党风廉政建设和反腐败工作的成效、特点和经验进行了梳理、总结和概括。这些调研成果为中央的决策提供了参考，受到了委部领导的肯定。再如，根据中央领导批示，2010年我们对领导干部自杀的情况进行了调研。我们搜集了大量数据进行分析，包括与世界卫生组织的资料进行比较，提出了加强党性教育、加强心理健康教育和培训、把心理健康指标纳入干部考核评价指标体系、注重对领导干部的人文关怀和心理疏导、营造有利于干部心理健康的环境、探索建立干部心理援助和危机干预机制六条建议，得到了多位中央领导的批示肯定，在这个调研报告基础上形成的由中央纪委和中央组织部制定的文件也已经下发。总之，我们要进一步增强按客观规律办事的自觉性和主动性，无论是分析问题、剖析原因，还是谋划思路、提出对策，都要从我国的基本国情出发，从反腐倡廉的实际出发，从工作实践中发现规律，从典型案例中提炼规律，从历史经验中总结规律，使反腐倡廉全部理论和工作既不落后时代，又不超越现实，稳扎稳打，有序推进。

第四，关于创新。

创新是一个国家兴旺发达的不竭动力，是一个政党永葆生机的源泉，也是研究室干部最为宝贵的思想追求和业务素质。反腐倡廉实践深入发展，迫切要求调查研究工作也与时俱进地开拓创新、推陈出新。这几年，中央纪委专门研究、总结和推广反腐倡廉建设创新成果，收到了较好效果。比如，2010年中央纪委在南京召开了全国反腐倡廉建设创新经验交流会，这是全国纪检监察系统第一次以创新为主题的会议，对于总结推广反腐倡廉建设好做法好经验起到很大的促进作用。2011年，我们又在济南市召开了纪检监察工作创新理论研讨会，也起到较好的推动作用。这两年，我们研究室还对反腐倡廉建设民意调查工作进行创新，进一步提高问卷设计、调查方式等的科学性，进一步利用问卷成果，把问卷调查中的留言进行整理，形成综合材料提供给委部领导参阅，受到了充分肯定。我们对研究室信息专报工作也进行了创新，不仅反映涉及反腐倡廉的情况，还扩大涉及面的范围，对经济、社会、国际等方面的热点、焦点问题都进行反映，增强针对性和综合性，成为委部领导爱看的决策信息参考。因此，大家要勇于突破传统观念的束缚，拓展新的思路，提出新的创见，实现新的发展。一方面，要围绕反腐倡廉全局性、前瞻性、战略性的重大课题开展调研，积极探索有效惩治和预防腐败的新思路新途径新办法，推进反腐倡廉建设实践创新、理论创新、制度创新、方法创新，不断提高反腐倡廉建设科学化水平。另一方面，要加强调查研究工作方式方法和文稿起草工作的创新，推动调研作风的深入和转变，推动文风的转变，不断提高纪检监察调研工作科学化水平。

总之，我们要按照博学、深思、求是、创新的室训要求，不断学习、思考、总结、提高，努力形成有研究室独特内涵、研究室个性、研究室文化的核心价值观，努力出好大主意、当好大参谋，使研究室成为领导机关的思想库、智囊团和参谋部，成为班子少不了的参谋、领导离不开的助手，更好地发挥为领导决策服务的作用。

3.18 人是要有一点追求的——谈一谈我的成长经历和人生感悟[①]

1979年高考时，我忝列浙江省富阳县文科第一名。2005年，富阳要搞一个关于历年高考状元的小册子，让我写一篇有关学习和工作体会的文章。当时我也写了一篇体会稿，只差润色一下即可。谁知在单位换电脑时，不小心把所有私人文件都弄丢了，包括这篇体会稿。真是懊恼之极！本不想再写它了，但经不住金关治老师的盛情邀请，就恭敬不如从命了。

我的主要经历，如果不算中学以前的话，就是10年农民，4年大学生，22年机关干部，大半辈子已经过去了。所以，现在让我写学习和工作的体会，就有点感悟人生历程、思考人生哲学的味道了。以前有同志问我：你初中毕业的文化程度是怎么考上北京大学的？现在有同志问我：在北京工作怎么样？等等。说实话，我一下子也很难说出个所以然来。但细想起来，其中可能也有些带共性的东西。我觉得有几点很重要。

第一，要有一些对各种事物的好奇心。

好奇心是开启人类心灵智慧的钥匙。有人曾经说过，好奇心是

① 本文写于2006年6月。

最好的老师。这是很有道理的。无论什么事情，只要你好奇，对它饶有兴趣，就会非常投入地去做。我对各种知识的好奇心还是比较强的。在上小学和初中的时候，学习成绩还算可以。除了学习学校的课程以外，也愿意去了解其他事物。我是1960年上小学的，那时农村的小孩很少有课外书可读。记得我父亲给我买过一本图文并茂的《科学家谈二十一世纪》。当时我喜欢得不得了，几乎天天都看，心中充满了对21世纪的美好憧憬。40多年过去了，今年已经是21世纪的2006年了，但我对这本书中的几幅图画仍有很清晰的印象，好像用刀刻在脑子里一样。那时我父亲是在外地工作的公社干部，有时也会带一些资料回家。就是这些资料我也很感兴趣，不管什么内容都想翻一翻、看一看，好像里面有一个新的世界。初中毕业后，只要能看到的书，我都想去看。记得有一次到亲戚家拜年，见到有一部四卷本《水浒传》，我一口气看了一个通宵，赶在第二天上午回家前把它看完了。

一些抽象的东西好像特别能吸引我。70年代中期，有一阵子提倡学哲学。尽管当时我对什么是哲学只有一种很朦胧的感觉，但好奇心驱使我从报纸上去了解这些内容。有一次听富阳县委党校老师讲了一些经济基础决定上层建筑之类的道理，我特别感兴趣，觉得这些东西很深奥，很有吸引力，以至于一个时期好像着了迷一样去琢磨它。

古人说，于不疑处有疑，方是进矣。从日常生产生活中发现和总结事物的规律，往往能够从更高层次上把握事物的本质。我在生产队当植保员时，就专门研究过农药的性能和病虫害的特征，以及气候对病虫害的影响。直到现在，我还记得农药是通过触杀、熏蒸、胃毒、内吸四种方式来对付害虫的。1976年开始当生产队长时，我就专门研究水稻的生长规律，从种子浸种、孵芽、下种开始，都是自己一手操作。当时我能从稻谷的不同形状上判断出它们是什么品种，从十几个人插秧的特征中说出每个人插的是哪些秧。尽管这些都是很平常的事情，但如果你专心去研究它，就会发现其中也有不少小小的学问。

现在看来，正是因为我平时喜欢看书，喜欢追根究底地琢磨一些问题，喜欢从不同类型的事物中寻找一些规律，在那个知识不受尊重的年代积累了一些知识，不经意地为以后的人生道路做了铺垫。1977年恢复高考时，我随大流参加了高考。当时浙江省的高考分初试和复试两次。初试考语文和数学，初试通过后参加复试，复试分文理科。没想到的是，我这个初中毕业文化程度、没有一丁点高中数学基础的人，仅凭语文一门就通过了初试。由于自认为对农业生产很在行，我报考了农业院校。农业属理科，在复试时，终因自己没有学过数理化而被淘汰。但是，正是1977年的那次高考，使我看到了上大学的希望。

第二，要有一点努力实现目标的毅力。

有了好奇心，还要有明确的目标和必要的毅力，才能积累出成效。要在一定时期把广泛的好奇心慢慢集中到某一个特定的方向上来，一旦选准了目标，就要去追求，就要坚持不懈地为实现目标去奋斗。俗话说得好，滴水穿石，有志者事竟成。我的体会是，通过努力，有可能实现不了目标，但也有可能实现目标；如果不努力去做，那就永远不可能实现目标。再说，通过努力即使实现不了目标，那也问心无悔；如果没有努力而功亏一篑，那将遗恨终生。

恢复高考以后，上大学，是我当时最大的目标追求。第一年高考失利后，我总结了报考理科的教训，下决心在第二年继续参加高考，但改考文科。当时我还当着生产队长，就一边在生产队参加劳动、派工派活、安排生产，一边借了几本高中数学书，利用晚上的时间进行学习。有时晚上在生产队开完会，就赶紧回家看一会儿书。当时没有老师辅导，也没有其他复习资料可以参考，完全凭自己的主观努力在奋斗。即使在高考前夕，我也没有停过一天的劳动以进行系统的复习。在1978年的高考中，我自学的数学考了15分，总成绩离浙江的录取分数线只差5分半！

1978年的高考虽然失利了，但我对第三年一定能考上大学的信心反而更足了。由于当时劳动的繁重、复习的压力再加上营养的缺乏，那年我得了轻度肺结核病。因为自己想上大学的愿望很强烈，这个突然的情况不仅没有使我悲哀，反而感到这是一个难得的机遇——终于可以集中时间和精力进行高考复习了！于是，我就在1978年底毅然辞去生产队队长，抱病参加场口中学文科复习班，同比我小差不多10岁的学弟学妹一起复习。记得当时复习得非常刻苦。不到两个月，我的眼睛就近视到了不得不戴眼镜的程度。由于一个星期只回一次家，在学校的一天三餐，我几乎都是用家里带去的一桶霉干菜下饭，以至于经常因维生素不足而牙龈出血。尽管如此，由于上大学的前景激励着我，当时的心情还是很愉快的。就这样边复习边治疗了七八个月，终于在1979年的高考中考上了北京大学中文系。

上大学那年我已经27岁。我的目标很明确，就是毕业后不考研究生，直接走上工作岗位。确立这个总的目标后，我不是拉大网似的，花费大量精力来应付各门功课，而是有所取舍，根据以后大致的工作方向来学习相关知识。当时，我除了学习中文系文学专业的课程外，还陆续旁听了一些西方政治法律思想史、社会学等课程，并受社会学系的同学所托代为起草了北京大学社会学社成立宣言。我对哲学的兴趣尤其浓厚。在大三和大四期间，我在专业之外不要一个学分，专门到哲学系旁听了中国哲学史、西方哲学史的全部课程。我还选修了印度哲学史、中西文化比较等课程，记得写过《中国之道与印度之梵的比较》的文章。我非常关注当时国人热烈争论的人性和人道主义等问题，写的毕业论文题目就是《论马克思主义人性观与文学》，把人性分为生理属性、心理属性和社会属性，跟文学中的自然主义、浪漫主义和现实主义一一对应起来，试图用人性来说明文学的起源。那时，我从22元助学金中省下来买的书，大多也是哲学方面的，以至于别人看了我的书架，往往会以为我是学哲学的。现在看来，我的专业是中文，喜欢的是哲学，一种培养文字表达能力，一种培养逻辑思维能力。正是这种知识结构，为自己后来的工作打下了一个好的基础。

大学毕业分配时，我的目标是到一家既有理论研究、又有实践活动的单位工作。因为我不想搞纯学院式的学术研究，也不想从事太具体的实际工作，而是想实现那点“经世济国”的愿望。我了解到那一年中央书记处研究室和中央农村政策研究室都不录用人，就报了到中央纪律检查委员会研究室工作的志愿，因为这也是一个理论联系实际的地方。1984年8月，我如愿被分配到中央纪委研究室，主要是从事党的建设、政治建设方面的理论研究、政策研究和工作研究，为中央纪委领导的决策提供依据——这正是我所向往的事业。

第三，要有一种积极进取的人生态度。

天生我才必有用。人既然来到这个世界上，就应该保持一种积极进取的人生态度，发挥一个人之所以为人的作用。不知哪位名人讲过：机会往往垂青于有准备的人。我觉得很有道理。人的成功，要有两个条件，从客观上讲要有机遇，从主观上讲要有努力。但机遇是可遇而不可求的，因此，主观努力就显得更重要。通过努力积累了知识和能力，长了本事，不一定都用得上，但一有机会就用上了；如果没有本事，机会再多也没你的份。在大学里，有位老师曾经跟我们讲，同样是一个班的同学，上完四年大学后，学习好的人可以给学习差的当导师。到了工作岗位后，有位尊敬的老领导、当年“四五运动”的领袖也跟我说过，他同以前有的同事的区别就在于，自己在天天看书，人家在天天打牌。老师和领导的话，说明了勤奋努力、积极进取是多么重要！

我的敬业精神还是比较强的。我有一个原则，就是不论干什么事，要么不干，要干就一定要慎终如始，尽最大努力把事情干好。从1984年到2004年，我在中央纪委整整工作了20年，还算比较好地适应了工作的要求。我先是在中央纪委研究室工作了18年，从一般干部到理论研究处副处长、处长，文件起草处处长，研究室副局级纪检监察专员。2002年7月担任中央纪委监察部北京培训中心副主任，还被聘为清华大学公共管理学院特邀研究员。2003年5月担任中央纪委办公厅副主任。

我到研究室后的最初几年，由于工作任务不是很饱满，就抓紧时间学习党的建设理论与实践方面的知识，特别是党风党纪方面的业务知识，同时还比较认真地阅读了《马克思恩格斯全集》中的大部分内容，以弥补大学时没有读马克思主义哲学史的欠缺。那些20年前积累的大量读书卡片，今天我还时不时拿出来翻一翻，以启发自己的思路，体会温故而知新的感觉。

我参与了中央纪委许多重要文件的起草工作和重大课题的调研工作。特别是1993年到2000年底，我参与了中央纪委历次全会文件的起草工作，参与了中央领导同志在中央纪委全会上多次讲话初稿的起草工作。由于对党建及政治理论和实践的兴趣，在紧张的工作之余，经常思考和研究一些问题，在各种报刊陆续发表一批文章，还给《检察日报》写过一年半的专栏文章，有两篇文章曾分别获得北京市优秀理论文章一等奖和全国法制好新闻一等奖。10多年来，我曾主持一个国家社会科学基金资助项目的研究，写了两本专著，编过几本同工作相关的书籍，还参与过他人主持的一些国家级课题的研究和有关著作的撰写工作。在政治建设、党的建设特别是反腐倡廉理论与实践的研究方面，还算有点成绩。

遇事无难易，而勇于敢为。人的一生，无论在什么方面，都会碰到许多自己不懂的或者不熟悉的东西，构成对自己的挑战。但只要勇敢地面对它，其实也并不可怕。不论干什么事情，都要坦然面对，积极应对，尽最大努力去完成它。就是对一些自己不太喜欢不太愿意做的事情，如果工作需要，也要把它当作锻炼自己的机会，以积极的态度去对待它，认真地把它做好，到时也会有很多意想不到的收获。

2000年11月，我有幸参加了党的十五届六中全会通过的《中共中央关于加强和改进党的作风建设的决定》的起草工作。这是我第一次参加起草党中央的重要文件。由于这次全会文件的主题是加强党同人民群众的联系，属于自己熟悉的工作范围，任务完成得还算可以。2001年11月，我又参加了党的十六大报告的起草工作，同时参加《中国共产党章程》的修改工作。党的十六大报告是中国共产党在新世纪新阶段的政治宣言，是规划中国今后几十年发展目标的纲领性文件。参加这样的文件的起草工作，是一项非常光荣而神圣的任务，同时也是对自己的一个巨大挑战。艰巨的任务反而激发了我一定要把事情办好的勇气。我认真搜集了大量资料，专门请教了一些国内知名学者，系统研究了不少党内调研报告，终于同领导和同志们一起，较好地完成了这项重大的政治任务。2003年12月，我又参加了党的十六届四中全会通过的《中共中央关于加强党的执政能力建设的决定》的起草工作，这也是一项全新的工作。但有了起草党的十六大文件的经历，我也能坦然面对，尽管起草过程异常艰难，最终仍然较好地完成了任务。

2004年6月，因工作需要，我被调至中央办公厅调研室任局长，主要工作是为中央领导提供文稿服务。由于有了在中央纪委20年的工作经验以及参加中央重要文件起草的积累，对这项以文辅政的工作，总的来讲还是胜任的。

我认为自己是一个谨慎的乐观主义者，相信世界的未来总是会朝着好的方向发展；也是一个有理想的现实主义者，能够围绕目标脚踏实地去奋斗。在以后的人生道路上，我还会以积极的、认真的、平和的态度，继续工作，继续学习，继续研究，继续探索……我觉得，人总是要有一点追求才好。

3.19 通往北大的高考之路

今年（2019年）是我考上北京大学中文系40周年。

本月初，我们同村一位比我晚几年考上北京大学历史系、现在浙江大学人文学院历史系当教授的老乡发微信问我，认不认识“燕园79缘”里的某同学。此时我才知道北京大学79级校友建立了一个公众号，准备在今年举办纪念入学40周年的活动。顷刻间，当年的一些往事纷纷涌上了心头。

（一）

我的高考之路是曲折的，艰难的，甚至还有些传奇色彩。

1977年的高考，我是随着大流懵懵懂懂地就参加了，当时也不知道这是邓小平同志作出的重大决策。

我1966年下半年开始上初中，后来因为“文化大革命”初期的停课闹革命、把学校办到农村去等原因，停学了两年，一直到1970年底才初中毕业，之后就在老家浙江省富阳县常安公社大田大队务农。

1977年下半年，我正当着生产队队长，听说高考要恢复了。应当说，我当时的心情是高兴的，又是复杂的，或者说是沉重的。主要有两个原因。

第一个原因是，在这之前几年，本地就有推荐工农兵上大学的机会，当时我也在被推荐人员的范围内。一位中学老师事后告诉我，那时我的文化考试是常安公社第一名，但是那些真正能上大学的名额，或者被有权势有关系的人拿走了，或者被本地下乡知青的父母通过“走后门”搞走了，当工农兵大学生的希望根本就没有给我们这些本地农村青年留着。因此，我们都有一种被冷落、被歧视、被排挤的感觉。正可谓时运不济，徒叹命运多舛！

第二个原因是，我在1973年20岁那年就入了党，那时年轻气盛、血气方刚，还有点理想主义，看到当时有些不太公道的事情爱较真，结果得罪了领导，相互之间的关系闹得比较僵。当我要报名参加高考时，有的人还公开说：“雪勤就是考上了，也不能去！”在当时复杂的政治气候背景下，我的精神压力相当大。

但是，既然中央有让大家参加高考的政策，那我也不妨一试。无论如何，高考是决计要参加的。于是，我就报了名。由于每天要去分工派活挣工分，加上思想上也不够重视，就没有什么像样的复习。

大约是1977年的12月间，我到富阳县场口中学参加高考。当时，浙江省高考分初试和复试两个阶段。初试只考语文和数学。记得当年的语文作文题目是《路》，我就写了自己经常走的路有了一些令人惊喜的变化。谁承想，我居然考上了！我是在大田小学附设初中班读了两年的初

科别 理科
姓名 李雪勤
性别 男
报名单位 常安公社
准考证号 080331

1977年的准考证

中毕业生，记得当时数学学的大多是跟生产实践相结合的一些常识，基础非常差。所以，初试能够考上，主要是靠语文。应当说，这可能得益于自己的求知欲比较强，什么书都喜欢看，什么事情都喜欢琢磨。

复试就要开始了。当初填志愿时，我也不清楚什么文科理科的区别。由于自己操作过从浸种孵芽、稻种下田、插秧施肥、耘田拔草、植保防治，一直到收割入仓的全过程，自信搞农业是专长，我就报了农业专业。发准考证时一看，我报考的大专业是理科，理科就要考数理化。可想而知，复试理所当然地落榜了。但初试的成功，使我增强了能够考上大学的信心。

（二）

1978年，心有不甘但有信心的我又准备参加高考。我当时做了两件事。

第一件，改报文科。正所谓吃一堑长一智。吸取上一次只凭自己熟悉的事情就盲目报考农业的教训，也由于“文化大革命”期间两年初中学习的基础太差，尤其是数理化的基础基本为零，必须改变报考方向。

第二件，加紧复习。我找来高中课本，语文、政治、历史、地理、数学，哪一门都不敢耽误。尤其是数学，是最终拉分的一门课，必须有所进步。白天，我继续当着生产队队长，天天干农活，同时，空闲时间把主要精力放在数学的学习上。有时晚上在生产队开完会，就赶紧跑回家看一会书。当时没有老师辅导，也没有其他复习资料可以参考，完全凭自己的一股信念在努力。即使在高考前夕，我也没好意思脱产复习，没有停止过一天的农业劳动。

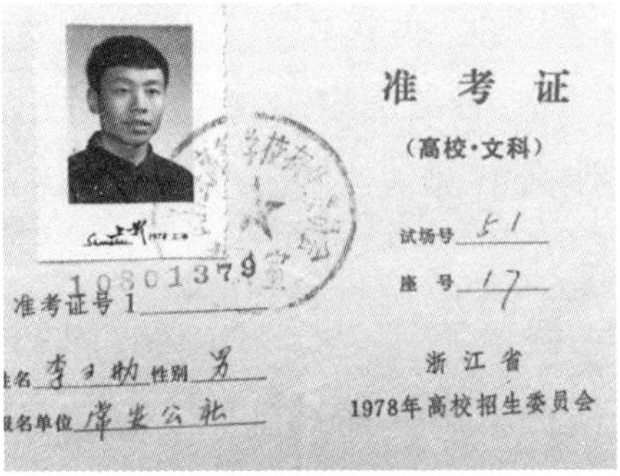

1978年的准考证

1978年7月20日至22日，我又到场口中学参加第二年的高考。这三天高考的顺序是：政治、历史，数学、地理，语文、英语。8月，高考的成绩下来，浙江省的录取分数线是280分，而我的成绩是274.5分，只差了5分半。而且，我完全自学的数学也考了15分。这就是说，只要数学能增加10分以上，我就能够上大学！这样的远景目标，是非常令人鼓舞的。

（三）

1978年的高考虽然失利了，但我对1979年一定能考上大学的信心反而更足了。由于当时劳动的繁重、复习的压力大，再加上营养的匮乏，我得了轻度肺结核。因为自己想上大学的愿望很强烈，这个突发的情况不仅没有使我悲哀，反而让我觉得这是一个难得的机遇——终于可以集中时间和精力进行高考复习了！

于是，我就在1978年九十月间，毅然辞去当了近三年的生产队队长职务，抱病到场口中学报名参加文科复习班，同比我差不多小十岁的学弟学妹一起复习。记得当时有不少人用异样的目光看着我，觉得这个大人怎么和一帮小孩混在一起啊？有的人看见我挑着米和菜去学校，就

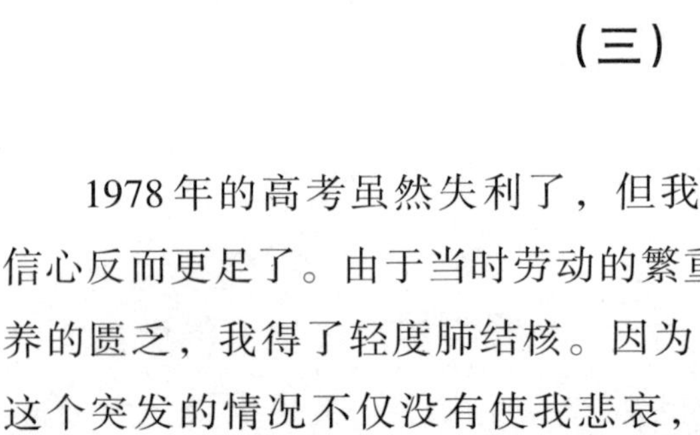

1979年的准考证

故意问我："雪勤，你干吗去啊？"我理直气壮地回答："读书去！"场口中学在当地因管理严格闻名，后来被誉为"山乡千里马"。我一到学校，就复习得非常刻苦。不到两个月，我的眼睛就近视到了不得不戴眼镜的程度。由于一个星期只回一次家，在学校的一日三餐，我几乎都是用家里带去的一搪瓷罐霉干菜下饭，以至于经常因维生素不足而牙龈出血。我就这样一边复习，一边悄悄地吃药治疗。尽管如此，由于上大学的前景激励着我，当时的心情还是很愉快的。

1979年7月7日、8日、9日，记得那几天正是暑热难挨的时光，全国第一次统一的高考开始了。当时我们文科的高考顺序是语文、历史，数学、地理，政治、外语。

高考成绩出来了！我的成绩是：政治75分，语文79分，数学47分，历史81.5分，地理90.5分，总分373分。外语11分，但只作为参考，不计入总分。这比浙江省的录取分数线300分多出了73分，是富阳县文科第一名。

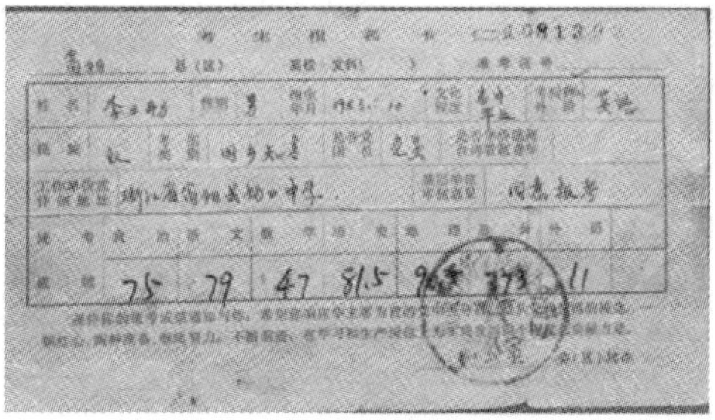

1979年的高考成绩单

富阳县教育局一边安排高考分数线之上的考生填报志愿，一边安排身体检查。毕竟之前得有轻度肺结核，虽然也在进行药物治疗，但在富阳县人民医院的体检中还是被检查出来，认为还没有达到彻底康复的程度。这次高考体检遇阻，我自然就到原来发现病情的杭州市结核病防治院去复查。医院的大夫仔细拍片检查后，在检查报告上盖上了"稳定期"的专用章，开启了我通往大学的大门。

由于体检耽误时间太多，填报志愿时就格外匆忙。当时连我的报考登记表最初都是场口中学的同学好友帮助填写的。在全国重点高校栏目里，我第一志愿填了北京大学法律系和中文系。在一般高校的栏目里，我第一志愿填了华东政法学院法律系。当时心想，填北京大学的志愿也就是心里过过瘾，不太可能，报华东政法学院应该没有问题。

过了没几天，听我的一位老师朋友说，我的高考录取通知书已经到了常安公社，是北京大学的挂号信，只能我自己去取。我就一路小跑到公社里，取回了挂号信。打开一看，里面有三份材料。一份是北京大学录取通知书，一份是北京大学招生办公室的《北京大学新生入学注意事项》，还有一份是共青团北京大学委员会、北京大学学生会致新同学的一封信。应当说，当时的心情既兴奋又坦然。兴奋的是，终于考上梦寐以求的大学了，还是北京大学中文系！坦然的是，自己已经连续考了三年，考上大学是理所当然的。

(四)

1979年，李雪勤到北京后拍的第一张照片

1979年9月，我怀里揣着录取通知书，肩上背着母亲亲手缝制的厚重的棉被，手里拎着父亲留给我的一个装着衣服的旧皮箱，踏上了远去北京的路。在公共汽车离开车站时，母亲含着眼泪叮嘱我的场景，至今依然历历在目，尽管已经过去了近40年。

我乘上从杭州到北京的120次火车，

记得坐了26.5个小时。从北京站出来时，看到有北京大学的校车在等着我们。当时的心情还是很激动的，终于来到首都北京上大学了！校车穿过市区，过了首都体育馆，看到一路上排列着高大的杨树，后面的苹果园，还有不时出现的低矮的建筑物，这一幅幅场景，到现在依然停留在我的脑海里。校车进入北京大学南门时，我看到笔直的道路两旁挺拔玉立的杨树，形成了宽阔的林荫大道。在离三角地不远的柿子树林边上，长长地排列着打着横幅的20多个系的报到处，接待着陆陆续续来报到的新生。我一到中文系报到处，就被先到校的同学用三轮车接到中文系宿舍32楼。

那年我们中文系有文学、汉语两个专业，我被分到文学专业。后来听老师说，当时我报北大的第一志愿是法律系，第二志愿是中文系，之所以被中文系录取，是因为我是党员，我到中文系后就可以成立党支部了，还可以做一些班务工作。当时我们班里年纪最大的是1947年出生的吴同学，听说他1965年就考上了北京大学数学系，因为对当时批判《早春二月》有不同看法被取消入学资格，1979年恢复入学资格后没法再去数学系，才到中文系就读。1979年的全国高考文科状元王同学也在我们班，王同学当时还向我递交了她的入党申请书。我们的班主任是曹文轩老师，他现在是著名作家，最近还获得了世界儿童文学最高奖——“国际安徒生奖”。

令人担心的事情还是发生了。北京大学校医院的医生说，根据我的体检情况，我的身体恐怕还不能完全适应繁重的学习任务。按照学校规定，保留入学资格，休学一年。于是，入学两个多月后，我又怀着忐忑不安的心情，恋恋不舍地离开了美丽的校园，回到老家浙江富阳休养。

1980年，李雪勤与北京大学合影

直到1980年9月我再次入学。幸运的是，这次体检我完全合格。惋惜的是，中文系另一位和我一起休学的山西老乡李同学，失去了上北京大学的机会。当时我的年龄已经是27周岁。

（五）

我通往北京大学的高考之路就是这样的跌宕起伏，但命运还是非常眷顾我的。

首先，我要衷心地感谢母校改变了我的人生。当年我刚到北大时，语言上，说的是一口富阳场口的乡音，普通话糟糕得要命，都不怎么敢和老师同学说话，怕自己说的话人家听不懂。学习上，觉得自己看过的书太少了，方方面面的知识都不了解，而别的同学知识渊博、侃侃而谈。经历上，之前在农村觉得自己什么都知道一点，到北大后发现这里才是知识的海洋，而自己只是井底之蛙，那点孤陋寡闻实在少得可怜。生活上，由于自己一直吃的是米食，不习惯北方的面食，即使面食吃撑了还觉得没有吃饭，必须吃米食，即使是吃粥，才叫是吃饭。经过燕园四年的熏陶，尽管普通话里还带着乡音，但大家能听懂了。学习上，我穿梭于各个课堂去听老师的授课，逼着自己到图书馆像海绵一样去汲取营养，后来觉得也能和大家交流一下了。经历上通过各种学习和实践，特别是受惠于老师和同学的帮助，也能够用自己的眼光去看问题了。生活上，不再纠结于是米食还是面食，都能够吃得下去了。正是这种润物细无声的熏浸，感觉自己像脱胎换骨般地慢慢成熟起来。

其次，我觉得还是要感谢邓小平同志的高考政策。之前我也努力过、挣扎过，想当兵因得过中耳炎体检不合格，想通过推荐上大学又被拒之门外，觉得个人的命运被巨大的阴霾笼罩着，根本看不到自己的出路和前途。正是因为有了高考，才使我们这些只能凭自己能力的人看到了前途、点燃了希望，也为千千万万的人改变了命运，更是为中国的巨变打开了光明之门。

再次，要感谢中国的改革开放政策。正是因为有了改革开放波澜壮阔的进程，一大批青年学子在大学毕业后有了用武之地，进入各个领域，担当了各方面的骨干，发挥了生力军的作用。我1984年大学毕业后，就按照自己的志愿到了中央纪委，后来到中央办公厅工作，参加过党的十六大、十七大、十八大三次党代会报告的起草和党章的修订工作，四次参加中央全会决定的起草等工作，还担任过中央第八巡视组副组长，尽职尽责地发挥了以文辅政和参谋助手的作用。

最后，也要感谢一下自己坚忍不拔的努力。屡战屡败，屡败屡战，三落四起，最终圆了自己的大学梦，走上了通往北京大学的路，走上了自己心仪的工作岗位，并在此工作了33年。可以说，能够为党和国家的繁荣富强尽一份责，能够为中华民族伟大复兴的中国梦出一点力，自己觉得问心无愧！而这一切的基础，就是北大！

感恩有你，北京大学！

北京大学新生入学注意事项

北京大学1979年度在全国录取的新同学就要入学了。我们对即将到校的新同学表示热烈欢迎!

为了使新生做好入学报到前的各项准备，现特提出新生入学报到注意事项如下:

一、我校在全国招生，学生毕业后由国家面向全国统一分配。来自部队的学生，毕业后由总政治部在全国范围内统一分配。要求新生做好全心全意为人民服务坚决服从组织分配的思想准备。

二、新生凭我校签发的《入学通知书》至北京市海淀区北京大学报到。其他证明均不能作为入学报到凭证。

三、自带1—5卷毛选和中外文工具书，报到时应交本人近期脱帽半身正面一寸照片三张。

四、凡党（团）员，需每人单独开一份组织关系介绍信。组织关系介绍信要由县、市或师以上党（团）委组织部门开出，抬头写中共北京市委（共青团北京市委）组织部。

五、外地学生每人单独开一份户口、粮油关系证明，关系一律转至北京市北京大学。户口迁移证必须加盖本地公安局派出所的公章。粮油关系必须是县以上粮食部门所开正式的“粮食供应转移证明”，注明每月定量和停止供应月份，并自带一个月的全国通用粮票。北京地区的学生，要携带经派出所迁出的户口卡片、粮食转移证明及本人一个月的定量的粮、面、米、油票。没有粮食、户口转移关系证明不予报到。

六、带全本人的被褥、冬夏衣物及日常用品等。北京冬天较冷，要带足够的衣、被。因住集体宿舍，不要携带体积较大的木箱等。托运行李时，每人必须单独起行李票，并把“北京大学行李签”贴在行李两端，行李到达北京站由学校统一提取。除贴行李签外，尚须每件行李上拴附布制的标志以防行李签脱落无法查找。必须随身携带少量被褥，以便行李不能及时到达时使用。

七、新生赴校路费、行李托运用费等原则上均由本人自理。路途遥远，经济确有困难的，其赴校车船费，国家职工可向本单位申请补助；其他新生可持原单位证明向所在县（区）招生委员会申请补助。

八、学生待遇：凡入学时工龄满五年的国家职工，从今年新生起，实行职工助学金制度，不再由原单位照发工资。来自部队的新生，在校学习期间的待遇，仍按以往的有关规定核行。凡需申请人民助学金的新生，要携带公社、工厂、机关和企事业单位的家庭经济情况证明。

九、学生在校学习期间的教材、讲义、参考资料和文化用品等费用一律由本人自理。

十、我校定于　月　日为新生报到时间。在新生报到时间内北京火车站设有新生接待站。请按照规定日期报到。无故逾期半个月不报到者，取消入学资格。

北京大学招生办公室

1979.8.

北京大学致新同学的信（1979年）

亲爱的新同学：

首先向你表示衷心地祝贺。祝贺你考取了北京大学，即将开始新的学习生活。

北京大学建立于一八九八年，是“五四”运动的发源地，具有光荣的革命传统。伟大领袖和导向毛主席曾于1918年和1920年两次来到北大，研究和宣传马列主义。中国共产党的杰出创始人之一李大钊同志为传播马克思主义，为建立无产阶级政党，在这里进行了毕生的斗争。中华文化革命的主将鲁迅先生也曾在北大任教。北京大学的进步师生始终站在革命斗争的第一线。

新中国诞生后，党中央和伟大领袖毛主席非常关心北京大学的成长。毛主席曾三次给我校写信，鼓励广大师生，团结起来为建设新中国而奋斗。敬爱的周总理六次亲临我校，作报告、作指示，极大地鼓舞和促进了我校的教育革命。朱德委员长、陈毅副总理等党和国家领导人也曾先后来我校视察工作。

文化大革命以来，林彪、“四人帮”倒行逆施，给北京大学造成了一场大灾难。他们把北京大学变成了害党夺权的阵地。他们破坏党的领导，煽动无政府主义，严重破坏了校风；他们制造了大量冤案、错案、假案，摧残革命干部和知识分子；他们推行反革命修正主义教育路线，使北京大学的教育和科研遭受了极大的破坏。

一九七六年十月，万恶的“四人帮”垮台了，北大又一次获得了解放。在华国锋同志为首的党中央领导下，全校师生员工联系北大的实际，揭批林彪、“四人帮”，批判反动的“两个估计”，落实党的干部政策，调动了广大干部和知识分子的革命积极性。

当前，我校师生员工在党的十一届三中全会精神的指引下，贯彻“解放思想，开动脑筋，实事求是，团结一致向前看”的方针，坚持四项基本原则，把工作着重点转移到教学和科学研究上来，努力把北京大学办成既是教育中心，又是科学研究中心。

在我们学校里，广大同学在新时期总任务的鼓舞下，开展“以学习为中心，以三好为目标，争当新长征突击手”的活动，树立为革命学习的远大理想。党共产主义的道德风尚，加强组织纪律性，勤于学习，刻苦钻研，掌握实现“四化”的本领，努力把自己培养成为德、智、体全面发展的又红又专的人才。

在我们学校，同学们根据自己的爱好和特长，组织了业余体育代表队、业余美术书法组、党会“五四”文学社、业余交工团等多种群众性业余团体，经常开展积极而有意义的活动。我们热烈欢迎你入学后积极报名参加。

亲爱的新伙伴，热烈欢迎你来加我们的战斗行列，和我们一道攀登新的“雪山”，▲▲新的草地，在华主席率领下，谱写更加壮丽的新的长征▲▲！让我们高举毛主席的伟大旗帜，紧密地团结在以华主席为首的党中央周围、向着光明的二〇〇〇年奋勇进军！

共青团北京大学委员会

北京大学　学生会

一九七九年九月

4

参考篇

CAN KAO PIAN

我们起草文稿，除了掌握自己积累的文献资料以外，还应当尽量扩大自己的视野，向其他文章大家和高手学习。要学习他们观察和思考问题的经验体会，借鉴和参考他们起草文稿的方法技巧，更好地为我们自己所用。

文章写作漫谈*

王梦奎

党研室领导要我来作一次关于写文章的讲座，犹豫再三，不敢应命。怎样写文章，这个题目很难讲。文无定法，文章之道，有许多是可体会而难以言传的，写文章的人各有各的偏好和路数。党研室成立以来，从胡乔木和胡绳同志开始，一向重视文章写作，高手很多。我的专业是经济学，主要是做经济研究工作，对党史和文章学都没有深入学习过，更说不上专门研究，文章写得也不好。让我讲怎样写文章，真是有些为难。盛情难却，只能讲些个人写作和参加文件起草的体会，顺便讲些写作方面经常碰到的毛病，和大家作个跨行业的交流，或许有某些相通的地方。大多是零碎的，感想式的，散漫不成系统的，只能叫作漫谈。

一、文章写作不是小事

文章写作的重要性是用不着多说的。社会经济发展，国计民

---

* 本文系作者2017年9月7日在中央党史研究室的讲座文稿。

生，党和国家的路线、方针和政策，内政外交，这都是大事。文章写作往往是大事的一部分，大事要通过不同形式的文章来表达，比如国家的法律和制度、党的决议和政府工作的部署。现代社会离开文章很难运转。像党研室和国研中心这样的研究机构，文章是工作成果的直接体现，更是一件大事。

中央一贯重视文章和文件的写作。新中国成立前，语言文字的不规范现象很普遍，各种文书大多是半文半白。新中国的成立为语言文字的规范化奠定了政治基础；另一方面，语言文字的规范化也是巩固国家政治统一和长治久安的重要保障。所以，新中国成立初期，在国内外都很困难的环境中，中央深谋远虑，把语言文字的规范化问题提到重要地位。

1951年，毛泽东主持起草《中共中央关于纠正电报、报告、指示、决定中的文字缺点的指示》。那里指出的毛病我们现在还常犯。

1951年6月，根据毛泽东的提议，《人民日报》连载语言学家吕叔湘和朱德熙的《语法修辞讲话》，发表经毛泽东修改的社论：《正确地使用祖国的语言，为语言的纯洁和健康而斗争!》。从20世纪50年代起，推行汉语规范化，推广普通话，都取得成功。语言文字规范化是一项基础性的文化建设，标志着在共产党领导下，真正完成了五四运动前夕开始的白话文革命。这是新中国在文化建设方面的历史性的成就，也是我们党对中国现代化事业的重要贡献。回顾历史，在长期的革命斗争中，纯熟地运用白话文，通俗易懂的宣传，鲜明响亮的口号，毛泽东横扫千军的文章，起了重要的作用。这是一条重要战线，也属于党史研究的范围。

1958年中央发《工作方法六十条（草案）》，大多数条目是毛泽东写的，个别条目是刘少奇写的。六十条中，和文章写作有关的十一条，直接相关的七条，专门讲写文章的就有三条。可见当时对于文章写作问题多么重视。

1996年5月，经中共中央批准，中央办公厅印发了《中国共产党机关公文处理条例》。2000年8月，国务院发布《国家行政机关公文处理办法》。两个规定大同小异。为了推进党政机关公文处理的制度化和规范化，2012年4月中办和国办联合印发经过修订的《党政机关公文处理工作条例》，对于公文的性质和种类、公文的格式和行文规则、公文的拟制和办理，以及公文的管理，都作了统一的规定，全国党政机关公文处理办法归于统一。公文是文章的一种。按照《现代汉语词典》的定义，公文是“机关相互往来联系事务的文件”，这是狭义的公文。《党政机关公文处理工作条例》所说的公文种类要广泛得多，包括决议、决定、命令、公报、公告、通告、通知、通报、报告、意见、请示、批复、议案、纪要、函，共15类，大凡党政机关的文件都包括了。

文章写作过程也是认识深化的过程。我们都有这样的体会：有时候自己有一种想法，可能并不十分清晰；如果写出来，就会更明确、更系统，因为经过进一步思考。有时候自己觉得很清楚了，下笔才知道还有许多不清楚的地方。所以，写文章不仅是把自己的意见告诉别人，而且可以帮助自己提炼思想，使认识更深刻，更系统化。

现在新知识应接不暇，要学的东西太多，语文基础基本上是中学打下的，以后就靠自学了。由于对中国文化的基础训练重视不够，不少人文理不通，“写手”更成了稀缺人才。不少高中甚至大学毕业生，写不出通顺的文字，甚至连封信也写不好，经常有错别字。有好几个部长告诉我，现在最缺少的，是既懂业务知识，又能写点东西的人。文字表达能力是一个人素质的重要组成部分。甚至可以说，专业成就在相当大程度上取决于文字表达能力。有些做研究工作的青年人，学问和见解不错，但文章写得不好，不善于表达，不能尽展其才，很可惜。不论什么专业，都需要很好地表达自己的意思，都要重视写作能力的提高。专门的研究机构，更要重视写作能力的提高。

二、文章怎样才算好

我在国务院研究室工作期间，听河北省政府研究室的同志传一个顺口溜："研究室，体改办，拎个破包到处转，厚着脸皮蹭顿饭，写成文章没人看。"有一点调侃和牢骚。我说，这是表扬研究室和体改办。拎个破包到处转，说明艰苦朴素，工作勤奋；厚着脸皮才能蹭顿饭，说明没有特权；写成文章没人看，可能是别人不爱学习，也可能是文章写得不好，只有这一点是值得我们注意的。

文章怎样才算好，见仁见智，不容易一两句话说得清楚。甲认为好，乙可能不以为然；乙认为好，甲可能不以为然。这和个人欣赏偏好有关。

虽然这么说，对于什么是好文章，还是有共识的。文章的好坏，读者还是能分辨的。如果抛开文学作品不说，就一般文章而言，包括论文、调研报告和工作总结，以及各类文件的要求，有一些大家都知道的现成的说法。

清代学者戴东原和章学诚，提出过义理、考据、辞章三项要求。义理就是讲道理，有见解；考据就是材料要准确；辞章就是要有好的表现形式，这涉及文章的语言、章法和风格等许多方面。这些道理今天也不过时。

毛泽东是公认的文章大家。他对文章标准有很经典的说法。他在《工作方法六十条》中说："文章和文件都应当具有这样三种性质：准确性、鲜明性、生动性。准确性属于概念、判断和推理问题，这些都是逻辑问题。鲜明性和生动性，除了逻辑问题以外，还有词章问题。现在许多文件的缺点是：第一，概念不明确；第二，判断不恰当；第三，使用概念和判断进行推理的时候又缺乏逻辑性；第四，不讲究词章。看这种文件是一场大灾难，耗费精力又少有所得。一定要改变这种不良的风气。”还说：“概念的形成过程，判断的形成过程，推理的过程，就是调查和研究的过程，就是思维的过程。”这里所讲的准确性、鲜明性、生动性，以及逻辑和辞章问题，都是写好文章和文件的根本要求。这是从认识论的高度，阐明文章写作和调查研究、思维过程关系的很经典的观点。

我从一个特殊的角度，提出过文章四境界说。我认为，从表达形式来说，文章有四种境界：深入浅出，深入深出，浅入浅出，浅入深出。深入浅出是最高境界，也最难，没有对所论事物的深刻认识做不到“深入”，没有深厚的文字功底不可能“浅出”。“深入深出”的“深出”固不可取，但“深入”还是好的，实际上，在某些专业领域，也很不容易做到深入深出。“浅入浅出”在某些场合，例如文化普及和通俗宣传，也是需要的。唯有浅入深出，卖弄博学，故作高深，用很难懂的语言讲述人人都知道的意思，对社会没有什么用处，是文章大忌。深和浅，入和出，只有这四种组合，这是逻辑推理。

深入浅出一向是文章大家所追求的。毛泽东的文章，老一辈学者冯友兰、吴晗和费孝通的文章，胡乔木和胡绳同志的文章，都是深入浅出的模范。有些科学家，例如华罗庚和钱学森，科普文章也写得深入浅出。高手们的文章写得好，不仅是有独到的见解，也因为深厚的文字功底和写作技巧，能够用明白晓畅的语言表达深刻的道理，即所谓平白如话。古往今来，能够流传的好文章，都是深入浅出的，没有哪一篇是装腔作势、佶屈聱牙的。

做到深入浅出有文字技巧的问题，也有写作态度问题。写文章是和受众交流，把自己的意见告诉别人，希望引起别人的赞同和共鸣，态度一定要诚恳，就像和亲朋谈话一样。和亲朋谈话有谁是装腔作势，故弄玄虚的？毛泽东1957年在全国宣传工作会议上的讲话中说："我们现在有些文章，神气十足，但是没有货色，不会分析问题，讲不出道理，没有说服力。这种文章应该逐渐减少。当着自己写文章的时候，不要老是想着'我多么高明'，而要采取和读者处于完全平等地位的态度。"有了这种态度，文风问题才能解决。

也许还可以从其他角度，找出判断文章的标准来。总的说，好文章的要求，是正确的健康的内容和尽可能完美的表现形式的统一，二者缺一不可。文章不仅要有内容方面的追求，也应该有形式方面的追求。特别是起草各类文稿、经常写文章的人，更要有文章技巧和形式的追求。

文章的风格与流变，和文章内容、时代精神息息相关。文章内容正确与否取决于立场、见解和知识，首先是对实际情况的了解和对中央精神的把握。思想僵化，没有见识，内容贫乏，是写不出好文章的。

三、文章写作是技巧也是艺术

文章首先是内容要正确，但写作技巧也不能不讲究。孔夫子说："言而无文，行之不远。"文，就是文采，有文采是文章的高标准要求。文章写作是一种技巧，也是一种艺术，有相对独立的意义。要像重视文章内容一样重视文章的形式。我今天讲的，都是表达形式的问题。

我开头讲文无定法。这是一个现成的说法。严格地说，文章写作有没有定法呢？可以说有，也可以说没有。从初级的基础训练的意义上说，有；中学有作文课，大学中文系有写作概论，都是讲基本规则和基础训练。但从高级的、创造性的意义上说，文章又没有定法。除某些有固定格式的简单的公文外，一般来说，文章是强调特色的，是一种技巧或艺术，不是学会一种方法就可以如法炮制。这是科学和技巧或艺术的不同。科学强调普遍性与规范化，艺术强调特殊性和个性化；后人可以掌握前人的全部科学成果而超越，艺术就很难这样说，因为不好比较。

社会是不断发展进步的，观察和认识没有止境，文章内容日新月异，对于写作技巧的追求也没有止境。各种体裁的文章都要讲究写作技巧，讲究不讲究，技巧的高下，效果是大不相同的。

这里，我就论文和调研报告的写作，以及一般文件的起草，讲一些体会。共七条，都是技术性的，次序也是随意的。我努力实践自己的主张：深入浅出，但很可能是歪批和怪论。

第一，要小题大做。

小题大做是贬义。我给这个负面意义的成语以新的解释，讲文章题目的确定，就是找准文章的切入点和聚焦点，以小题目做大文章。

这不关涉内容重要与否。重大的题材永远是需要的。重大题材的题目，也应该尽量具体化，找准切入点和聚焦点。

初学写作者容易喜欢大题目，比如经济研究，动辄“目标模式”和“全局战略”。翻翻杂志，许多大而无当的题目。这都是好词，但如果没有对于问题的深刻认识，没有对于全局的把握，题目定得很大，容易陷于空泛，大而无当，你说的别人都知道，别人不知道的你没有说。这正像一斤酒，装在一斤装的瓶子里是充实的，如果装在一个大坛子里，就会显得空荡荡。所以，我主张个人写文章，特别是初学者，要小题大做。小题大做不是抓住鸡毛蒜皮无限夸大上纲，而是把题目定得具体些，把视角放得更精准些。这样有助于找准聚焦点，对具体问题作深入研究，把道理说透彻。这和物理学中“压强”的道理是一样的。论文、调研报告甚至工作总结，题目和内容都应该具体，避免大而无当。

大题小做也有成功的，这要求具备很广博的知识和很高的概括能力，一般人不容易做到。我举两个例子：

天安门广场人民英雄纪念碑，正面是毛泽东写的“人民英雄永垂不朽”八个大字，背面是毛泽东撰文、周恩来手书的碑文，碑文分三段，每段只有一句话：

三年以来，在人民解放战争和人民革命中牺牲的人民英雄们永垂不朽！

三十年以来，在人民解放战争和人民革命中牺牲的人民英雄们永垂不朽！

由此上溯到一千八百四十年，从那时起，为了反对内外敌人，争取民族独立和人民自由幸福，在历次斗争中牺牲的人民英雄们永垂不朽！

三个一句话的排比句式，由近及远，概括了中国近代史的几个大的阶段，三句话的结尾都是“牺牲的人民英雄们永垂不朽”，很切合碑文的要求。这是一篇好文章，总共才114个字。当然，历史研究可以有别的分期方法，但在解放战争刚刚结束，新中国刚刚成立，立碑纪念，这样的写法是很恰当的。

鲁迅的《魏晋风度及文章与药及酒之关系》，是他在广州的一次演讲。如果让我们来写这样大的题目，一定会摆开架势，时代背景，阶级关系和代表人物，社会风尚，药和酒的生产和消费，如此这般，文章铺开很难写。鲁迅很讨巧，没有这样做，而是根据史书和《世说新语》之类的著作的记载，讲若干故事，通过对一些重要人物的评价，说明魏晋时代的政治和社会风气，以及政治、社会风气和文学流派的关系，具体生动，比看抽象的论文印象深刻得多。在这篇演讲里，鲁迅把汉末魏初的文章风格，概括为“清峻”——简约严明，和“通脱”——随意或随便。魏晋时代的文风对后世，包括对鲁迅，有很大影响。

大题小做也可以讲故事。看外国记者关于中国的报道，常常是先讲一个故事。有的外国记者从北京胡同里小广告的内容观察中国社会底层的变化，增强可读性和说服力。我们要善于讲故事，通过具体事例，通过确切的统计资料，让世界了解中国，让外界了解自己，让上级了解本单位的工作。党史研究还要让当代人了解党的历史。堆砌很多大而空洞的概念，读者容易莫名其妙。

不论是小题大做，还是大题小做，作者知道的，都应该比写进文章的东西更多，这样写起来会轻松自如。如果自己不懂得那么多，硬着头皮写大题目，会感到吃力，只能说些空话，甚至给人声嘶力竭的感觉。

第二，要粗枝大叶。

粗枝大叶只是个比喻。这不是我的发明，而是宋代（《朱子语类》）以来，用来形容汉代文章的粗犷大气和六朝文章的华丽细腻的区别。根据我有限的阅读，这可能是“粗枝大叶”的最初含义。用来形容办事马虎粗疏，倒是以后衍生出来的。

粗枝大叶，当然绝不是说写文章可以粗心大意和疏忽马虎，而是说要注重文章大的轮廓和脉络。特别是大的文章和文件，要先把大的结构和布局搞清楚，把大的框架立住。文章和文件大的框架，就像一座房子，四梁八柱立住了，才坚固而牢靠；像一个人坐在一把很结实的四条腿大椅子上，显得大气而稳当，咖啡屋的高脚椅坐上去总觉得不大牢靠。大的框架定好了，才能够提纲挈领，观点和材料的组织才会有中心，写起来才会条理清楚，不致节外生枝。有个成语叫“纲举目张”，写文章也是纲举目张，粗枝大叶才能纲举目张。

我举一个案例，就是党的十四届三中全会《关于建立社会主义市场经济体制若干问题的决定》。党的十四大确定建立社会主义市场经济体制的改革目标，党的十四届三中全会要搞一个新体制的总体设计。中央决定，成立由25人组成的起草组。起草组先经过两天讨论，确定大的框架，分十个大部分，每部分分若干条，然后分头写作。同时，中央组织16个调查组深入进行调查。国务院关于财政、金融和外汇管理体制改革方案同时也在讨论制定。文件很充实，也很顺利。大框架始终没有变，只是从最初的54条合并为50条。能够确定一个大体成熟的框架，是因为参加文件起草的，都是从事这方面研究的人，或者是实际部门从事相关工作的人，都有知识准备。特别是对相关问题进行深入的调查研究，在此基础上提出了切实可行的改革方案。我要感谢党研室和《百年潮》杂志，在纪念改革开放30年的时候，催促我写回忆文章，这才有那篇《社会主义市场经济体制的第一个总体设计》，发表在《百年潮》2008年第7期，成为亲历者反映这一历史事实全过程的记录。我由此联想到，党史研究需要多研究原始文献。比如，要研究中国经济改革的历史，研究社会主义市场经济体制的确立，就需要了解当时16个调查组的调查报告，中央讨论和征求意见的过程，当年经济工作会议的文件，以及主持财税和金融体制改革方案制定的朱镕基同志（时任中央政治局常委、国务院副总理）的讲话（已公开发表），各相关部门领导人的回忆，等等，作为研究和写作的素材，在此基础上作出历史学家的概括。这样，历史著作才会有血有肉，而不是“文山会海”，好像历史就是开个什么会，什么人讲了话，作个什么决定。

文章框架设计的过程，也是初步分析归纳和理顺思路的过程。文章主题从几个方面展开分析，每个方面有哪些内容，按照内在的逻辑关系，粗线条地摆布停当，文章大的轮廓和脉络也就清楚了；什么地方是需要补充和加强的薄弱环节，也就大体知道了。最初确定的框架，往往只是粗线条的，写作过程中修改补充和局部改变是难免的，但事先的思虑缜密可以少走弯路。框架不恰当，中途全盘推倒重来，是写文章和起草文件最伤脑筋的事。

粗枝大叶，注重大的轮廓和脉络，不是说不注意细节和交代事实。该说明的事实还是要交代清楚，不要省那几个字。有的文章不注意叙述事实，讲了一大篇道理，读完了不知道是怎么回事。甚至调研报告和经验总结，也只讲大道理，不交代清楚什么事、什么人、什么时间、什么地点、什么情况、什么原因。不要以为自己知道的读者都知道，本单位知道的上级机关都知道，中国人知道的外国人一定知道。用简明的语言把事情来龙去脉交代清楚并不容易，有时候比发议论还难，说得多又容易啰唆。叙事是写文章的基本训练，小学生和中学生作文都是从记叙文开始的。中国古代小说很注重交代事情和人物的来龙去脉，三言两语，清清楚楚。现代小说，比如赵树理的，也很注意交代事实。理论文章和调研报告，可以从文学作品和其他形式的文体借鉴文章的做法。

第三，要简单明了。

文章要简明清爽，不能拖泥带水。简单，才能明了。简单明了，才能眉清目秀。古代文字刻在龟甲上，后来刻在或者写在竹板上，很费力气，所以文章都很简短。《论语》只有1万多字，《道德经》只有5000多字。《史记》50多万字，在当时非常不容易，司马迁在他父亲工作的基础上又用了一辈子精力。后来发明了纸和印刷术，现在用电脑，书写方便省力，文章越写越长，废话也越来越多。因为打电报按字数计费，电视广告按时间计价，报纸广告按面积计价，所以都很简短，这是经济规律起作用。世界性的高峰会议严格限定时间，发言一般也不长。

简约是文章之道，最重要的话并没有那么多。过去有“惜墨如金”的说法，不能内容稀薄而空话连篇，像《文心雕龙》所批评的“瘠义肥辞”。有的古代文论，甚至把简约称为“文章尽境”，就是最高境界。写文章的本领，在于删繁就简，把复杂的事情说得简单明了，不在于把简单的问题说得深奥和复杂，以艰涩掩饰浅陋。减肥是时尚，文章也要减肥。下级机关向上级机关反映情况的文稿叫“简报”、叫“择要”，都是强调简要。大家都很忙，太长没有人看。中央提倡改进会风文风，要求短而精。

简单明了不是简陋和寒碜，不是要把文章写得干瘪枯槁，而是用简约的语言，准确表达思想。这是要高水平才能做到的。短文章往往比长文章还难写，需要下更大的功夫。有一次英国文学家萧伯纳给朋友写信，说对不起，我因为没有时间，不能把信写得短些。

写文章的规律是“短—长—短”。小学生写作文无话可说，都很短。学问有了长进，知识多了，文章越写越长。能够再由长到短，就重而舍轻，就成熟了。由短到长，多数人能做到；再由长上升到短，就不是一般人能做到的了，要下大功夫。

文章简约不仅是文字功夫，也和世事洞察、认识深度有关。

文章写得太长，有的是因为不得要领，不知道什么是重点。

写得太长也是文风问题，是思想和工作作风的反映。毛泽东在延安批评过，党八股文章像懒婆娘的裹脚布，又长又臭。1942年延安反对党八股的干部大会，原来就叫“压缩大会”，毛泽东在这次会议上的著名报告《反对党八股》，列举党八股的表现，分析党八股的社会根源、思想根源及其危害，今天读来对我们写好文章和文件还很有启发。

上级机关在文件中对下级机关和群众提口号，要简单、明快、响亮，便于记忆和传播。但有些简称和缩略语，时过境迁，不仅外国人不懂，中国人也不大清楚。比如“五讲四美三热爱”，当时不少地方成立“五四三”办公室，大多数人都很难准确说出是指什么。20世纪90年代，我主持写国务院向全国人大提交的《政府工作报告》，虽然在这方面很注意，负责翻译的人还是经常提出某些概念如何正确理解和表达的问题，如“抓大放小”“稳住一头，放开一片”等。日常工作中有不少用数字表达的缩略语，中央有，各个部门有，地方更多，除非有公认的、中央正式文件肯定的，公文要尽量少用。党史文章写作最好把话说全，或者加注释说明。哪位同志有兴趣，可以编一本《中国政治经济词汇中的数字》，帮助人们阅读以往的文献。只要下些笨功夫，翻阅过去的文件和报刊，并不难做。

林语堂说，演讲要像迷你裙，越短越好。文章也是这样。不是长文章都不好，不少世界名著是鸿篇巨制。《资本论》篇幅就很长，三大卷，国外也有评论说，这和德国当时崇尚大部头著作有关。《庄子》说：“凫胫虽短，续之则忧；鹤胫虽长，断之则悲。”还是要根据内容需要，有话则长，无话则短。可以换个说法：同样的内容，要用最简约的文字表达；同样数量的文字，要表达更丰富的内容。这类似经济学里投入产出关系的效益原则：产出为既定，投入越少越好；投入为既定，产出越多越好。

文章的题目，要特别讲究，注意简明、响亮，画龙点睛；要有特色，不要千篇一律。《毛泽东选集》上的许多文章，题目都非常精彩。毛泽东对自己文章的标题每个字都很讲究，比如，“与”同“和”都是连词，编《毛泽东选集》时，他把标题“学习与时局”改为“学习和时局”、“目前形势与我们的任务”改为“目前形势和我们的任务”，因为“和”比“与”更口语化。最近中印边境对峙，我重读了胡乔木写的《西藏革命和尼赫鲁哲学》，文情并茂，议论风生，从标题到行文都让人过目难忘。

第四，要剪裁得体。

写文章和文件，都有一个准备过程。写作的人一般都会掌握比较多的情况和资料，这是文章和文件的原料。动起笔来有许多话要说，但只能围绕主题，层层展开，讲最必要的话，援引最必需的事例和数据。什么话说，什么话不说，什么话多说，什么话少说，要认真剪裁，有所取舍。就像裁缝，拿到一块布，还只是原料，做成合体的衣裳需要剪裁和缝制。初学写作者往往不懂得这个道理，总想把自己知道的东西都写到一篇文章里去，胡子眉毛一把抓，结果枝蔓横生，杂乱无章。人的言行要得体，文章也要得体。

忌讳大词小用。在文章最显眼的概括性的地方讲大道理，不怎么显眼的具体的地方讲小道理。如果反过来，在不显眼的地方讲大道理，在最显眼的地方讲小道理，就会很别扭，就像小学生学大道理、大学生学小道理。

大的文章或文件，大的课题研究，往往要先经多番讨论，确定大纲后由多人分头执笔写作。这样做的好处是集思广益、优势互补，因为很大的涉及内容广泛的问题，一个人是不容易完全把握的。问题是分头写作，自成体系，“叠床架屋”，大“一、二、三”套小“1、2、3”，语言重复，文章容易陷于平淡。这需要通盘筹划，加以剪裁，使之浑然成为一体，不能留有拼凑痕迹。中央许多重要文件都是这样做的。如果是大型课题，写出初稿后最好由一个人统稿。这对文章风格的统一也有好处。

第五，要掐头去尾。

文章开头和结尾很重要，要非常用心。开头要开门见山、引人入胜，不要弯弯绕。结尾要戛然而止、留有余响，不要画蛇添足。有的文章冗长落套，和不讲究开头、结尾有关。

“开拳便打”，直入主题，是文章简洁和避免套话的重要方法。章回小说常说“闲话休提，只说正话”，写文章也应该如此。欧阳修的《醉翁亭记》是一篇很有名的文章，传说，原稿开头讲滁州东边是什么山、西边是什么山、南边是什么山、北边是什么山，写成初稿后反复修改，最后改为一句话：“环滁皆山也。”这是剪头而显精彩的好例。毛泽东的《改造我们的学习》，引言很简短——“我主张将我们全党的学习方法和学习制度改造一下。其理由如次”，也是一语开篇的好例。《三国演义》开篇第一句话：“话说天下大势，分久必合，合久必分。”很有气势和历史感，又直入主题。《古文观止》里，许多文章的开头和结尾都很精彩。比如韩愈的《师说》的开头：“古之学者必有师。师者，所以传道授业解惑也。”言简意赅，对师的职责和重要性作了明确界定。托尔斯泰的《安娜·卡列尼娜》的开头：“幸福的家庭都是相似的，不幸的家庭各有各的不幸”，切合小说主题，又很有哲理，饱含着作者的感慨。胡绳的名著《帝国主义和中国政治》的开头：“我们的讨论从鸦片战争（1840—1842）开始，但必须先简单说一下鸦片战争前的中外关系。”开门见山，简洁朴实。这些精彩的开篇都给读者留下深刻的第一印象。

不少文章的头和尾是可以删去或大加简化的，完全不影响内容。读者不喜欢文章“穿靴戴帽”，因为这是累赘，没有实际内容。

掐头去尾，就是剪除累赘。作者头尾讲的那两段一般性的原则话，中央文件已经讲清楚了，读者都明白，不用你再费口舌，掐头去尾剩下的“干货”才是需要你说的。大的原则是中央或者上级机关提出的，上级机关不需要“出口转内销”，把这些大道理再讲给它听；一般读者也不需要。上级和读者需要知道的，是你的具体情况和见解。

在不少情况下，确实需要在文件或文章中，特别是在正式会议的文件和报告中，申明某些重要的政治原则。那就要在最显眼的地方，用最准确简明的文字加以表达。在文章或者文件写成后，再认真检查一遍，仔细想想，看在大的原则问题上有没有重要的疏忽和遗漏。这种周到和细心是必须的。话不在多，要说得正是地方，说得准确，说得恰到好处，而不是唠唠叨叨地反复说些不痛不痒的话。政治立场是通过整篇文章体现的，要相信读者的理解能力，也要相信领导的判断力。

第六，要勤标点，多分段。

短段落，短句子，文章会显得干净利落。

多分段有助于条理。段落太长，不同的内容搅和在一段里，纠缠不清，文章会显得沉闷，逻辑也不容易清楚。有些重要文章和文件的分段，不仅是写作技术性问题，还可以突出显示这个问题重要和受重视的程度。2002年以前的党代会报告和政府工作报告，军队和国防建设都不是单列的；党的十六大报告单列为一部分，还是那么多字，内容并没有增加，只是作为单独一部分，表明对这个问题更为重视，取得很好的效果。

标点有助于阅读。有的文章过分欧化，句子太长，两行一个逗号，好几行一个句号，读起来很吃力。这可能和不高明的翻译著作的影响有关。汉语的传统和特点，是短句子。古代没有标点，由老师教学生“句读”，即断句。鲁迅文章短句子多，没有顿号，显得干净紧凑。这可能和当时还没有通行顿号有关，1920年北洋政府教育部颁发的标点符号共十二种，还没有顿号。

我并不是反对顿号，有些场合非用不可。但不管怎么说，句子要尽量短。能用短句子的，不要用长句子；能用句号的，不要逗号；能用逗号的，不要用顿号。

段落也要尽量短。凡是能分段的，不要合成一段。各就各位，不要挤成一团。这样读起来清爽。

第七，要反复琢磨修改。

文章是改出来的。即使做不到千锤百炼，反复琢磨修改总是不可少的。当然也有一气呵成的文章，古人所谓“文不加点”“倚马可待”。看鲁迅有些文章的手稿，没有修改的痕迹，但他是反复思考，有成竹在胸才动笔的。马克思有些手稿，改得连恩格斯也很难辨认。许多党的历史文献，包括领导人的著作，都是反复修改的。党代表大会的报告和中央全会的决议，都是经过多次讨论，征求意见，反复修改才定稿的。

文章修改，包括内容的补充完善和字句的斟酌推敲。

文章写成后，要多看几遍，把可有可无的字、词和段落删去，把引文和资料核实准确，把必须补充的内容补充进来。要特别留心在思想政治方面、文章逻辑和文字表达方面有没有硬伤。高手的文章老到天成，看似没有雕琢，实际上没有不雕琢的，只是雕琢得不留痕迹，即所谓“无斧凿痕”。

找到文字的感觉不容易，文字像音乐一样，到一定程度才会有感觉。用字、用词，最要紧的是恰当。恰如其分，不是形容词用得越夸张、话说得越满、评价拔得越高越好，“有理不在高言”。“文革”中喊“最最最红的红太阳”，那是思想贫乏的表现。适度，有分寸，才能准确表达思想，也才能有说服力。简报和理论文章要尽可能少用形容词。不妨试试看，去掉形容词以后，文章还有没有内容。

最好看名家的手稿。现在复印方便，渠道很多。从名家的手稿中，可以体会应该怎么写，不应该怎么写。鲁迅有一篇文章，题目就是《不应该那么写》，主张看作家的手稿。《毛泽东建国以来文稿》提供了许多改稿的范例，也提供了写多种体裁文章的范例。有不少文章，经名家修改而生色，有画龙点睛之妙。

文章写作方法是谁也说不完全的。我说的这些只是举例，都是自己在工作中碰到的问题，不可能完全。很多重要问题，例如文章的逻辑、结构和修辞问题，就没有涉及。这些个人的零星体会，不少是老生常谈，有些是新解、别解甚至是奇谈怪论。姑妄言之，姑妄听之吧。

四、提高语言文字修养

语言文字表达能力是文章写作的基本功。

文章就是书面的语言。现在的文章就是以北京话为基础的标准化的经过提炼的书面口语。字和词是文章的基本要素。有些以写文章为职业的人，调侃说自己是“码字”，就像建筑工人码砖头，将文字进行组合，最后码成一篇文章。从事文字工作的人要注重语言文字修养，这是天经地义、不说自明的道理。不仅是以文章写作为职业的人，任何一个有教养的人，都应该能够正确使用祖国的语言文字。语言文字能力是人的素质中很重要的一部分。如果只有专业知识而不能正确使用祖国的语言文字，那是一个很大的缺憾，专业能力的发挥也会受到局限。

语言文字具有稳定性，这种稳定性体现了民族文化的传承。当然语言也是变化的，特别是在社会大变革时期，会产生许多新的词语、新的概念。上海辞书出版社出版的《汉语新词新语大辞典》，收录了从1911年辛亥革命到2011年这100年来所产生的新词新语约11000个。尽管数量不少，在整个汉语词汇中也还是少数。真正能经过历史沉淀，流传久远的词语，每个时代都不是很多。有的常用词语可能流传二三十年，不常用的可能不到十年就时过境迁，弃而不用了。远的不说，新中国成立以来的半个多世纪，比如解放初期的“土改”，后来经济上的“粮票”“布票”“统购统销”，政治上的“反右派”“文革”“红卫兵”“走资派”“斗、批、改”，当时常用的那些词，都不构成汉语的基本词汇，现在都退出了社会生活，只有研究那段历史才会用到。哪位同志有兴趣，可以编一本这样的辞典，帮助读者学习历史；或者已经编有，我没有读到。

我们看古书，有些词语不清楚是什么意思，借助于专家的解读和辅导才能明白。经典很重要的一个贡献，就是丰富了民族的语言。比如《论语》中的“学习”（“学而时习之”）、“言行”（“听其言而观其行”）、“坦荡”（“君子坦荡荡，小人长戚戚”）、“一贯”（“吾道一以贯之”），还有“文质彬彬”和“见贤思齐”，等等，都成为汉语的基本词汇。几千年来能为汉语贡献几个词的书并不是很多。单就这一点说，孔夫子就很了不起。

毛泽东是文章大家，也是语言高手。比如“实事求是”这个词，最早见于《汉书》，在很不显著的地方，意义限于求得事实真相，并不为一般人所知。毛泽东对这个词作了全新的解释，赋予其深刻的理论和实践意义，使我们党和整个民族的思想境界得到提高。他把成语“知难而退”改为“知难而进”，把“前仆后继”改成“前赴后继”，体现出一种大无畏的积极进取的精神，也贡献了新的词汇，丰富了祖国语言。单就这一点说，毛泽东也很了不起。

《现代汉语词典》新版也收录了一些新的词语，比如“粉丝”“宅男”“宅女”“草根”“忽悠”“力挺”等等。还有一些新近流行而辞书未来得及收录的，比如“自媒体”“快递”“网购”，等等，反映了社会生活的变化，很快普及了。要关注这些新的社会生活中产生的新的词语，用来丰富我们的语言宝库。

群众语言是丰富多彩的，要向群众语言学习。比如北京话讲一件事办不成，说“没戏”，很生动。各地方言中都有一些独特的、生动活泼的语言，可以从中吸取语言营养。现代汉语中，大量的词语也是经过千百年来沉淀筛选，积累下来的群众语言。

现在国际经济文化交流日益广泛，要注意从外来语中吸取新的词语，来丰富我们的语言。在历史上，汉语发展过程中也吸收了不少外来语。近代自然科学和社会科学领域的大量引进，更是形成许多新的概念和词语，不仅丰富了汉语的表达能力，也开阔了我们的眼界。近年来，国际上通行的一些词语，更是不经过汉语转化而直接被人们广泛应用，比如“GDP”（国内生产总值）和“WTO”（世界贸易组织）。当然，吸收外来语是一项创造性的工作，要精心选择和提炼，力求符合汉语规范。有很多外来词语翻译得非常好，比如“手机”和“电脑”。现在，随着中国经济文化发展和对外交流的扩大，一些中国词也开始在世界流行，有的已经进入牛津英文词典。为了促进中国文化向世界传播，需要做许多语言文字方面的工作，这也是一个大学问。

每个时期，包括社会大变革时期，在语言总汇中，新的词语总是占少数，绝大部分是历史传承下来的。新版《现代汉语词典》共收词7万多条，隔几年出一次的新版每次所收录的新词也就100多条。写文章，特别是各种公文，一定要用规范的、公认的语言和文字，不要用网络语言中那种没有得到公认的，甚至是调侃式的表达，成为烂语文。

提高语言文字修养的一个基本方法，是多读书。要多读名家的文章，读各类体裁的好文章；不仅体会内容，而且要品味文章作法，琢磨在文章写法上可以借鉴之处。读多了，就可能逐渐领悟文章写作的奥妙。现在的书实在是太多了，每年都有大量的新书出版，有经典书，有专业书，有休闲书，多得不得了，谁也读不完。只能根据自己的需要、可能和兴趣，有的精读，大量的只能是浏览。浏览也有益，可以扩大知识面。

认识两三千个字就能顺利阅读书报，但写文章要尽量多掌握词汇，熟练地运用词汇，琢磨不同词的细微差别，来丰富我们的表达能力。有个词叫“理屈词穷”，我们因为掌握词语不够，不能选择最恰当的词准确表达自己的意思，常常闹得“理未屈，词先穷”。

电脑和网络是20世纪的伟大发明，对人类生产和生活方式产生了极其广泛而深远的影响。单就写文章来说，在采集信息、获得知识、整理资料、提高效率方面，电脑提供了过去难以想象的便利。过去搞研究工作，写文章，要积累资料，只能用一张张卡片抄录，还有专门的卡片箱，现在一台电脑把这些都代替了。电脑可以给人们腾出更多的时间去调查研究和深入思考，从事原创性的工作。但电脑也给一些懒人提供了方便，就是不认真读书，不认真分析情况和研究问题，靠电脑整段下载资料，东拼西凑，敷衍成文。这样很容易造成文章的重复和雷同，甚至张冠李戴，把甲地的事情搬到乙地，闹出笑话。现在写文章似乎也进入了工业化生产的时代，连入党申请书、工作总结和思想检查，也可以从网络下载。但拼凑终归是不会有好文章的。买皮鞋和衬衣都喜欢手工缝制，文章更是讲究个性化特色的，如何保持“手工缝制”的美妙，避免照抄照搬、雷同和重复，是需要注意的问题。

写文章最好是三新：新见解，新材料，新写法。实在做不到，两新也过得去：没有新见解，但有新材料，新写法。还做不到，至少写法要新，也还有人看。如果是“三无文章”，观点、材料、写法都不新，就没有人看了。——我今天讲的，可能就是一篇“三无文章”。耽误大家这么多时间，是希望能引起对写作技巧的更多的追求，以便于更好地表达我们所要表达的内容。我所讲的，自己也没有完全做到，愿和大家共同努力。

文章大家毛泽东*

梁　衡

今年是毛泽东同志诞辰120周年。他离开这个世界将近37年，对他的功过已有评说，但对作为文章家的他还研究不够，这笔财富有待挖掘。毛泽东说，革命夺权靠枪杆子和笔杆子，但他自己却从没拿过枪杆子，笔杆子倒是须臾不离手，毛笔、钢笔、铅笔，笔走龙蛇惊风雨，白纸黑字写春秋。那种风格、那种语言、那种气派，是浸到骨子里，溢于字表、穿透纸背的，只有他才会有。中国是个文章的国度，青史不绝，佳作迭出。向来说文章有汉司马、唐韩柳、宋东坡、清康梁，群峰逶迤，比肩竞秀。毛泽东算一个，是历史群山中一座巍峨的高峰。

思想与气势

毛文的特点首在磅礴凌厉的气势。

陆游说："汝果欲学诗，功夫在诗外。"文章之势，是文章之外

* 载《人民日报》2013年2月28日。

的功夫，是作者的胸中之气、行事之势。势是不能强造假为的，得有大思想、真见识。古今文章家大致可分为两种，一是纯文人，一是政治家。纯文人之文情胜于理，政治家之文理胜于情。理者，思想也。写文章，说到底是在拼思想。只有政治家才能总结社会规律，借历史交替、风云际会、群雄逐鹿之势，纳雷霆于文字，排山倒海，摧枯拉朽，宣扬自己的政见。毛文属这一类。这种文字不是用笔写出来的，而是作者全身心社会实践的结晶。劳其心，履其险，砺其志，成其业，然后发而为文。文章只是他事业的一部分，如冰山之一角，是虎之须、凤之尾。我们可以随便举出一些段落来看毛文的气势：

我们中华民族原有伟大的能力！压迫愈深，反动愈大，蓄之既久，其发必速。我敢说一怪话，他日中华民族的改革，将较任何民族为彻底。中华民族的社会，将较任何民族为光明。中华民族的大联合，将比任何地域任何民族而先告成功。诸君！诸君！我们总要努力！我们总要拼命的向前！我们黄金的世界，光华灿烂的世界，就在前面！（《民众的大联合》）

这还是他在五四时期的文章，真是鸿鹄一飞，便有千里之志。可以明显看出，这里有梁启超《少年中国说》的影子。文章的气势来源于对时代的把握。毛泽东在新中国成立前的整个民主主义革命时期都能高瞻远瞩，甚至力排众议，发出振聋发聩之声。当党内外对农民运动颇有微词时，他大声说："革命不是请客吃饭，不是做文章，不是绘画绣花，不能那样雅致，那样从容不迫，文质彬彬，那样温良恭俭让。革命是暴动，是一个阶级推翻一个阶级的暴烈的行动。"（《湖南农民运动考察报告》）当井冈山时期革命处于低潮时，他却用诗一样的浪漫语言预言革命高潮的到来："它是站在海岸遥望海中已经看得见桅杆尖头了的一只航船，它是立于高山之巅远看东方已见光芒四射、喷薄欲出的一轮朝日，它是躁动于母腹中的快要成熟了的一个婴儿。"（《星星之火，可以燎原》）当抗日战争处在最艰苦的相持阶段，许多人苦闷、动摇时，他发表了著名的《论持久战》，指出："武器是战争的重要的因素，但不是决定的因素，决定的因素是人不是物。力量对比不但是军力和经济力的对比，而且是人力和人心的对比。""抗日战争是持久战，最后胜利是中国的——这就是我们的结论。"

再看解放战争中他为新华社写的新闻稿：

英勇的人民解放军二十一日已有大约三十万人渡过长江。渡江战斗于二十日午夜开始，地点在芜湖、安庆之间。国民党反动派经营了三个半月的长江防线，遇着人民解放军好似摧枯拉朽，军无斗志，纷纷溃退。长江风平浪静，我军万船齐发，直取对岸，不到二十四小时，三十万人民解放军即已突破敌阵，占领南岸广大地区，现正向繁昌、铜陵、青阳、荻港、鲁港诸城进击中。人民解放军正以自己的英雄式的战斗，坚决地执行毛主席朱总司令的命令。（《我三十万大军胜利南渡长江》）

"我军摧枯拉朽，敌军纷纷溃退，长江风平浪静。"你看这气势，是不是有《过秦论》中描述秦王震四海、制六合的味道？

再看他在1949年第一届政协会议上的致辞：

诸位代表先生们，我们有一个共同的感觉，这就是我们的工作将写在人类的历史上，它将表明：占人类总数四分之一的中国人从此站立起来了……让那些内外反动派在我们面前发抖罢，让他们去说我们这也不行那也不行罢，中国人民的不屈不挠的努力必将稳步地达到自己的目的。

这是一个胜利者的口吻，时代巨人的口吻。解放后美国搞核讹诈，他说：“一切反动派都是纸老虎。”古今哪一个文章家有这样的气势！

为文要有丹田之气，不可装腔作势。古人论文，讲气贯长虹、力透纸背。唐朝韩愈搞古文运动，就是要恢复汉朝文章的质朴之气。他每为文前要先读一些司马迁的文章，为的是借一口气。以后，人们又推崇韩文，再后又推崇苏东坡文，认为韩文苏文都有雄浑、汪洋之势。苏东坡说：“吾文如万斛泉涌，不择地皆可出。在平地，滔滔汩汩，虽一日千里无难。及其与山石曲折，随物赋形，而不可知也。”他们的文章为什么有气势？是因为有思想，有个性化的思想。毛泽东的文章也有思想，而且是时代的思想，是一个先进的政党、一支战无不胜的队伍的思想。他也论文，但不以泉比，而是以黄河比：“文章须蓄势。河出龙门，一泻至潼关。东屈，又一泻到铜瓦。再东北屈，一泻斯入海。行文亦然。”他在《讲堂录》中说：“才不胜今人，不足以为才；学不胜古人，不足以为学。”无论才学，他都是立志要超过古人的，也的确超过了古人。如果说苏文如泉之涌，他的文章就是如海之波涛了。

说理与用典

毛文的第二个特点是知识渊博、用典丰富。

我国传统的治学方法重在继承，小孩子从入私塾那一天起就背书，先背一车经典，宝贝入库，以后用时再一件一件拿出来。毛泽东青少年时正当五四前后、新旧之交，是受过这种训练的。他自述其学问，从孔夫子、梁启超到拿破仑，什么都读。作为党的领袖，他的使命是从外国借来马克思主义领导中国人民推翻旧中国。要让广大民众和党员干部懂得自己的思想，就需要用中国人熟悉的旧知识和人民的新实践去注解，这就是他常说的马克思主义中国化。这是一种真本事、大本事，需要革命理论、传统知识和革命实践三样皆通，缺一不可。特别需要对中国的典籍烂熟于心，还能结合当前实际翻新改造。在毛泽东的书中，几乎随处可见他恰到好处的用典。这有三种情况。

一是从典籍中找根据，证目前之理，比如在《为人民服务》中引司马迁的话：

中国古时候有个文学家叫做司马迁的说过："人固有一死，或重于泰山，或轻于鸿毛。"为人民利益而死，就比泰山还重；替法西斯卖力，替剥削人民和压迫人民的人去死，就比鸿毛还轻。

这是在一个战士追悼会上的讲话，作为领袖，除表示哀悼之外，还要阐明当时为民族大业牺牲的意义。他一下子拉回两千年前，解释我们这个民族怎样看待生死。你看，司马公有言，自古如此，一下子增加了文章的厚重感。司马迁的这句话也因他的引用有了新的含义，更广为流传。

忠、孝、仁、义，是中国传统的道德观。毛泽东对它们给予新的解释：

要特别忠于大多数人民，孝于大多数人民，而不是忠孝于少数人。对大多数人有益处的，叫做仁；对大多数人利益有关的事情，处理得当，叫义。对农民的土地问题、工人的吃饭问题处理得当，就是真正的行仁义。（《关于国民精神总动员的号召》）

这就是政治领袖和文章大家的功力，能借力发力，翻新经典为己所用，既弘扬了民族文化，又普及了经典知识。

二是到经典中找方法，以之来作比喻阐述一种道理。毛泽东的文章大部分是论说文，是写给中国的老百姓或党的中基层干部看的。所以，搬出中国人熟悉的故事，以典证理，成了他常用的方法。这个典不一定客观存在，但它的故事家喻户晓，蕴含的道理颠扑不破。如七大闭幕词这样重要的文章，不但简短得只有千余字，而且讲了一个《愚公移山》的寓言故事，真是一典扛千斤。他将《水浒传》《西游记》《三国演义》这些文学故事当哲学、军事教材来用，深入浅出，生动活泼。在《中国革命战争的战略问题》中，他这样来阐述战争中的战略战术：

谁人不知，两个拳师放对，聪明的拳师往往退让一步，而蠢人则其势汹汹，劈头就使出全副本领，结果却往往被退让者打倒。

《水浒传》上的洪教头，在柴进家中要打林冲，连唤几个“来”“来”“来”，结果是退让的林冲看出洪教头的破绽，一脚踢翻了洪教头。

孙悟空在他笔下，一会儿比作智慧化身，钻入铁扇公主的肚子里；一会儿比作敌人，跑不出人民这个如来佛的手心。1938年4月在抗大的一次讲话中，他还从唐僧的坚定、八戒的吃苦、孙悟空的灵活概括出八路军、新四军的“三大作风”。这样重要的命题，这样大的方针，他都能从典故中顺手拈来，从容化出。所以，他的报告总是听者云集，欢声笑语，毫无枯涩感。他是真正把古典融进了现实，把实践融进了理论。

三是为了增加文章的渲染效果，随手拿来一典，妙趣横生。在《别了，司徒雷登》中，他这样来写美国对华政策的破产："总之是没有人去理他，使得他'茕茕孑立，形影相吊'，没有什么事做了，只好挟起皮包走路。"这里用了中国古典散文名篇《陈情表》里的句子。司徒雷登那个孤立、无奈、可怜的样子，永远定格在中国人的记忆中。

毛泽东的用典是出于行文之必需，绝不卖弄，不故作高深地掉书袋。他是认真研究并消化了经典的，甚至认真到了考据癖的程度。如1958年刘少奇同志谈到贺知章的诗《回乡偶书》"少小离家老大回，乡音无改鬓毛衰。儿童相见不相识，笑问客从何处来"，以此来说明唐人在外为官不带家眷。他为此翻了《旧唐书》《全唐诗话》，然后给刘写信说：

唐朝未闻官吏禁带眷属事，整个历史也未闻此事。所以不可以"少小离家"一诗便作为断定古代官吏禁带眷属的充分证明。自从听了那次你谈到此事以后，总觉不甚妥当。请你再考一考，可能你是对的，我的想法不对。睡不着觉，偶触及此事，故写了这些，以供参考。

这里引出一个问题：领袖应当首先是一个读书人，一个读了很多书的人，一个熟悉自己民族典籍的人。他应该是一个博学的杂家，只是一方面的专家不行；只读自然科学不行，要读社会科学，读历史，读哲学。因为领导一个集团、一场斗争、一个时代，靠的是战略思维、历史案例、斗争魄力和人格魅力。这些只有到历史典籍中去找，在数理化中和单一学科中是找不到的。

讽刺与幽默

毛文的第三个特点是充满辛辣的讽刺和轻松的幽默。

人一当官就易假，就爱端个架子，这是官场通病。越是大官，架子越大，越不会说话。毛泽东是在党政军都当过一把手的，却仍然嬉笑怒骂，这不容易。当然他的身份让他有权这样，但一些人就是洒脱不起来。权力不等于才华。毛泽东的文章虽然大都是严肃重要的指示、讲话、决定、社论等，又大都是在残酷的战争环境中生成的，却并不死板，并不压抑。透过硝烟，我们随处可见文章中对敌辛辣的讽刺和对自己人轻松的幽默。讽刺和幽默都是轻松的表现，是一种举重若轻的动作。我可以用十二分的力打倒你，但我不用，我只用一根银针轻刺你的穴道，你就酸痛难忍，哭笑不得，扑身倒地，这是讽刺；我可以长篇大论地阐述一个问题，但我不用，我只用一个笑话就妙解其理，让你在轻松愉快中茅塞顿开，这是幽默。总之，是四两拨千斤。这是一个领袖对自己的事业、力量和韬略有充分信心的表现。

先看他的讽刺。

对国民党不敢发动群众抗战，他说：

可是国民党先生们啊，这些大好河山，并不是你们的，它是中国人民生于斯、长于斯、聚族处于斯的可爱的家乡。你们国民党人把人民手足紧紧捆住，敌人来了，不让人民自己起来保卫，而你们却总是“虚晃一枪，回马便走”。（《一切政治的关键在民众》）

辽沈战役敌军大败，他这样为新华社写消息：

从十五日至二十五日十一天内，蒋介石三至沈阳，救锦州，救长春，救廖兵团，并且决定了所谓“总退却”，自己住在北平，每天睁起眼睛向东北看着。他看着失锦州，他看着失长春，现在他又看着廖兵团覆灭。总之一条规则，蒋介石到什么地方，就是他的可耻事业的灭亡。（《东北解放军正举行全线进攻》）

他讽刺党八股像“懒婆娘的裹脚，又长又臭”，“只有死板板的几条筋，像瘪三一样，瘦得难看，不像一个健康的人”。真是个漫画高手！

再看他的幽默。

他一生担军国之重任，不知经历了多少危急关头、艰难局面，但在他的笔下常常是付之一笑，用太极推手轻松化开。长征是人类史上少有的苦难历程，他却乐观地说：“长征是宣言书，长征是宣传队，长征是播种机。自从盘古开天地，三皇五帝到于今，历史上曾经有过我们这样的长征吗？”在延安文艺座谈会上，讲到文化的重要性时他说：我们有两支军队，一支是朱（德）总司令的，一支是鲁（迅）总司令的（正式发表时改为“拿枪的军队”和“文化的军队”）。

关于社会主义经济这样大的理论问题，他说：

搞社会主义不能使羊肉不好吃，也不能使南京板鸭、云南火腿不好吃，不能使物质的花样少了，布匹少了，羊肉不一定照马克思主义做，在社会主义社会里，羊肉、鸭子应该更好吃，更进步，这才体现出社会主义比资本主义进步，否则我们在羊肉面前就没有威

信了。社会主义一定要比资本主义还要好，还要进步。（1956年在知识分子会议上的讲话）

1939年7月7日，他对即将上前线的华北联合大学师生讲话，以《封神演义》故事作比："当年姜子牙下昆仑山，元始天尊赠了他杏黄旗、四不像、打神鞭三样法宝。现在你们出发上前线，我也赠给你们三样法宝，这就是统一战线、武装斗争、党的建设。"这是比兴手法，只借"三样法宝"的字面同一性。1957年他在莫斯科共产党和党代表会议上说"现在的世界形势是东风压倒西风"。这是借《红楼梦》里林黛玉的话，与原意无关，只借"东风、西风"这两个字意。文章有意荡开去，显得开阔、轻松，好似从远处往眼前要说的这个问题上搭了一座引桥。

尖锐的讽刺，见棱见角，说明他眼光不凡，总是能看到要害；轻松的幽默，不慌不忙，说明他有度量和睿智，肚子里有货。新中国成立后，全国人大拟决议给毛泽东授大元帅衔，他说："我穿上你那个元帅服怎么下基层，免了吧。"这是一种多么拿得起、放得下的潇洒和幽默！

通俗与典雅

毛文的第四个特点是通俗与典雅完美地结合。

毛泽东是乡间成长起来的知识分子，又是战火中锻炼出来的领袖。他在学生时期就受过严格的古文训练，后来在长期的斗争生涯中，一方面和工农兵在一起，学习他们的语言；一方面又手不释卷，和各种书包括文学书籍，小说、诗词、曲赋、笔记缠裹在一起，须臾不离。他写诗、写词、写赋、作对、写新闻稿和各种报告、电稿。如果抛开他的军事、政治活动不说，他完全够得上一个文人，就像中共的早期领袖李大钊、陈独秀、瞿秋白一样。毛泽东与他们的不同是多了与工农更密切的接触。所以，他的文章典雅与通俗共存、朴实与浪漫互见，时常既有乡间农民的口语，又能见到唐诗、宋词里的句子；忽如老者炕头说古、娓娓道来，又如诗人江边行吟、感天动地。

请看一段他早期的文字。这是他1916年在游学的路上写给友人的信：

今朝九钟抵岸，行七十里，宿银田市……一路景色，弥望青碧，池水清涟，田苗秀蔚，日隐烟斜之际，清露下洒，暖气上蒸，岚采舒发，云霞掩映，极目遐迩，有如画图。今夕书此，明日发邮……欲以取一笑为快，少慰关垂也。(《致萧子升信》)

这封手书与王维的《山中与裴迪秀才书》、徐霞客的《三峡》相比如何？其文字清秀不分伯仲。再看他在抗日时期的《祭黄帝陵》：

赫赫始祖，吾华肇造；胄衍祀绵，岳峨河浩。
聪明睿智，光被遐荒；建此伟业，雄立东方。
世变沧桑，中更蹉跌；越数千年，强邻蔑德。
琉台不守，三韩为墟；辽海燕冀，汉奸何多。
以地事敌，敌欲岂足；人执笞绳，我为奴辱。
懿维我祖，命世之英；涿鹿奋战，区宇以宁。
岂其苗裔，不武如斯；泱泱大国，让其沦胥。
东等不才，剑屦俱奋；万里崎岖，为国效命。

频年苦斗，备历险夷；匈奴未灭，何以家为。

各党各界，团结坚固；不论军民，不分贫富。

民族阵线，救国良方；四万万众，坚决抵抗。

民主共和，改革内政；亿兆一心，战则必胜。

还我河山，卫我国权；此物此志，永矢勿谖。

经武整军，昭告列祖；实鉴临之，皇天后土。

尚飨！

从中可以看出他深厚的古文根底。他在延安接受斯诺采访时说，他学习韩愈文章是下过苦功的，如果需要他还可以写出一手好古文。由此可见，他早期的文字何等典雅。但是为了斗争的需要、时代的需要，他放弃了自己熟悉的文体，学会了使用最通俗的文字。他说，讲话要让人懂，反对使用“霓裳”之类的生僻词。请看这一段：

我们都是来自五湖四海，为了一个共同的革命目标，走到一起来了。我们还要和全国大多数人民走这一条路。我们今天已经领导着有九千一百万人口的根据地，但是还不够，还要更大些，才能取得全民族的解放。（《为人民服务》）

再看这一段：

此间首长们指示地方各界切勿惊慌，只要大家事前有充分准备，就有办法避开其破坏，诱敌深入，聚而歼之。今春敌扰河间，因我方事前毫无准备，受到部分损失，敌部亦被其逃去。此次务须全体动员对敌，不使敢于冒险的敌人有一兵一卒跑回其老巢。（新

华社消息《华北各首长号召保石沿线人民准备迎击蒋傅军进扰》）

你看“走到一起”“但是还不够”“切勿惊慌”“就有办法”等等，完全是老百姓的语言，是一种面对面的告诫、谈心。虽是大会讲话、新闻电稿，却通俗到明白如话。但典雅并没有丢掉，他也有许多文字端庄严谨、气贯长虹的文章。如：

夺取全国胜利，这只是万里长征走完了第一步。如果这一步也值得骄傲，那是比较渺小的，更值得骄傲的还在后头。在过了几十年之后来看中国人民民主革命的胜利，就会使人们感觉那好像只是一出长剧的一个短小的序幕。剧是必须从序幕开始的，但序幕还不是高潮。中国的革命是伟大的，但革命以后的路程更长，工作更伟大，更艰苦……我们不但善于破坏一个旧世界，我们还将善于建设一个新世界。中国人民不但可以不要向帝国主义者讨乞也能活下去，而且还将活得比帝国主义国家要好些。（《在七届二中全会上的报告》）

而更多的时候却是“既上得厅堂，又下得厨房”，亦庄亦谐，轻松自如。如：

若说：何以对付敌人的庞大机构呢？那就有孙行者对付铁扇公主为例。铁扇公主虽然是一个厉害的妖精，孙行者却化为一个小虫钻进铁扇公主的心脏里去把她战败了。柳宗元曾经描写过的“黔驴之技”，也是一个很好的教训。一个庞然大物的驴子跑进贵州去了，贵州的小老虎见了很有些害怕。但到后来，大驴子还是被小老虎吃掉了。我们八路军新四军是孙行者和小老虎，是很有办法对付这个日本妖精或日本驴子的。目前我们须得变一变，把我们的身体变得小些，但是变得更加扎实些，我们就会变成无敌的了。（《一个极其重要的政策》）

“文章五诀”形、事、情、理、典，毛文是典范。不管论文、讲话、电稿等何种文体，他都能随手抓来一个形象，借典说理或借事言情，深入浅出。毛文开创了政论文从未有的生动局面。毛泽东是有大志的人，他永远有追求不完的目标。其中一个目标就是放下身段，当一个行吟诗人，当一个作家。他多次说过要学徐霞客，顺着长江、黄河把祖国大地丈量一遍。他又是一个好斗争的人，他有一句名言：“与天奋斗，其乐无穷；与地奋斗，其乐无穷；与人奋斗，其乐无穷。”其实，除了天、地、人，他的革命生涯中还有一个斗争对象，就是文风。他对群众语言、古典语言是那样热爱，对教条主义的语言、官僚主义的语言是那样憎恨。延安“整风运动”中，他把文风与学风、党风并提，讨伐“党八股”，给它列了八大罪状，说它是对五四运动的反动，是不良党风的最后一个“防空洞”。新中国成立之初《人民日报》发表长篇社论，号召正确使用祖国语言，他在改稿时特别加了一句：“我们的同志中，我们的党政军组织和人民团体的工作人员中，我们的文学家教育家和新闻记者中，有许多是精通语法、会写文章、会写报告的人。这些人既然能够做到这一步，为什么我们大家不能做到呢？当然是能够的。”（《人民日报》1951年6月6日）后来，我们渐渐机关化了，文章中假、大、空的语言多了。他对此极为反感，甚至是愤怒，严厉要求领导干部亲自写文章，不要秘书代劳。他批评那些空洞的官样文字：“讲了一万次了依然纹风不动，灵台如花岗之岩，笔下若玄冰之冻。哪一年稍稍动一点，使读者感觉有些春意，因而免于早上天堂，略为延长一年、两年寿命呢？”（1958年9月2日的一封信）他是一辈子都在与“党八股”的坏文风作斗争的。

文章是一门独立的艺术。细读毛泽东的文章，特别是他独特的语言风格，足可自立为一门一派。在大力倡导改文风的今天，我们有必要静下心来研究一下他的文章。这至少有两个用处：一是专门搞写作的人可以从中汲取营养，特别是补充一些文章外的功夫，好直起文章的腰杆；二是领导干部可以向他学一点写作，这也是工作的一部分，能增加领导的魅力。须知：打天下要靠笔杆子，治天下更要靠笔杆子。

毛泽东工作方法的几个特点*

金冲及

毛泽东同志给我们留下了极其丰富的精神遗产，工作方法是其中的重要内容。工作方法是毛泽东同志在领导革命和建设中极为重视的问题。他说过："我们不但要提出任务，而且要解决完成任务的方法问题。我们的任务是过河，但是没有桥或没有船就不能过。不解决桥或船的问题，过河就是一句空话。不解决方法问题，任务也只是瞎说一顿。"他的话讲得很重，却是千真万确的真理：即便提出的任务是正确的，道理讲得也很清楚，如果没有好的工作方法来实行它，也会变成"空话"。

按照实际情况决定工作方针，是毛泽东同志最基本的工作方法。这里不敢说对他的工作方法所具有的特点作出完整的概括，只是想就其中的几个特点谈一点体会。因为毛泽东同志工作方法的价值并不随时间流逝而失去，我们应当在新的历史条件下充分地发掘它、使用它、发展它，推动实现中华民族伟大复兴的中国梦。

---

* 摘自中共中央文献研究室、中国中共文献研究会、毛泽东思想生平研究分会编：《毛泽东与中华民族伟大复兴：纪念毛泽东同志诞辰120周年学术研讨会论文集（上）》，中央文献出版社2014年版。

高度的战略思维能力

战略思维能力（也就是毛泽东同志所说的战略头脑），对担负领导工作的人来说是做好工作的先决条件。它首先是指具有全局性的眼光和敏锐的预见性。毛泽东同志一向要求：“拿战略方针去指导战役战术方针，把今天联结到明天，把小的联结到大的，把局部联结到全体，反对走一步看一步。”

人们观察和认识事物，通常只能从一个个局部开始，但决不能停留在这里。只有把各个局部综合起来进行分析，形成整体的观念，并且弄清那些局部在全局中所处的位置以及彼此间的联系，才能正确地指导工作。有些事从局部来看是有利的，但从全局来看是不利的，那就得坚决顶住，不能去做。

毛泽东同志对这个问题十分看重。他说：“马克思主义者看问题，不但要看到部分，而且要看到全体。”“说‘一着不慎，满盘皆输’，乃是说的带全局性的，即对全局有决定意义的一着，而不是那种带局部性的即对全局无决定意义的一着。”只有全局在胸，才能有把握地走好每一步棋。

事物是发展变化的，全局形势也在不断发展变化。毛泽东同志在指导工作时，总是首先把力气用在观察和判断全局上，特别是敏锐地察觉出哪些是对全局发展变化有重要影响的新情况和新问题，从而果断地作出重大决策。他在中共八届七中全会上说：“要善于观察形势，脑筋不要硬化。形势不对了，就要有点嗅觉，嗅政治形势，嗅经济空气，嗅思想动态。”读读毛泽东同志在中央会议上的讲话，每当重要的历史关头，他经常先这样分析：现在局势发展到一个新的阶段，它和以往不同的特点是什么，发展的前途如何，因此我们的方针应当相应地作怎样的调整。这里，可以以解放战争为例：

1947年夏季人民解放军从战略防御转入战略进攻后，这年年底毛泽东同志就对政治、军事、经济三个方面的实际状况作了仔细的具体分析，得出一个全局性的结论："中国人民的革命战争，现在已经达到了一个转折点。""二十年来没有解决的力量对比的优势问题，今天解决了。""这个事变一经发生，它就将必然地走向全国的胜利。"

这是一个大判断，是对中国革命发展进程的大判断。那时，国内局势中仍有许多不很明朗的地方，还存在不少容易使人感到迷惑的次要因素，并不是所有人都已看清楚这个历史转折点已经到来。即使有这样那样的感觉，也没有得出如此明晰的结论。毛泽东同志经过敏锐而审慎的观察和思考，不失时机地作出这个判断。有了这个大判断作依据，怎样打倒蒋介石、建立新中国这些重大问题便提到现实议事日程上来了，新中国的经济构成、经济纲领、政治纲领也到了要正式向全党和全国人民宣告的时候了。

再如，1948年辽沈战役结束后只隔了10来天，毛泽东同志就作出一个新的判断："中国的军事形势现已进入一个新的转折点，即战争双方力量对比已经发生了根本的变化。人民解放军不但在质量上早已占有优势，而且在数量上现在也已经占有优势。这是中国革命的成功和中国和平的实现已经迫近的标志。""这样，就使我们原来预计的战争进程，大为缩短。原来预计，从一九四六年七月起，大约需要五年左右时间，便可能从根本上打倒国民党反动政府。现在看来，只需要从现时起，再有一年左右的时间，就可能将国民党反动政府从根本上打倒了。"全国解放战争便以这个全局性的判断为依据，以新的姿态新的部署，加快步伐地展开了。

一名领导干部特别是高级干部，如果没有这种全局性的战略眼光，当机立断，正确决策，大刀阔斧地打开新的局面，而是被动地忙于应付枝枝节节的局部性事务，就不可能在工作中取得重大突破，甚至会坐失良机和发生失误。

预见性同全局性眼光分不开，要求指挥者看得远、看得准，对刚刚露头的倾向具有敏锐的识别力，能够分辨它是好的还是不好的，并且能预见它的发展趋势。毛泽东同志认为这是领导干部必须具有的政治品质。他在中共七大的结论中说："预见就是预先看到前途趋向。如果没有预见，叫不叫领导？我说不叫领导。""坐在指挥台上，如果什么也看不见，就不能叫领导。坐在指挥台上，只看见地平线上已经出现的大量的普遍的东西，那是平平常常的，也不能算领导。只有当着还没有出现大量的明显的东西的时候，当桅杆顶刚刚露出的时候，就能看出这是要发展成为大量的普遍的东西，并能掌握住它，这才叫领导。"

高手下棋，谁能比对方多看几步，谁就可能取胜。毛泽东同志在工作中总是想得很远。他不是只忙碌地应付摆在眼前的种种具体问题，同时能对未来可能出现的重大变动未雨绸缪、早做准备。当抗日战争正处在紧张关头的时候，他已开始考虑未来的新国家和新社会应该是怎样的，写出了《新民主主义论》。以后，随着客观形势的发展和实际经验的积累，这种设想就越来越清晰具体。当历史巨大变化来临的时候，无论1949年共同纲领还是1954年宪法的诞生，都不是仓促草就，而是经过长期的酝酿和积累，做到了瓜熟蒂落、水到渠成。以后的历史事实证明，这些根本大法的各项规定都是切合实际、富有成效的。

对社会生活中值得注意的倾向性问题，毛泽东同志总是主张要觉察早、应对快。他在中共八大二次会议上说，"以后要注意辨别风向"。他引宋玉《风赋》中所说的："夫风，起于青蘋之末，侵淫溪谷，盛怒于土囊之口。”并且说：“大风好辨别，小风就难辨别，领导干部要特别注意这种小风。”他高明的地方在于当某种不好的风向还只处于“青蘋之末”的时候，就能够意识到它经过慢慢的逐步的“侵淫”，有可能形成“盛怒于土囊之口”的风暴。这也就是古人常说的“防微杜渐”的意思。而不少人不仅对处于“青蘋之末”的这种风向毫无识别能力，甚至当它已逐步“侵淫”而走向“盛怒于土囊之口”时仍麻木不仁、视若无睹，结果，拖延得越久，问题就越大，甚至发展到积重难返而很难解决。当然，如果脱离实际情况，对还处于“青蘋之末”的微风就用对付“盛怒于土囊之口”者的霹雳手段去对待，那也会造成严重的错误。以往出现过的这种教训，同样值得深思和记取。

总之，全局性眼光和预见性十分重要。只有具备这两个条件，才会有宏伟的胆识和魄力，才可以引导人们在行进中始终有明确的方向感和充分的自信心。这是毛泽东同志工作方法的突出特点。所以，总给人以高屋建瓴、大气磅礴的感觉。

集中力量，解决主要矛盾

社会生活千头万绪、错综复杂。人们往往被一些日常现象牵着鼻子走，被动应付，辛苦忙碌而收效甚微，工作局面难有大的突破。问题出在哪里？很重要的一条，在于看不清问题中什么是主要的、起决定性作用的因素，什么是次要的、处于服从地位的因素；什么是一时起作用的因素，什么是长远起作用的因素，从而不能及时抓住并集中力量解决主要矛盾。

毛泽东同志把这个问题也始终放在领导工作的突出地位。他指出：“研究任何过程，如果是存在着两个以上矛盾的复杂过程的话，就要用全力找出它的主要矛盾。捉住了这个主要矛盾，一切问题就迎刃而解了。”他批评道：“万千的学问家和实行家，不懂得这种方法，结果如堕烟海，找不到中心，也就找不到解决矛盾的方法。”这真是一针见血之论。

拿解放战争中的辽沈战役来说，当时面对的主要问题是：怎样在国民党军统帅部举棋不定的情况下，以迅雷不及掩耳之势突然行动，切断东北同关内的联系，将国民党军的重要精锐封闭在东北加以歼灭。这比其他任何问题都更重要。毛泽东同志便下了大决心，要求东北野战军主力不惜冒巨大风险，远途奔袭锦州，“而置长春、沈阳两敌于不顾”，“确立打你们前所未有的大歼灭战的决心，即在卫立煌全军来援的时候敢于同他作战”！没有这样的宏图大略，要夺取辽沈战役的全胜是不可能的。果然，锦州一解放，东北同关内的联系一切断，长春和沈阳两问题便“迎刃而解”了。

在日常工作中，毛泽东同志也总是要分清事情的主次和轻重缓急，区别对待。他曾举黄河急流中有经验的船夫为例说：在河中，他们平时可以很放松，一旦将到藏有暗礁险滩的地方，就全神贯注地用篙子撑船躲开，如果船夫时时处处都很紧张，弄得很疲劳，真遇到紧要的时候反而会使不上力了。他主张，一个时期总要有个重点。1953年4月26日，他在致李烛尘的信中写道：“工作虽多，可以安排一下，一段时间内只处理一个主要问题，这样也就会不觉得太忙了。”

集中力量解决主要矛盾这个道理，明白容易，真要做到却十分不易。毛泽东同志谈战争问题时说道：“集中兵力看来容易，实行颇难。人人皆知以多胜少是最好的办法，然而很多人不能做，相反地每每分散兵力，原因就在于指导者缺乏战略头脑，为复杂的环境所迷惑，因而被环境所支配，失掉自主能力，采取了应付主义。”结果，受许多次要因素的牵扯，分散力量，处处应付，四平八稳，下不了大决心，也就做不出大事来。

毛泽东同志指挥作战时，同样经常面对复杂的环境。他总是强调要服从全局，按照解决主要矛盾的需要，大踏步前进或后退，必要时不惜下壮士断腕的决心，以求得全局形势的有利发展。解放战争中国民党军队向延安大举进攻，当时解放军兵力在这里处于绝对劣势，毛泽东同志断然决定撤出延安。这样做当然要付出不少代价，一些干部想不通。毛泽东同志告诉他们，要从大处着眼，权衡主次得失。他说：“我军打仗，不在一城一地的得失，而在于消灭敌人的有生力量。存人失地，人地皆存；存地失人，人地皆失。敌人进延安是握着拳头的，他到了延安，就要把指头伸开，这样就便于我们一个一个地切掉它。”这是何等的睿见和气魄！以后的事实证明，他的决断是完全正确的。

当然，主要不等于唯一，集中力量解决主要矛盾不等于对其他方面的问题统统丢开不管。毛泽东同志提出要“学会‘弹钢琴’”，“党委要抓紧中心工作，又要围绕中心工作而同时开展其他方面的工作。我们现在管的方面很多，各地、各军、各部门的工作，都要照顾到，不能只注意一部分问题而把别的丢掉。凡是有问题的地方都要点一下，这个方法我们一定要学会。”这段话是他在新中国诞生前夜说的，中国共产党正要成为全国的执政党，面对的任务十分繁重，既要以主要力量抓紧各个时期的中心工作，又要像“弹钢琴”那样随时照顾到其他方面的工作。“凡是有问题的地方都要点一下”。这就能避免工作中走向另一种片面性。

抓而不紧，等于不抓

作出正确的判断，提出解决问题的办法，并不是事情的结束，更加重要的是实行。毛泽东同志从来不是空谈家。对关系全局的工作，他在提出任务后，总是下大决心、采取有力措施，狠抓落实，一步紧跟一步，真正抓出看得见的结果来。

正确的决心有个前提，就是符合实际。毛泽东同志有句名言："没有调查，没有发言权。"他说："你对于那个问题不能解决吗？那末，你就去调查那个问题的现状和它的历史吧！你完完全全调查明白了，你对那个问题就有解决的办法了。"他主张要"多谋善断"，说："什么叫多谋呢？就是要听听各种不同意见。""多谋，各方面的意见集中了，各方面的分析明确了，恰当了，然后才能够得到善断。"

当情况已经弄清、决心已经下定以后，工作抓得紧不紧、狠不狠便成为关键。毛泽东同志说："党委对主要工作不但一定要'抓'，而且一定要'抓紧'。什么东西只有抓得很紧，毫不放松，才能抓住。抓而不紧，等于不抓。""我们有些同志，也抓主要工作，但是抓而不紧，所以工作还是不能做好。"

毛泽东同志对主要工作总是抓得很紧很紧。当任务确定后，他便全力以赴、雷厉风行，千方百计地采取有力措施来打开局面，决不只是空口说说了事，也不是老在那里瞻前顾后、顾虑重重、犹豫不决。在随后的实践中，又全神贯注事情发展的情况，用心总结行之有效的经验并加以推广；及时提醒注意解决可能妨碍任务完成的问题，纠正已经出现的偏差；旗帜鲜明地表扬批评，严格检查督促，在切实抓出成果来以前决不松手。因此，他所抓的事总能给人留下强烈印象，取得显著效果。

在新中国成立之初领导"三反"运动时，毛泽东同志不仅提出方针，而且亲自督办；不仅提出任务，而且交代方法。在"三反"运动紧张的日子里，他几乎每天晚上都要听取汇报，甚至经常坐镇中节委，参加办公会议，亲自指导。到运动后期，他又以很大力量来落实定案工作，确定具体的政策原则和处理办法，树立足以作为典型示范的案例，妥善处理运动过程中发生的问题，做好善后工作。善始善终，而不草草收兵。

这场运动前后共半年左右，对荡涤当时刚开始蔓延的贪污腐败行为、树立廉洁勤政新风起了巨大作用，为国家进行大规模经济建设创造了良好的社会氛围。它不仅在当时，而且在随后好多年间给人们留下难忘的印象。

毛泽东同志说过：伤其十指，不如断其一指。只有抓得很紧，办成几件大事，确有实效，才能振奋人心，取得群众的信任，以后的工作就好做了。当然，也不可能把弦一直绷得太紧，要有张有弛，毛泽东同志把这称为“波浪式的前进”。

依靠群众，走群众路线

要做好任何工作，都不能只靠领导者个人或少数几个人的智慧和努力，而必须依靠群众，走群众路线。

当然，群众路线不只是一个工作方法，它指的是党和群众的关系，也就是全心全意为人民服务，一切为了群众，一切依靠群众。这是党的生命线和根本工作路线。这里着重从工作方法角度谈谈它的意义和作用。

毛泽东同志说：“只有蠢人，才是他一个人，或者邀集一堆人，不作调查，而只是冥思苦索地‘想办法’，‘打主意’。须知这是一定不能想出什么好办法，打出什么好主意的。”他在谈民主集中制的问题时又说：“我们的领导机关，就制定路线、方针、政策和办法这一方面说来，只是一个加工工厂。”“如果没有民主，不了解下情，情况不明，不充分搜集各方面的意见，不使上下通气，只由上级领导机关凭着片面的或者不真实的材料决定问题，那就难免不是主观主义的，也就不可能达到统一认识，统一行动，不可能实现真正的集中。”

在革命战争年代，毛泽东同志经常在作出决策时反复征求在第一线的将领的意见。大家熟知，解放战争时期粟裕等提出进行淮海战役的建议。毛泽东同志当晚为中央军委起草批示：“我们认为举行淮海战役，甚为必要。”抗日战争时期，精兵简政这个“极其重要的政策”是由党外人士李鼎铭提出来的。毛泽东同志说：“他提得好，对人民有好处，我们就采用了。”这些是科学决策、民主决策的重要事例。

在社会主义建设时期，也有不少这样的事例。拿工业来说，1960年毛泽东同志看了鞍山市委的报告后，充分肯定鞍山钢铁公司群众在实践中形成的“两参一改三结合”的经验，把它称为“鞍钢宪法”。那就是：干部参加生产劳动，工人参加企业管理；改革企业中不合理的规章制度；在技术革新和技术革命中实行企业领导干部、技术人员、工人三结合的原则。这个原则至今仍有重要意义，在国际上也产生了影响。

拿农业来说，为了总结经验教训、克服“大跃进”后的严重经济困难，毛泽东同志提出要“大兴调查研究之风”。调查研究，便是一再提倡的“从群众中来，到群众中去”的根本方法。他自己组织和领导三个调查组，分别到农村进行调查，深入基层，深入群众，直接听取农民和农村干部的意见。他从中发现：“大队内部生产队与生产队之间的平均主义问题，生产队（过去小队）内部人与人之间的平均主义问题，是两个极端严重的大问题。”他写道：“不亲身调查是不会懂得的，是不能解决这两个重大问题的（别的重大问题也一样），是不能真正地全部地调动群众的积极性的。”他还指出：许多领导人对一些重大问题不甚了了，一知半解，“其原因是忙于事务工作，不作亲身的典型调查，满足于在会议上听地、县两级的报告，满足于看地、县的书面报告，或者满足于走马看花的调查。这些毛病，中央同志一般也是同样犯了的。我希望同志们从此改正。我自己的毛病当然要坚决改正。”这是一段很精彩又很中肯的总结，实际上也是对“大跃进”以来包括他自己在内所犯错误的反思。

毛泽东同志一再强调，中国共产党如果脱离了群众，必将一事无成，只有紧紧依靠群众，充分调动最广大人民的积极性、主动性、创造性，才有可能实现党所提出的各项任务目标。他要求：“我们的政策，不光要使领导者知道，干部知道，还要使广大的群众知道。”“群众知道了真理，有了共同的目的，就会齐心来做。”“群众齐心了，一切事情就好办了。”

今年是毛泽东同志诞辰120周年，我们深深怀念他。邓小平同志曾深情地说：“毛主席一生中大部分时间是做了非常好的事情的，他多次从危机中把党和国家挽救过来。没有毛主席，至少我们中国人民还要在黑暗中摸索更长的时间。”毛泽东同志晚年犯了严重错误，那正是由于违背了他自己一贯提倡的正确原则。但从他一生的主要方面来看，他的功绩无疑是第一位的。

布局·关系·创新*

——关于重要公文写作的几个问题

陈俊宏**

多年起草文件、讲话等公文，有了一些感悟和体会。重要公文怎么起草？起草过程中有什么带规律性的东西？这里，跟大家谈一谈重要公文写作的几个问题。

布　局

布局有四种：

一是纵向布局。从时间顺序上来说，一步一步顺下来。这是一个什么事情，什么时间提出来的，从哪一年开始做的，各阶段的发展情况，现在处于什么状况。这是从时间上来安排。还有另一种，是按照事情的逻辑关系来安排。重要文件和领导的讲话，先谈事情的重要性、重要意义、重要认识，再谈面临的形势，遇到的新情况、新挑战，下面再讲有什么艰巨任务，应该采取什么办法。纵向

* 载《秘书工作》2015年第7期。

** 作者系人民日报社原副总编辑。

布局的文章非常多。

二是横向布局。这种布局的文章也比较多，主要是看文章主题涉及哪几个方面。一旦定下来，这几个方面都应是并列关系，没有时间上的排序。

三是交叉布局。大多数的领导讲话、文件，都是交叉布局。比如，前头讲历史、讲形势、讲任务，是纵向结构，接着讲到现在的状况，下半部分一条条地讲怎么做，是横向结构。

四是混搭布局。把一些联系较远的事放在一块儿说，现实的、历史的，国家的、个人的，天上的、地下的，这种布局也很常见。一些领导同志的致辞、演讲、谈话，经常用混搭布局，结果就形成一篇一气呵成的文章，听起来很亲切，很解渴，也非常美。

关　系

关系也有四种：

一是政治逻辑与文章逻辑。我们写公文，既然叫“公”文，就要政治逻辑优先，文章逻辑次之，文章逻辑要服从政治逻辑。这里讲的政治逻辑，是实实在在存在着的，但是好多写文件、写报告的人不太理解。第一，这个事情的重要性、政治性怎么样，一定要搞清楚；第二，涉及一些党的文件和领导人，怎么处理，也要搞清楚。

比如，在写领导工作信息的时候，谁的职务高，谁就放在前面。因为职务的高低所带来的影响、产生的作用是不一样的。所以，写文章时涉及党的重要文件、领导人，不能仅仅按照文章、形式、时间逻辑来排，不然要出问题的。

二是直接关联与间接关联。在写文章时，一件事情涉及哪些方面，要按照直接关联为重的原则来处理，间接关联服从于直接关联。有一年，我们写了一篇文章，主要是讲互联网等新兴媒体的建设和发展。我们就思考该讲些什么，互联网的作用是什么，网络与新闻工作、社会生活的直接关联是什么，要抓直接有关系的几个问题。当时我们写了四条，第一是从总体上讲要抓住高科技发展的机遇来建设好互联网，下面三条讲的都是直接关联。一个是舆论导向问题，怎样营造导向正确的网上主流舆论，就是唱好主旋律、打好主动仗；一个是网上文化建设问题，就是积极引导健康的网上文化；还有一个是怎样来创新管理，包括科技方面、体制方面等。无论写什么文章，都要以直接关联为主，间接关联为辅。

三是同级序列与同源序列。当我们写文章的时候，要注意是不是同一个级别上的序列。一个部分要讲的事情，要么都是“爷爷辈”的，要么都是“儿子辈”的，要么都是“孙子辈”的。好多人写文章就不注意同级序列和同源序列，什么东西都往一起堆。很多工作汇报、调研报告，这方面的问题特别多，分不清楚哪个是“爷爷辈”，哪个是“孙子辈”，经常帽子是“爷爷”的，身段是“儿子”的，腿部是“孙子”的。有的工作汇报，一开头根据中央什么决定，按照领导讲话，大帽子一戴，一下子就把“爷爷”搬出来了，搞得非常大，下面说的事又是“孙子”的事。应该注意，有什么事情就说什么事情，哪些是“爷爷辈”的，哪些是“孙子辈”的，要搞清楚。

四是最新论断与既往论断。我们写文章经常要引用中央文件或者中央领导的讲话，一定注意，要以最新论断为主，既往论断为辅。写文章之前要把这个问题的相关论述找出来，以最近、最新的论断作为根据来写。因为一个事情的论断是在不断发展的。除了中央文件、中央领导的最新论断，还有我们自己提出的新论断、新概括，这也是接下来要讲的写文章最难的事情，就是创新。

创　新

只要写公文，就有创新的问题。随着时间的推移，情况总是不断发生变化，所以需要我们创新。

一是框架结构上的创新。一些重要公文，框架结构上已经有了一定之规，很难突破。就拿大单位年度工作报告来说，第一块讲工作，做了什么，要把每个部门都点到，没法儿创新，只能讲进展到什么程度。需要作一些创新的就是体会，也就是把体会换一些词，换个角度去讲。接下来讲明年的工作，无非就是总的要求、指导思想，有时候讲几条原则，然后就是一个方面一个方面地讲任务。

创新的点在哪里？第一个，就是上面说的经验体会，可以想想怎么创新，各人的体会不一样，对工作的把握也不一样。第二个，对问题的认识，对某个领域工作特点的概括，这个可以创新。第三个，报告后半部分经常提出几条要求，这也是可以创新的地方。大的框架结构很难改变，能够创新的点就在这几条上。这几个创新点插到文章中，就使文章显得有精气神，而不是流水账。

二是思想论断上的创新。这个创新不是在那里瞎编、冥思苦想、抄抄文章就能搞出来的。思想论断创新，有两个工作要做。第一个，领导同志怎么说的，你了解了没有，不了解不行。第二个，对某个社会现象、某个问题的感觉是什么，能不能在领导说的基础上作出新的判断和概括。这两个结合起来，才能有思想论断上的创新。

三是文字表达上的创新。社会发展到今天，老百姓有自己的一套语言，官方文件有自己的官方语言，还有网络语言、专业语言，我们的语言在相互交融。为什么要“走转改”？除了到基层要改进作风，很重要的一点是要改我们的文风，要到群众中去，到鲜活的生活中去，提炼语言，提炼我们的文字表达，这样才能获得一种清新的东西。坐在办公室里写八股文，文字就会没有生气。我们的语言一直在发展，我们一定要在生活中寻找亮点，来创新我们的文字表达。

四是阐述角度上的创新。一篇文章，从哪个角度切入，也是创新点。这里就不多说了。

不管写什么，这四个方面的创新，都是应该有的。不一定四条都要有，四条中有那么一两条，文章就有了魂，有了神，有了新意。文章有没有新观点，有没有新角度，有没有新语言，三个当中有一个，就是成功的。不管写什么，只要在这几个方面有所创新，文章就有新意。创新要靠几个方面，靠你写文章的底子，靠你的积累，靠你观察问题、分析问题的能力，这三条要是都具备的话，文章就写得出来，死的东西就整活了。

文稿起草“八步法”*

马国华**

文稿起草体现机关干部多方面的能力。比如知识储备的能力——不管你掌握多少写作技巧，没有“干货”，也是巧妇难为无米之炊，写出的文稿必然听之无趣、读之无味，如同“一碗白开水”。比如，逻辑思维的能力——要把一项工作任务讲清楚、一个理论讲透彻、一项政策讲明白，逻辑不顺，必然是“一团糨糊”。比如，人情练达的能力——满篇都是“之乎者也”，没有生动而又接地气的语言，不能洞明世事，不能练达人情，怎么能够说服人、引导人，那样的稿子就是“一坛腐乳”。比如，组织协调的能力——起草布置工作的文稿，先干什么、后干什么、再干什么，你干什么、他干什么、我干什么，需要根据各部门、各地区、各岗位的职责来调度力量和安排人员，不熟悉业务、职能和工作程序，不善于组织协调，势必安排成“一堆乱麻”。除此以外，还有政治把关的能力、形势分析的能力、综合研判的能力等。可以说，文稿起草是机关工作的重要软实力。

---

* 载《秘书工作》2016年第7期。

** 作者系国家民委民族团结杂志社总编辑。

那么，写文稿有没有技巧？文章之道，“于无定法中有定法，于有定法中无定法”，对此古人有许多经验，今人也有许多技巧。这里，笔者结合多年文稿起草实践，围绕一篇文稿从起草到成稿的整个过程，谈点粗浅的体会。

总的看，一篇文稿的起草，大体可分为受命、会意、破题、蓄势、图构、绘事、润色、成文八个阶段。做足这八个阶段的功夫，就不难写出一篇好文稿。

第一步：受命，也就是接受任务。这一步要解决好的问题是主动接受还是被动接受。实际上，机关每年的文稿任务，是有规可循的。总结起来无非三种：周期性文稿、常规性文稿、随机性文稿。周期性文稿是指每隔固定时段必然要开展的重大工作，比如每隔五年要召开党的全国代表大会，这些“大事”伴生的文稿是可以预见的。常规性文稿是指每年必有的重要工作，比如每年全国要召开两会，各部委各单位每年要召开工作会议等，伴生的文稿也是可以预知的。随机性文稿，则是根据工作需要，临时出现的文稿。承担文稿起草任务的部门和同志要想当好参谋助手，就必须对周期性、常规性的文稿提前做好谋划，不能等着领导派活儿才开始干；具体起草者也不能等着方案下来才考虑。这方面，不妨搞一张“工作任务年表”“重点任务月表”，让大家知道每年要干什么，早思考、早谋划、早部署、早动手。

第二步：会意，也就是领会领导意图。这个阶段的关键问题是，领导有明确指示好办，领导没有指示怎么办？那就要学会揣摩领导的意图，这是个硬功夫，需要把握三个方面：一是把握事业发展的大环境。通过找准本地区、本单位、本部门工作在整个国家事业发展大局中的地位和作用，来领会领导意图。二是遵循事业自身发展的大逻辑。通过把握本地区、本单位、本部门工作的规律和特点、进展和要求，来领会领导意图。三是紧扣领导的关注点。通过关注和思考领导的批示指示，来领会领导的意图。要强调的是，我们既不能重复“昨天的故事”，把领导过去讲话拼起来；也不能重复“别人的故事”，复制其他领导讲话。写好一篇文稿，要转换三次角色：首先，把自己摆在领导的位置上，思考这项工作应该怎么干，话应该怎么说。其次，把自己摆在听众的位置上，设身处地琢磨听众在这个场合想听点什么。再次，把领导摆在自己的位置上，假定领导自己捉笔，这篇文章会怎么写。如此这般，起草者就会和领导“心曲相通”，真正领会好领导意图。

第三步：破题，也就是确定文稿主题。起草好一篇文稿，先要立好题。立好题首先要破好题。怎么破题？习近平总书记说：问题是时代的声音。起草文稿必须树立问题导向，善于找准主要问题，特别是善于抓住主要矛盾和矛盾的主要方面。党的十八大后，习近平总书记发表的一系列重要讲话之所以引起全党和全社会广泛而又强烈的反响，就在于这些重要讲话都具有鲜明的问题导向，抓住了矛盾的主要方面，提出了鲜明的解决问题的思路和举措。把主要矛盾抓住了，把主要问题找准了，讲话的主旨、文章的题目自然就出来了。

第四步：蓄势，就是作好思想理论和资料数据准备。“善弈者谋势，不善弈者谋子。”起草文稿也是同样的道理，站得高才能看得远。怎么蓄势？除了学习别无他途。接受任务、领会意图、确立主题后，必须突出重点，分清轻重缓急，把时间和精力花到最急需、最关键的地方来学。学习既要持之以恒下硬功夫，也要运用一些技巧。比如，“分范畴研究法”，就是要围绕中央和本地区、本单位、本部门的重要工作和领导关心的重要问题，广泛收集资料，分专题进行研究，理清这些问题的来龙去脉。又如，“反弹琵琶法”，就是要克服阅读惯性，越是不懂的问题，越是要想办法去弄懂；越是陌生的领域，越是要有意识地去熟悉，不断扫除知识盲点，完善知识结构。现实中，有的同志只会写业务类的文稿，有的同志只会写事务性的文稿，有的同志只会写党务类的文稿，这是不行的。因此，在分配任务时，可以反其道而行之，这样才能造就文稿起草的“多面手”。再如，“解剖麻雀法”，就是把文稿分成若干类别进行研究，研究要具体到如何起头、如何过渡、如何分层次、如何提要求等细节，深入到逻辑、结构、句式、语言等层面。“花脸稿”是最好的老师，要研究领导改过的文稿，仔细琢磨改动的深意，真正做到打完一仗、总结一次、前进一步。

要通过学习打好思想理论的“底子”，建起资料数据的“仓库”。从自己的工作实践总结，要长“五双眼”。第一双眼“盯世界”，把握本领域工作的世界发展大势及其对本地区、本领域工作的影响。第二双眼“盯中央”，及时学习党中央、国务院的最新部署，找出其同本领域工作的关联。第三双眼“盯部委”，弄清楚同自己关系密切的相关部委有什么行动和举措。第四双眼“盯机关”，熟稔本机关本部门和所属各单位有什么工作举措和进展。第五双眼“盯各地”，看看有什么典型性做法、创新型经验。这“五双眼”都用到了，调查研究也就完成了，发言权也就有了。

第五步：图构，也就是形成提纲和观点。起草文稿，既要避免匆忙动笔，在文稿内容没有悟透、结构没有理顺的情况下埋头去写；又要避免堆砌材料，从网上下载大量资料，东抄西摘，拼拼凑凑，看起来满篇好话，实际上不知所云；还要避免平均用力，什么都想写，结果什么都写不透。因此，在动笔前要舍得花时间和精力去琢磨框架、拟定提纲、理顺逻辑、提炼观点。

一般认为，文稿结构有“块状”和“条状”两种。这两种结构怎么运用，既取决于讲话者和起草者的“口味”，也取决于文稿的功能和场合。“块状结构”的文稿，一般是以时间先后、内容范畴的几个“面”组成的，“面”与“面”之间相对独立成块，相互之间为并列或平行关系。“条状结构”注重“点”与“点”之间的关联，有着比较紧密的逻辑关系，内容组织上比较多见的是总分式和递进式。两种结构各有优长。从整体架构看：“块状结构”虽块面少，但更容易大开大合；“条状结构”虽条目多，但更容易点状聚焦。从内容涵盖看，“块状结构”相对发散，可以把内容说全说够；“条状结构”相对集中，可以把问题说深说透。从行文风格看，“块状结构”中“论”的色彩更重，展得也比较开；“条状结构”中“断”的色彩更重，结论式、断语式的话更为常见，观点非常鲜明。从适用范围看，“块状结构”比较适合那些逻辑层次相对复杂、讲话内容相对庞杂的文稿，常用在工作报告、工作总结等方面。“条状结构”比较适合那些逻辑层次相对简单、演讲色彩相对浓厚的文稿。“块状结构”与“条状结构”并非不可逾越，有的时候可以“一锅烩”。即使是同一类文稿，既有采用“块状结构”的，也有采用“条状结构”的。文稿起草中，到底用哪一种结构，必须综合文稿的主题、内容和对象等各种因素来确定，以发挥出每一种结构形式的最大效应。

拟定提纲，牵头人非常重要。提纲定到“三级”，框架和大的观点就出来了，可以称之为“胸有成竹”；定到“四级”和“五级”，层次和主要内容就出来了，基本上就是“腹有成稿”了。一般来说，提纲到“三级”即可；新手入门，可以根据情况列到“四级”和“五级”。

第六步：绘事，就是增强文稿针对性。机关文稿要实打实阐述政策、解决问题、推动工作。如果一篇讲话面面俱到，期望解决所有问题，势必不痛不痒，最终任何问题都解决不了。所以，提高针对性至关重要。一是抓住问题“刨根底”。在大的问题之下，紧扣工作领域，抓住几个具体问题，吃透上情，摸准下情，搞清内情，深入分析背景、成因，提出解决问题的主张、措施和要求。要紧扣问题，挑出能够体现讲话主旨的权威材料，能够揭示事物本质的典型材料，能够吸引人和说服人的新鲜材料。材料一定要准确。还要激活思想，对材料进行消化转化，作出新的提炼和概括，做到用自己的思想统领材料，用自己的逻辑组织材料，用自己的语言表述材料。二是抓住过程“打七寸”。事物都有发展过程，开始前、进行中、结束时各有阶段性特点。文稿要符合这个特点，根据不同阶段提出不同要求。俗话说，“打蛇打七寸”。要针对某项工作的不同发展阶段，提出有针对性的要求。比如，工作刚开始时，要突出统一思想、周密部署；工作进行一段时间，要强调防止松劲、加强监督；告一段落时，要强调总结经验、完善措施，做好后续工作等。三是抓住受众“对焦距”。到不同地方，在不同场合，讲话有不同要求。我们必须身临其境，注意照应当时的气氛，注意听众的感受，使讲话贴切得体，这样领导才能够讲得出口，听众才能够找到感觉，上下才有互动。坐在主席台上的讲话可以气势磅礴，坐在圆桌上的讲话应该和风细雨；对干部的讲话思想性、理论性可以强一些，对群众的讲话就得深入浅出、多接地气。把场合弄反了，听众就会觉得别扭。

第七步：润色，就是锤炼文稿风格。“润色”文稿要注意处理好主次、详略、点面、虚实的关系。该简写的要大笔勾勒、高度概括；该详写的着意展开、浓墨重彩。文稿的详略安排很有讲究，需要下功夫琢磨，特别是要做好“加法”和“减法”。对重要观点和富有新意的内容，要拿出来多讲几句，使之更为突出鲜明，就像一点火花要把它拨亮，使其光芒四射。对那些枝杈芜杂的内容，则要舍得割爱，大刀阔斧地删削，让人一眼就可以看到枝干。

文稿的“润色”要注意四个问题：一是“排比”。语言的整齐是必要的，但要慎用排比，尤其不能为排比而排比。排比不宜过多，否则就成了“顺口溜”，显出轻浮之感。二是“引文”。适当引用古文、警句、谚语是有益的，但不能满篇都是引文，“一闪一闪亮晶晶，满天都是小星星”，那样会有“卖弄”之嫌。三是“套路”。有一段时间，文风的一大问题就是“套路”太多太滥。“几个着力”“几个注重”“几个突出”“几个下功夫”，如此等等，生生地拼、硬硬地凑，其结果是因文害义。“套路”可以用，但要恰如其分。四是“创新”。把过去的东西、别人的东西重新排列组合，给旧有的思想、过去的做法饰以华丽的语言，不是真正的创新，而是新瓶装旧酒，舍本逐末。决定文稿高度的是思想的深度。思想观点的创新才是根本的创新。

第八步：成文，就是完善和定稿。走完前七步，文稿起草就到了“成文”的最后一关。怎样才算成文？《春江花月夜》里有句诗“鱼龙潜跃水成文”，大体可以用来说明这个问题：领导者“胸中有海岳”，起草者“笔底生波澜”，最后才是“鱼龙潜跃水成文”。要强调的是：从事文稿服务的往往是一个团队，增强团队意识十分重要。起草一个部分，要有全篇意识，要避免写到别人的“田里”去；起草初稿，要有成稿意识，不能有依赖思想，想着有领导把关，便凑够字数交差；作为下属，要有把关意识，从一开始就杜绝硬伤，把数据搞准，把事例搞准，把概念搞准，特别是涉及的重大提法和法律条文以及相关文件和政策表述，一定要弄清楚弄准确，不要给领导“埋地雷”。

“成文”还要注意几个问题。一是注意校对，做到文字精准。

二是注意排版，做到版式规范。三是注意装帧，做到制作精良。这些方面出现瑕疵，就像衣服扣错了扣子。出稿时一定要检查版本是否正确，报送文稿时要认真核对页码，避免错版、掉页的情况，如果出现这种情况，就不是“失误”而是“事故”了，必须予以杜绝。

起草领导讲话稿体会之“3456法”

文　超[*]

通过十余年的公文写作历程，我有一个深刻体会，起草公文是一项综合性的脑力劳动，苦在准确规范，难在领导满意，贵在不断创新。文秘写作人员常被称为“上书房行走”，但实则“尝伏案牍书间，为文精研细琢”。文稿服务是党政机关办公室工作的“敲门砖”和“看家本领”，只有树立终身学习的理念，不忘初心、牢记使命、继续前行，以“过了你的手就代表你的水平”的理念严格要求自己，全面提高写作能力和理论水平，才能克服本领不足、本领恐慌、本领落后的问题，走出少知而迷、不知而盲、无知而乱的困境。

所谓领导讲话稿，就是指领导同志在各种集会和公众场合发表意见、传达思想、表达心情、部署工作的一种书面文稿，是领导者组织公务活动的重要方式，是从事领导管理的重要手段，是实施领导职能的重要途径。领导讲话稿具有政治权威性强、思想哲理性强、宏观指导性强、情感激励性强、实践操作性强等特征。我认为，要写好领导讲话稿，必须把握好“3456法”。

* 作者系贵州省毕节市人民政府副秘书长。

一、树立“三个观念”

写领导讲话稿，既要便于领导表达和动员、又要易于听众理解和接受，语言既要准确简洁、又要通俗生动。总体上，应树立“三个观念”。

一是树立姓“公”不姓“私”的观念。领导同志发表讲话是基于公权的一种组织行为，不是个人的事情。我们起草领导讲话时，要有理论和文件依据，要符合实际情况，要体现领导同志的思想和意图。

二是树立是“进”不是“退”的观念。写作班子参政，是一种文明的进步。有些人认为，秘书班子写讲话稿，是领导不动脑筋。还说，你看以前的领导，多厉害啊，自己动手写；有些领导不用讲话稿，自己临场发挥，多有水平。这种精神是值得倡导的，现在也要倡导，因为领导亲自参与构思文稿，是写好文稿的前提，现在很多领导虽没有亲自写讲话稿，但大多数领导会充分同写作人员交换意见、提出要求，写作人员写的都是代表领导思路和决策的文稿。

三是树立有“类”没有“型”的观念。领导讲话可以分类，但很难说有一套万古不变的格式，就是没有“型”。我不提倡“三段式”，不然就成了“八股文”。但大致来讲，领导讲话稿可以从不同角度分类，从讲话对象这个角度，我觉得有三种类型：对上级的汇报发言，对平级的会谈讲话，对下级的工作安排。

二、坚持“四个原则”

写领导讲话稿，主要体现领导意见，充分结合实际开展写作，坚持一定的原则性、政策性、权威性。写作过程中，应把握“四个原则”：

一是坚持“研究第一、写作第二”的原则。任何材料，特别是领导讲话稿，研究清楚是第一位的。在写作之前，我们应当认真研究会议通知、研究对象、研究内容、研究素材、研究结构、研究写法，研究清楚后才开始着手写作。

二是坚持“理论第一、思想第二”的原则。我们经常强调领导讲话的思想性、针对性、指导性、可操作性。我们写的主题、观点和内容既要具有理论性，又要具有思想性，但必须以“理论武装思想”，时刻牢记“过了你的手就代表你的水平”这句话。

三是坚持“速度第一、完美第二”的原则。“又好又快、更好更快”，这是理想状态。写一篇文章，仅就错别字而言，多校几次，错误就少。但在这个工作节奏如此快的环境中，我切身感到，如果从有利于工作的角度，可能速度是第一位的。讲话是有时效性的，特别是面对要求高的领导，不仅写得要快，而且写得要好，这是很难两全其美的。个人主张先写快、后写好。牢记一句话，“今天再晚也是早，明天再早也是晚”。

四是坚持“领导第一、自己第二”的原则。领导的思想、意图和语言风格是讲话的灵魂。从公文性质而言，基本不会成就“一家之言”，也就无所谓“个人尊严”。但一定要按照领导要求或站在大局的高度、领导的角度去写，做到“身在兵位、胸为帅谋”，不能凭自己的喜好胡乱“抒情”，更不能任意发表“己见”。

三、掌握“五个步骤”

起草领导讲话稿的过程如同建设一栋房子，是一个系统工程。具体来说，有五个步骤：

第一步，打腹稿——相当于“搞设计”。讲话稿都需要在动笔之前进行认真孕育。领导安排写哪些东西？主题是什么？写这个讲话稿的意义何在？从哪些方面入手？这个会议需要解决哪些问题？保障措施如何体现？这需要搞清楚几个方面的问题：弄清召开会议的主要任务，弄清为哪位领导起草讲话稿，弄清讲话场合和身份，弄清参加会议的人员是哪些。弄清楚后，方可动笔。

第二步，拟提纲——相当于“搭框架”。提纲是架构、骨架、框架，框架拟不好，文稿脉络不顺，条理不清，段落不明，不知所云，肯定要被领导推倒重来。领导讲话稿一般分为标题、称谓、开头、主体、结尾五部分，主体部分通常又有三种结构形式：第一种是板块式，即分为几个板块。第二种是自然式，即依照内容的逻辑关系来安排，只分若干个自然段，不分板块。第三种是提纲式，每个问题开头都有主题句，问题的篇幅都很简短。在起草领导讲话稿的过程中使用哪种结构形式，要根据具体情况决定，要根据讲话的场合确定，根据讲话的主题确定，根据讲话的时间、篇幅确定，根据讲话的对象确定，要根据领导的风格确定。比如，我们起草市政府主要领导在旅游产业发展大会上的讲话时，由于时间要求很紧，于是领导召集有关同志研究，对材料要求、写作要点以及写什么、怎么写等问题进行了讨论，大家各抒己见、畅所欲言，部门提交的讲话初稿全部推倒重来，并安排我们迅速草拟提纲，最后领导多次组织讨论，定为五个方面：第一，在产品开发上大处着墨。一是抓“龙头”；二是连“金线”；三是带“亮点”。第二，在品质提升上大做文章。一要突出山水风光之“秀”；二要突出地方风物之“味”；三要突出人文风韵之“厚”；四要突出民族风情之“彩”。第三，在保障措施上大有作为。一是加快基础设施建设；二是推动体制机制创新；三是加大招商引资力度。第四，在宣传推介上大造声势。一是抓品牌效应；二是抓节庆活动；三是抓对外推介；四是抓新型媒体。第五，在服务管理上大有起色。一是构建旅游促销联盟；二是提升从业人员素质；三是优化旅游服务环境。经过反复讨论修改完善后，提纲基本敲定，及时启动写作，两次送领导审改后就定稿印刷，少走了许多弯路。

第三步，找素材——相当于“买建材”。所谓找素材，就是围绕讲话稿主题的需要，查找相关资料，收集与讲话内容有关的文件、领导讲话和政策规定。我在找素材的时候，常常把与写作主题有关的一些纸质资料、电子文档收集整理，然后全部认认真真看一遍，觉得重要的、可以用到的地方勾画标记，每写一个文稿都要看几十份资料，然后对有用资料进行筛选整理，做到胸有成竹后开始写作。

第四步，填内容——相当于“砌墙体”。我们要拌好混凝土，将选好的材料放在合适的位置，“烂砖头”“烂木材”就放到一边不用。把文稿的主体结构建好，算完成初稿。但千万不能“不识庐山真面目，只缘身在此山中”。填内容时要把握好“三个层次”：总结工作要实事求是，分析形势要全面深入，部署工作要切实可行。具体写作时要注意好“四个问题”：围绕中心句展开，段落内部句与句之间要衔接好，避免前后重复，注重文稿的系统性。这个过程十分重要和关键，主要看对材料的取舍、组装、堆砌，层次感要高、逻辑性要强、政策性要严。切忌由原来的“剪刀＋浆糊”变为现在的“复制＋粘贴”。比如，在《政府工作报告》写“十三五”时期总体要求和目标任务一块时，领导要求这一块要体现高度、力度和速度，多次写后都不满意，最后起草组用了一个晚上的时间认真思考，第二天得出的一组全新提纲和内容被采纳了。即：第一，在战略布局上，牢固树立和落实“五大发展理念”：一是树立和落实

"创新发展"理念；二是树立和落实"协调发展"理念；三是树立和落实"绿色发展"理念；四是树立和落实"开放发展"理念；五是树立和落实"共享发展"理念。第二，在战术谋划上，切实做到"五个坚持"：一是坚持以宏观思维谋"发展之路"；二是坚持以底线思维寻"发展之策"；三是坚持以系统思维破"发展之局"；四是坚持以辩证思维成"发展之势"；五是坚持以法治思维保"发展之果"。第三，在战势推进上，更加突出"六个奋力"：一是奋力让脱贫攻坚"快起来"；二是奋力让生态环境"美起来"；三是奋力让产业支撑"强起来"；四是奋力让城乡建设"靓起来"；五是奋力让改革开放"活起来"；六是奋力让民生保障"优起来"。一般来说，《政府工作报告》都很平实，但这部分是灵魂所在、是点睛之笔，是对今后五年政府工作的展望和预期，起到了很好的作用，得到了领导和代表们的高度认可。

第五步，改文稿——相当于"搞装修"。初稿完成后，对文稿的推敲修改，是起草讲话稿的重要内容。改文稿要把好"四道关"：把好政策体例关，把好文稿格式关，把好观点层次关，把好语言标点关。在把好"四道关"的同时，要更加注重"五种审稿方法"：审阅修改法，通读修改法，冷藏修改法，讨论修改法，特邀修改法。修改时应当牢记"一字之失，一句为之蹉跎；一句之误，通篇为之梗塞"的道理。比如，我们在起草市政府主要领导在市委理论学习中心组学习研讨会上的发言时，围绕省第十二次党代会提出的"奋力开创百姓富、生态美的多彩贵州新未来，为实现中华民族伟大复兴的中国梦而努力奋斗"的美好蓝图，就毕节试验区而言，落实好省第十二次党代会精神，打赢脱贫攻坚硬仗，圆满交出百姓富、生态美的毕节答卷，是当务之急、迫在眉睫的大事。立足"百姓富、生态美"主题，我们对全文的一级标题、二级标题进行提炼：第一，紧扣脱贫攻坚、同步小康带动百姓富。一是实现物质富。首先是加快区域经济协调发展；其次是抓好民生事业和谐发展；再次是促进就业创业共享发展。二是实现精神富。以“崇德向善”引导；以“乡风文明”引领；以“家教家风”引路。三是实现共同富。突出脱贫致富、同步小康；突出扶贫济困、富而思源；突出公平正义、构建和谐。第二，聚焦环境保护、绿色发展推进生态美。一是推进自然美。大力种绿护绿；大力治污防污；大力建章建制。二是推进社会美。注重消除“痛点”；注重突破“难点”；注重聚合“焦点”。三是推进人文美。树立“崇尚自然、敬畏自然”的和谐理念；践行“天人合一、知行合一”的人文精神；培育“自我认知、自我约束”的行为规范。第三，围绕百姓富、生态美增强落实力。一是增强执行力。二是增强创造力。三是增强落实力。我们还加了主标题“深入贯彻落实省第十二次党代会精神，圆满交出百姓富、生态美的毕节答卷”，将“在市委理论学习中心组第二次集中学习研讨会上的发言”作为副标题，使主题更为突出。对于材料的起草，我觉得要抓住“六个重点”：把握体例格式是前提，领会领导意图是关键，科学选择材料是基础，明确受文对象是目标，善于博采众长是方法，注重语句提炼是重点。领导的讲话有特定的场合和特定的对象，起草讲话稿必先界定范围、找准话题，不讲“题外话”和“对牛弹琴”的话，要讲“内行话”和“大众受听”的话。

四、下足“六个苦功”

写好领导有关文稿，没有“窍门”可谈，但必须下足“六个苦功”：

一是“多学多读”的苦功。公文写作者需要积累的资料包括很多方面，大致可以分为五大类：大政方针和重要言论，格言佳句和公文语句，大事要事和难事急事，先进典型和做法经验，基本情况和动态情况。平时加强学习，收藏资料，做到“有备无患”。

二是“多思多问”的苦功。有句老话，叫作“学问”。学问学问，学贵在问。孔子说：“学而不思则罔，思而不学则殆。”毛主席讲过：“没有调查研究就没有发言权。”我们要做到“三思而后行”：善于向纵深思索，善于逆向思维，善于发散性思考。

三是“多抄多记”的苦功。平时多留心，闲在不闲间。做到“三善而厚积”：善于阅读文件报刊，善于记录好言好句，善于听会议听讲座。所谓“好记性不如烂笔头”“熟读唐诗三百首，不会作诗也会吟”。

四是“多写多练”的苦功。“光看不写眼高手低，光写不看进步很慢”。《大手笔是怎样炼成的》作者谢亦森老师说过，公文写作“诀窍”要突出“多写多炼”。所以，要具备写的基本功，必须敢于写、勤于写、善于写。

五是“多改多悟”的苦功。有人说“一成文章半成改”“好文章是改出来的”，可见修改在写作中的重要作用。修改时，不妨从“五看”入手：一看主题是否扣紧，二看框架是否合理，三看内容是否遗漏，四看重点是否突出，五看文句是否准确。

六是“多熬多成”的苦功。这既是材料秘书的“起点”，又是材料秘书的“终点”，要熬得起熬得住，熬出领导认可的好文稿，熬出干事创业的精气神。做到“锦绣文章，字里行间展才智；笔墨人生，呕心沥血见精神”。

最后，我用一个关于打磨的故事同大家共勉。同是一片竹林里的两根竹子，一支做成了笛子，一支做成了晾衣竿。晾衣竿不服气问笛子：“我们都是同一片山上的竹子，凭什么我天天日晒雨淋，不值一文，而你却价值千金呢？”笛子回答说：“因为你只挨了一刀，而我却经历了千刀万剐、精雕细琢。”晾衣竿此时沉默服气了。文秘写作人员亦是如此，经得起打磨、耐得起寂寞、扛得起责任、肩负起使命，人生才会有价值，领导才会重视你，组织才会重用你。所以，我们要勤于善于乐于打磨自己，努力成为社会的“杂家”、机关的“专家”、写作的“行家”，把自己锻炼成复合型人才，运筹于帷幄之中，决胜于千里之外。

有关公文写作的几个问题*

朱维群**

在我们工作中，文字工作是不可或缺的基本载体，而这个基本载体现在毛病不少。邓小平1992年视察南方时，曾经批评当时会议多、文章太长、讲话也太长，而且内容重复，新的语言并不很多。我感觉，我们现在的文风比那个时候好不到哪里去，甚至一些问题比那时候还严重。有些文件、文章拿过来，想找些有针对性的话、有用的话，很难。人们往往不是从前往后看，而是从倒数第二段或第三段开始看，因为往往讲到这里才是讲问题的，而前面占了主要篇幅的大多是些大而无当、没有错也没有用的话。举一个例子，现在下级评价上级的讲话，无论是评价总书记的讲话，还是评价某个支部书记的讲话，一律“主题鲜明，立意高远，思想深刻，高屋建瓴，有很强的现实性、政策性、指导性、针对性和可操作性……”什么叫“高屋建瓴”？我估计许多经常用这个词的同志自己也不清楚。

文风实际上是思想作风，是党风在文字工作中的体现。如果文

* 载《学习时报》2012年12月31日，原标题为“改改我们的文风”。

** 作者系全国政协民族宗教委原主任。

风没有活力了，实际上是党思考问题的水平、方法出了问题，党的活力在丧失。毛泽东在抗战时期那么艰苦的条件下开展党内整风，整风当中又把反对党八股作为重要问题提出，为什么？如他指出，是因为党八股是主观主义和宗派主义藏身的地方。我们现在的文风，实际上也给党内各种消极现象、不作为现象一个防空洞。比如我们现在几乎每篇讲话、文章都要强调抓落实，一般说“抓落实”已经不够了，还要“切实抓落实”，还要“切切实实抓落实”，已经到了咬牙切齿、捶胸顿足的地步了！为什么还不能落实？原因之一是这个文风就是虚夸之风，就是不利于落实的。“切实”太多，本身就说明你没有信心落实。我们统战工作的职能，决定了我们既要研究理论、政策，也要承担大量实务。无论是“务虚”还是“务实”，都是为了帮助中央处理现实重大问题。所以要特别倡导实实在在的文风，而不要把那些虚头巴脑的东西搞到我们的文字工作中来。

我们所要求的文风、文字是什么样的？

首先，要从实际出发，为实际工作服务。

各种不同文体对文字有不同要求。诗歌要合辙押韵，读起来好听；小说要见人见景，栩栩如生。而我们中央职能部门的文字——大家回家以后写什么那是你们的自由——应该是提出问题、分析问题、解决问题，是为了推动中央交给的各项任务完成，而不是为了抒发文采，展示作者才华。这就决定了我们的文字必须反映实际，以解决问题为要旨，避免坐而论道，避免把时间精力弄到概念、词句、提法的新奇上，文章架构的工整上。如果行文之中有好词好句子涌出来，那是好事；但是如果离开实际工作的需要，专门在概念、词句、提法的出新上打转，那就会贻误工作。如果作者才情泉涌，涌得太厉害无法克制了，建议到文艺刊物发表，而不要涌到党的文件上来。可以写诗填词嘛，你越工整、越对仗，平平仄仄都搞上，那才是高水平，但这不是我们这个工作的文字所需要的。毛泽东是文字大家，他的诗词的风采，很难有人企及。但是他在讲工作的时候，文字是非常朴实简明的。中国古代对文章功能的理解是“文以载道”。“道”就是真理，真理是朴实的，因此载道的文字也应该是朴实的。我在李瑞环同志那儿工作过，他曾送给我一副对联：行文简浅显，做事诚平恒。是他练字的时候写的，我感觉非常好，他就加上题款送给我一张。在他看来，好文章的标准是什么呢？简、浅、显。我理解，就是不要故意把问题在表述上搞得过于复杂、玄虚。问题本身可能是复杂的，但是在文字表述上一定要让人易于懂，易于明白。

其次，要打破僵化刻板的文风的束缚，还文笔以自由。

不知道是起于什么时候，我们机关的文章从标题到内容越来越讲究排比、对仗、工整、四六句。很多的文章，包括一些领导讲话、权威报刊的理论文章，文内第一层次标题不管相隔多远，主语谓语宾语、名词动词形容词，语式甚至到字数都是对应的；然后第二层次标题换个排列方式，又都是对应的；如果有三层、四层标题，仍然是对应的，规规矩矩，板板正正，像是小学生造句作业。至今一种常见写法，××是目标、××是任务、××是窗口、××是桥梁、××是纽带……下了一番苦功，但透着一股陈腐气息。这种写法，不是以内容的需要来摆布文字，而是以文字上下前后工整的需要来裁剪内容，合之则留，不合则去，结果思想得不到伸展，观点得不到阐述，统统被割裂得七零八落。这种文章给读者留下的只是一个刻意雕琢的词句框架，很难留下深刻的思想启迪。在毛泽东的文章中，你们去找找看，四六句儿、工整对仗，一层标题二层标题三层标题格式高度一致，我是没找到。毛泽东多少还讲点儿文字的风采，邓小平连这个都不讲，干脆就是直说，“白猫黑猫”“摸着石头过河”，拿最土的话来说明最深刻的道理。但是，你不要说他没有文采，简朴、明快、透彻，这本身就是一种文采，就是我们共产党人文字工作要为实际斗争服务的一种精神的体现。我们要的文采是这种文采，而不是蓄意在文字上过分雕琢的文采。

我们文学史上有一种骈体文，两汉、魏晋下来，多少人写了多少骈体文，辞藻华丽得不得了，人们能记下的大概只有“滕王阁序”，因为它做到文字和内容高度配合，其他如著名的“三都赋”，搞得洛阳纸贵也没有多少人记住。这种骈体文的特点倒是被今天我们有些同志继承了，可惜玩文字又玩不过古人。毛泽东也有过工整、对仗、排比，在《反对党八股》里。他说：“我们也仿照八股文章的笔法来一个‘八股’，以毒攻毒，就叫作八大罪状吧。”第一条叫作“空话连篇，言之无物”，四个字儿一句，两句八个字，继续工整下去，第二条是“装腔作势，借以吓人”，然后是“无的放矢，不看对象”，“语言无味，像个瘪三”，“甲乙丙丁，开中药铺”，“不负责任，到处害人”，“流毒全党，妨害革命”，最后一条“传播出去，祸国殃民”。工整对仗排比，无以复加。但毛泽东是提倡这个吗？他是最看不上这个的。我并不是说大家有时候用用排比、对仗，讲究讲究工整，都是多余的。我是不赞成我们的年轻同志把宝贵的时间精力用到这个方面去，不愿意这种风气成为我们的一个导向。

再次，文章尽可能短一点。

文章要短一点，大家都知道。那么怎么才能短？我在改稿实践中发现几个具体的方法。比如，我们现在经常是同样的话翻来覆去地说，如果一个意思决不说两遍，自然就短了。开会讲话中难免要表示感谢，经常是谢了一次不行，隔几页还谢第二次，甚至谢三四次，你把感谢的话放到头里一起说完了，后面就不要再感谢了。讲形势的分析，所有分析全都放到一个段落；讲工作部署，所有部署全放到一个段落。我现在替大家改稿子经常不是为了修改思想，思想都非常正确，功夫就花在把“同类项”搞到一起。再比如，将可有可无的字、句、段删去，毫不可惜。这是鲁迅的话，从小老师就教过我们。但实际上我们文字中，可要可不要的字、句、段落太多了。我们为什么文字越弄越长呢？除了大家文化素质越来越高、思想越来越丰富之外，可能还有一个原因是我们书写方式越来越便捷。古人最早在丝帛上写，丝帛贵呀，他必须尽可能用最少的文字表达最多的内容。还有竹简，用竹简很费劲，要把竹简削出来，还要防腐，肯定他要尽可能地省略字句。古人讲“学富五车”，如果是今天的五卡车书，谁也读不完，但是古人能读完，因为他用的竹简，五个牛车也拉不了多少字。然后呢，有了毛笔、墨汁和纸，后来又有了铅笔、钢笔，废话就开始多了。尤其是今天有了电脑，这个废话就成倍增长。因为许多规定性词、句甚至段落，如果用笔写要写好一阵呢，过去他就会省略一些，或干脆不写了，现在只要“梆”一按，就全出来了，何乐而不为嘛！一些同志给领导写稿子有一个心理，我也干过这个活儿，先把字数弄多一点，把稿子撑起来，显得很充实，显得卖了力气，领导你看哪句不好你自己删嘛，有些句子只要写上了，谅你也不敢删。如果碰上个对文字没有兴趣的领导，他就照念，结果不仅把大家的时间都浪费了，还把这个单位、这个地方整个文字水平拉下来了。

把文章写短还有一个办法：减少层次。我们目前写稿子一个普遍现象是层次太多。毛泽东曾经批评写文章层次太多是党八股的重要表现形式："写文章，做演说，著书，写报告，第一是大壹贰叁肆，第二是小一二三四，第三是甲乙丙丁，第四是子丑寅卯，还有大ABCD，小abcd，还有阿拉伯数字，多得很！幸亏古人和外国人替我们造好了这许多符号，使我们开起中药铺来毫不费力。"对比毛泽东的批评，我们今天还是有进步的，至少壹贰叁肆、甲乙丙丁是消灭了。但是现在无论讲话、文章甚至简报，汉语的一二三四，然后括号汉语的（一）（二）（三）（四）；然后阿拉伯数字1234，再一个阿拉伯数字加括号（1）（2）（3）（4），再下面还有一是、二是、三是……要是这样还不过瘾，还有黑体字、变体字，等等。有些年轻同志没有在大会上念稿的机会，不知道许多领导同志经常就被这个搞糊涂了，念着念着自己就不知道念哪儿去了，念成一锅粥了。脑子清楚一点儿的领导还得引读，"好，我现在讲到汉字一二三四的四了……好，现在讲阿拉伯的1234了。"实际上文章的自然段落、句号、分号、逗号、黑体字，它都能起到分隔的作用，用不着那么多的中药铺格子。大家看十八大报告，三万多字，实际上就用了两个层次，一层是一二三四，然后括弧（一）（二）（三）（四），少数自然段落打头用了黑体字。如果依我们一些同志写的话，以上这些符号可能还不够，还要再启用一些符号比如"天地玄黄"或"赵钱孙李"才能区分得开。我有一次帮李瑞环同志起草稿子，他作了大量删节，又批了一句，"文到高处，言少而意多"。当然我们不可能简练到古人用竹帛书写那个时候，但是用最少的文字表达最多的内容，应是古今衡量文字水平高低的标准之一。

关于文字工作还有一个想法，就是负有一定责任的干部，自己的稿子要经过自己的手，动手写也好，别人写了自己动手改也好，反正不要只剩下张嘴念稿的功能。现在有一个不好的风气，就是把写文章看作是秀才的事，如果领导评价一个同志是个笔杆子、是个秀才，糟糕了，这不是表扬的话，这意思是说你就干这个了，你的前途也就这样了，相当于说你不会办事情。实际上写稿子的过程是个思考的过程，是一个对工作的回顾、分析、部署的过程。不善于写稿子改稿子，对稿子不下功夫的领导，我以为不会是好领导。在我们党的历史上，毛、周、刘、陈这些同志，都是实干的大家，同时也是写作的高手，这才是共产党文风的正宗。

提升以文辅政服务决策的能力和水平*

乔尚奎**

我的工作经历大体分地方和中央国家机关两个阶段，主要工作是为领导同志提供文稿起草和决策调研服务。所以我主要结合“以文辅政、服务决策”的工作实践谈点体会。

筑牢政治功底，提升洞察谋划能力。一要旗帜鲜明讲政治。这是我们一切工作的灵魂和生命线，是高线、是红线，也是底线。文稿起草和调研中，凡涉及党的基本理论、基本路线、基本方略等重大观点、重要提法，一个字都不能多，一个字都不能少，一个标点符号也不能错。二要登高望远谋大局。把握全局、服务大局，既不以偏概全，也不限于一隅，研究问题、提出解决问题的建议要客观公正，为领导决策提供有价值的参考和依据。三要拓宽视野观大势。树立国际视野、战略思维。随着世界多极化的趋势，我们不仅要关注主要发达国家走势，还要关注更多区域和力量的情况变化，及时提出应对之策，随时为领导同志提供决策服务。

筑牢理论功底，提升读书学习能力。当好领导的“外脑”，必

---

* 载《学习时报》2018年5月21日。

** 作者系中央党校中青一班学员、国务院研究室社会司司长。

须首先武装充实自己、坚持读书学习，这是我们做好决策服务工作的基本功、必修课。一要夯实马克思主义理论基础。学马列经典著作，是增加思想深度、训练思维方式、培养高瞻远瞩战略洞察力和脚踏实地作风的过程。把读经典、学经典当作一项经常性修炼，不断提高运用科学理论分析和解决实际问题的能力。二要拓宽业务知识面。现在有许多文稿起草和调研要跨领域。这就要求我们不仅要熟悉本领域的业务知识，还要具备复合型知识结构。既要术业有专攻，做本领域的专家，又要一专多能，力争做“通才”。三要多读书勤充电。把学习作为重要能力来培养，厚积而薄发、博观而约取，在学习中感悟提升人生境界。

筑牢调研功底，提升解决问题能力。实践表明，调查研究是领导干部的重要能力，也是领导干部分析解决问题本领、思想理论水平和工作水平的综合反映。搞好调查研究，一要坚持实事求是。就是要有一说一、有二说二，不夸大也不缩小，不能报喜不报忧，也就是陈云同志所说的“不唯书，不唯上，只唯实”。因此，调研一定要从客观实际出发，不能带着事先定的调子搞调研。二要坚持群众路线。人民群众的社会实践是获得正确认识的源泉，也是检验和深化我们认识的根本标准。前些年国务院研究室牵头组织农民工问题调查研究，我全程参与调研和报告起草。那是一次真正深入群众的调研，调研范围达18个省。通过深入调研，基本摸清了农民工面临的突出问题及原因，研究提出了解决农民工问题的政策建议，调研报告获第十二届（2006）孙冶方经济科学奖，为制定《国务院关于解决农民工问题的若干意见》奠定了坚实基础。三要坚持解决实际问题。调查研究就是解决问题。这些年，我坚持带着问题搞调研，有许多成果直接推动了问题解决。比如我调研撰写的《关于重要时政新闻电视直播为听障残疾人提供手语服务的建议》，主题是根据残疾人呼声和发达国家做法，建议加快开设电视手语栏目，为我国2000万听障残疾人获取电视信息提供便利，特别是重要时政新闻电视直播要提供手语服务。这篇调研报告得到中央领导同志重要批示。由于领导的高度重视，这个问题得到较好解决。我们看到，现在党和国家重要会议及活动直播，在电视左下角就有手语同步直播，让广大听障残疾人同其他公民一样同步"听"到党中央的声音。

筑牢文字功底，提升综合表达能力。多年实践中我体会出起草文稿和调研报告就像盖房子一样，可采取三步工作法，第一步要准确领会把握领导意图、搞好框架结构设计，第二步垒好砖头、用好素材，第三步精心装修，反复推敲琢磨，力争多出精品。同时，文字工作也是一项综合性很强的工作，起草一篇讲话文稿或调研报告，需要大量的综合协调。同时，还要特别注重在文稿起草中体现思想创新性和指导性，同一项工作的讲话文稿，要力求每次都在思想创新和表述创新上有所突破。比如，近几年我们在政府工作报告起草中不断创新表述方式，在部署工作时段首有思想思路，段末有翘尾之语，许多语句概括精准、点睛提气，而且语言质朴鲜活，朗朗上口，让人民群众听得懂、记得住、有感触。

筑牢作风功底，提升能打硬仗能力。文字工作是个"苦差事"。做好这项工作，首先要有强烈的为国为民情怀。在这个伟大的时代，能直接服务国家、报效人民、见证国家发展，是我们人生最大的价值。不仅如此，我们在服务领导的同时，受到的潜移默化的熏陶，感悟到的领导同志的崇高品格、思维高度和驾驭复杂问题的能力，以及我们长期历练形成的善动脑能动手的本领，也弥足珍贵、终生受用。其次要能吃苦奉献、保持一颗平常心。由于文稿起草和调研需要高度集中的脑力劳动投入，许多同志都日复一日、年复一年地超负荷工作，不间歇、连轴转。可以说，没有扎实过硬的作风，没有超乎常人的奉献和坚持望星空、踱方步、冷思考的心境，就很难做好这份工作，也坚持不下来。只有自己把心态摆正，正确对待名利和待遇，以平常心对待工作和生活，才能在“冷板凳”上坐住。要坚持带头实干、提升团队战斗力。工作中既要当指挥员又要当战斗员，急重任务面前，必须勇于靠前打冲锋、攻山头。同时，要发扬团队精神，注重抓班子、带队伍、强管理，培养业务骨干，给年轻同志压担子，增强团队凝聚力和战斗力。

有位领导同志曾说过，一个国家、一个民族，总要有一批心忧天下、勇于担当的人，总要有一批从容淡定、冷静思考的人，总要有一批刚直不阿、敢于直言的人。我愿有这样的境界、担当和作为。

让笔杆支撑你：掌握公文写作的秘诀

2021年10月13日

赵利平*

今天很高兴与同志们共同交流实用公文写作的体会。下面，我讲三个问题。

一、会写公文才能当好公务员

最近，我做了一个调研。1.在公务员队伍中最受领导欢迎的是哪类人？是笔杆子。2.机关单位最想调进的公务员是哪类人？是笔杆子。3.在机关单位里哪类人潜力最大、进步最快？是笔杆子。个中道理不难明白。文字表达能力是机关干部综合能力的反映。在机关工作，会不会写公文、能不能写好公文是机关干部的看家本领、核心能力之一。

* 作者系中共舟山市委原副秘书长。

（一）古今中外，笔杆子极端重要

三国时的魏文帝曹丕说过“盖文章经国之大业，不朽之盛事”。毛主席曾给中国作家丁玲写过一首词《临江仙》，其中有一句“纤笔一支谁与似，三千毛瑟精兵”。拿破仑也曾说过一句名言：“新闻记者的一支笔，抵得过十万支毛瑟枪。”可见笔杆子之重要。中国革命、建设之所以取得成功，靠的是枪杆子和笔杆子。

（二）脱颖而出，关键看笔杆子强不强

公务员队伍很庞大，人才济济，要脱颖而出，得靠智商、情商。但我以为最基本的还是要能拿得起笔杆子。会写公文，能写好公文，这是成为优秀公务员的绝活之一。在地方权力的运作过程中，领导干部是决策层、指示层，一般公务员是建议层、操作层，要把个人的意志、主张转化为领导的决策，在市（地）、县（区）一级机关主要靠你那支笔。一些公务员之所以快到退休了还长进不大，一个很重要的原因，是不会用笔表达自己好的想法，不会用笔展示自己的才智。会写是对机关干部的最起码要求。

（三）笔杆子强，领导才会欣赏你

一个单位最受尊重的人，往往是有才华的人。怎么体现你的才华？一个很重要的方面，就是要会写、能写。在一个单位，你能迅速地高质量地完成领导交给你的文稿写作任务，一般来说，领导肯定会尊重你、器重你、欣赏你，甚至提拔你。绝大多数的公务员的提拔是靠干出来的，这个干也包括写，只有少数公务员的提拔是运气撞出来的，是长时间熬出来的。写好实用公文需要长时期的磨炼，但有一些基本性的东西需要尽快掌握。实用公文写作是有规

律、有格式、有秘诀的。

二、实用公文写作的诀窍

公文姓“公”。所有的公文都有内在的规律性，都有一定的格式。这个格式也可以讲是公文写作的诀窍。掌握了公文写作的格式，可以收到事半功倍的效果。这里，我把实用公文分为两大类：一类是讲话稿；另一类是日常用到的公文文种。

（一）讲话稿的格式

先讲自己一个小故事。20世纪80年代后期，我从学校调到舟山市定海区教育局工作时，领导对我说：“你会写小说，那写一篇公文应该是很随便的。”第三天他就交给我一个任务——写当年的教育局的工作总结。实际上，写小说与写公文完全是两回事。写小说，是一种个人创作，是个人创造，可以任意发挥，是私文。写公文，它有一定的尺度。他们是两套不同体系的文章。我在后面讲，我是如何完成局长交给我的任务的。大家可能会感觉到，国外的一些总统竞选演讲或者致辞，他们一上来说的和我们领导说的很不一样，觉得他们的讲话很新鲜、文风很好。我专门买来一本叫作《影响世界的六十篇演讲》的书，每一篇演讲都给它解剖了。实际上，凡是这种演讲，不是个人的那种纯粹的演讲，都是有一定的规律性东西，它无非是在开头或者是中间或是在结尾加了某一些固定的技能。像美国总统一开始上台，首先是介绍别人：“今天参加会议的，这是我的好朋友，这是我的妻子……”说了一大堆，其实就是想表达他很人性化、很有情感。然后呢，他必然要说什么？就是感谢大家过去是怎么支持他的。接下来他肯定要说什么？就是他当了总统，准备怎么做。有的人是从正面说的，比如克林顿、奥巴马，他们一上来先介绍自己的施政纲领。特朗普呢，他是从反面说的，他是先否定别人，然后把自己的东西端出来。这些讲话无论怎么变，我们去分析它的结构，总是离不开过去、现在、未来，总是离不开感谢、总结、打算。这就是说领导讲话稿也是有格式的。从我们国家各地各单位的领导讲话稿分析，有哪些相对固定的格式呢？这里对各种类型的领导讲话稿作一个介绍。

1. 综合类的讲话稿

即各级党代会的报告、各级党委全会的工作报告、各级人代会的政府工作报告，各地各单位岁末年初或综合性工作部署会的讲话稿。这类讲话稿的格式是：第一部分，一般是总结工作，包括做法、成效、体会、存在的不足等。第二部分，分析面临的形势、提出指导思想、目标等。第三部分，今后的工作任务。第四部分，加强党的建设或关于加强组织领导、狠抓落实的要求。例如，中共舟山市第六次党代会的报告《开发开放先行先试　全面推进浙江舟山群岛新区建设》，共分四个部分：第一部分，“凝心聚心，克难奋进，胜利迈上建设舟山群岛新区新征程”；第二部分，“开发开放，先行先试，准确把握全面推进舟山群岛新区建设的总体思路”；第三部分，“突出重点，统筹兼顾，切实做好全面推进舟山群岛新区建设的各项任务”；第四部分，“加强党建，提高能力，肩负起建设舟山群岛新区的历史使命”。

2. 专项类的讲话稿

单项的工作动员部署会议讲话稿。这类讲话稿的格式是：第一部分，肯定总结工作或开展这项工作的意义。第二部分，提出工作任务。第三部分，加强组织领导、抓好工作落实的要求。例如《在全市推进城乡发展一体化工作会议上的讲话》共三部分内容：“一、推进新区城乡发展一体化是必然选择”“二、找准全面推进城乡发展一体化的突破口”“三、形成推进城乡发展一体化的强大合力”。

3. 小结类的讲话稿

一个会议开好了，领导要再讲几句，这个就是小结式讲话。小结式讲话的基本格式是：第一部分，要小结这次会议的主要内容、取得的成果。内容要写得简明扼要。第二部分，就贯彻落实这次会议精神提出几点要求。例如某市领导在2018年度民主生活会的小结讲话。他/她在肯定民主生活会成果后，提出了以下几点要求：“一、坚定不移加强政治建设”“二、勇于创造推进改革发展”“三、纵深推进全面从严治党”“四、立说立行抓好整改落实”。小结式讲话要把握两点：第一点是提出的贯彻落实要求不能与主报告的精神相冲突，应当是对主报告精神的强调和补充。第二点是不能篇幅过长，成为这次会议的第二个主报告。

4. 汇报类的讲话稿

这类讲话稿要注意角色定位，是下级讲给上级领导听的。其基本格式是：一要汇报你这个地方或单位所做工作的成绩、有特色有亮点的做法、存在的问题和不足，如果上级领导感兴趣，还可以稍稍汇报所做工作的体会，但体会要谈得精准、谈得简洁，不能自吹自擂。第二部分，写下一步的打算。第三部分，如果有建议和要求的话，也可以适当写几条，但不要多。

5. 指导类的讲话稿

这类讲话稿是上级领导讲给下级听的。比如上级领导去下级单位调研，听完下级领导汇报后，要作一个指导性的讲话。这类讲话稿的基本格式，一是开场白，表明这次调研的目的或听汇报的来意。二是对下级的工作作基本的肯定。肯定的内容是下级汇报内容的概括和提炼，不要另起炉灶，否则下面的同志会认为，你这个指导讲话是脱离他们实际的，或者是事先写好的。三是对下级单位的下一步工作提出要求。这方面的内容是重点，要详写。

6. 典礼类的讲话稿

指领导在动工典礼、开业典礼、毕业典礼甚至庆贺仪式的讲话。这类讲话稿的基本格式：第一要祝贺。第二要指出这项工程或工作或活动完成的意义。第三是期望或下一步工作要求。

7. 致辞类的讲话稿

上级或平级单位在你这个地方或单位召开会议或搞活动，作为这个单位的领导要作个讲话，这便是致辞类讲话。这类讲话稿的基本格式：第一，要对会议的召开或活动的举行表示祝贺，对大家的到来表示欢迎。第二，要介绍本地本行业或本单位的基本情况。第三点是对会议的召开或活动的举行表示祝福，欢迎大家对本地或本单位的工作提出意见或建议。

8. 表态类的讲话稿

上级工作会议指定本地本单位的领导作表态发言，或领导干部会议主要领导调整相关领导要作表态发言。这类表态类的发言基本格式：第一，对会议的议题表示拥护或同意。第二，对本地本单位做好工作或个人下步打算几个方面的表态。

（二）常用公文的格式

中共中央办公厅、国务院办公厅发出的通知，确定法定文种十五种，分别是决议、决定、命令、公报、公告、通告、意见、通知、通报、报告、请示、批复、议案、函、纪要。这里我选择经常用到的法定文种作一个分析。

1. 通知

看上去通知是公文中最简单的，每个公务员都要接触到，有的是起草通知的，有的是审核通知的，有的是传达通知的。通知有什么讲究？“通”是通告，“知”是知道。也就是说，通知这种文体是要告诉下面的同志要知道的东西，这个肯定是下行文。通知主要有以下几个种类：一是最简单的，用的最多的是会议通知。大家看一下，今天发的培训班资料里面就有会议通知，会议通知包括会议的内容、会议的时间和地点、会议的参加对象三个要素。如果这三个要素不全，那就不是一个准确的通知。二是工作部署类型的，是党委、政府或者某个部门就某一项工作或综合性工作作出的通知。实际上这类通知是最难写的，体现着你的思想深度、材料搜集程度、综合分析能力、结构能力、语言表达能力。一般来说，公务员能写工作部署类通知就意味着公文写作已经基本入门了。因为写其他的公文包括领导讲话稿，基本和这类通知差不多。工作部署的通知跟意见、决定有点类似，但是它的分量比意见、决定相对要轻一点、具体一点。具体工作任务布置适合用这类文种。例如《加强渔业安全生产工作的通知》《做好近期新冠疫情防控工作的通知》等。但有一些很重大的部署也用通知这个文种，例如舟委发〔2017〕11号文件《关于开展“五大会战”的通知》。工作部署类通知的基本格式：第一部分，提高思想认识方面。第二部分，具体工作任务或措施方面。第三部分，加强领导，狠抓落实方面。具体结构可以根据通知要表达的内容灵活确定。例如《中共舟山市委办公室、舟山市人民政府办公室关于认真学习宣传贯彻习近平总书记在民营企业座谈会上重要讲话精神　促进民营经济稳定健康发展的通知》，其结构上作如下安排：开头交代发文理由，即“一、深刻学习领悟，切实把思想和行动统一到习近平总书记重要讲话精神上来”；“二、扎实开展六大行动，面对面帮助民营企业解决困难”，具体细分六条措施；“三、优化服务举措，营造民营经济发展良好环境”；“四、强化工作联动和督促检查，确保工作取得实效”。三是要互相告知的一些很简单的便函性质的通知。比如通知下级单位上班的时间调整了等。

上面，我大体罗列了我们经常接触的几种通知。每一种通知都是不一样的，写法也是不一样的，但也有一些基本的格式和要求：第一，一定要有一个标题。如果我们接到通知或者转发通知，如关于什么什么的通知、关于召开什么会议的通知，这个标题是第一个要求。第二，一定要写清楚这个通知是给谁的，收文单位是什么。第三，是通知的内容。通知的内容很复杂，像会议的通知，除了三个要素之外，还要写其他注意事项。比如报到地址、用餐、用车等。第四，附件。一些特殊的通知会用到附件，附在正文后面即可。对于通知的一些规律性的东西，基本的规矩我们是不能破坏的，不能把其中一项的内容不要了，也不能把次序颠倒。

2. 报告

报告跟每个人都有关系。我们的各种总结包括个人总结、科室总结、年度总结、述职报告实际上就是个人的报告。还有集体的报告，主要是下级机关向上级机关的报告。报告的主要格式包括：一是标题。二是写明报告的事情。开头部分要写报告的原因或者简要的事实。比如个人述职报告开头部分总是要写根据单位的计划安排，我把一年的工作向大家报告。三是写取得成绩。如个人述职报告主要写一年来做了些什么。四是写存在的问题。一定要准确，要实事求是。一般，篇幅不需要太长。五是写下一步的打算。一般来说，工作总结不要求详细写，但如果是向上级报告一年来的工作和明年的工作打算，那就既要写一年的工作情况，又要写明年的工作打算。在具体的报告中可能会存在一些写法上的先后次序。个人的述职报告，首先要写政治态度，作为一名共产党员、机关干部，首先就是讲如何树立正确的政治倾向，向组织报告你的思想怎样在变化，这一块内容主要考察你的政治态度、政治立场、政治理想、政治素质，当然和你的政治学习是相关的。有些同志写报告的时候，先写成绩，然后写工作思路，又把原则放在里面，最后讲加强自身队伍建设。初看好像这个报告已经完成了，但是接下来又用很长的一段写明年的工作打算。对于这种写法，是写工作报告的一个大忌。又比如，有些同志把存在的问题和分析形势混在一起。从报告的体例来说，这种写法说明实际上你对报告不是很懂。讲完成绩之后就要分析问题，分析形势是要单独地分析，不要和问题搅在一起。

3. 请示

和报告相对的，就是请示。一个显著的不同点就是，报告是下级向上级报告工作，千万不能写“以上报告请批复”。而请示就是需要上级给予明确指示。请示，顾名思义，“请”是我有请求，“示”是请您指示，合起来就是我的请求请您指示。请示是下级机关和组织向上级机关和组织请求指示或批准事项所使用的一种公文形式，是党政机关经常使用的一种上行文，其使用频率仅次于通知。请示分为政策性请示和事务性请示。政策性请示或用于向上级机关征询如何理解党和国家方针政策、法律法规中的有关内容，或用于征询解决工作中遇到的新情况、新矛盾和新问题的政策依据或处理意见。事务性请示或用于请求上级机关批准开展某项工作、办理某一事项，或用于请求帮助解决人、财、物等实际困难和问题。请示的主要特点：一是一文一事。请示内容要单一，一篇请示只能写一件事，不能一文多事，如果有几件事要请示上级机关，可以分别写成几份呈送。二是请示必须等上级机关明确表态后才能行文。如果事情已经开始做了或已经做完了才请示的话，属于“先斩后奏”，这是违反管理规定和组织纪律的。而报告往往是把已经做过的事情告知上级，这是两者很大的一个区别。三是请示要把要求上级批复的理由说清楚。

4. 通报

什么叫“通报”？就是要报知给大家的，现在用得最多的有以下三类：第一类，表扬先进类的通报；第二类，批评错误现象的通报；第三类，特殊事项的通报，比如市委、市政府或者单位的某一项重大的事情，也要通报。对于表扬类的，又分两种：第一种是表扬这个单位的先进的做法、经验，然后号召向他们学习。第二种是关于先进表彰的通报。对于通报通常也有几个基本元素：一是标题。标题要明确发通报的机关名称和通报事宜，简单的写简称，庄重的要把全称写上去。二是正文。正文第一段一般要写通报的事宜背景，即开头部分写为什么要发这个通报。通报的主体，即中间部分要写这个事情的起因、发展、结果、产生的影响，以及通报机关的态度和意见，解决问题的措施和规定。具体来说，就是要把这个事情主要的作用、经验以及党委、政府准备要怎么号召动员交代清楚。三是下一步的整改措施。对错误类的通报要把事情的经过、怎么处理以及如何总结经验教训、下一步要注意的事项写出来，也就是要把基本情况描述清楚后，再提出一个处理的意见。

5. 调查报告

调查报告不是法定文种，是报告的一种。根据上级的要求到下面去调查，调查之后，把调查的经过、事实以及调查以后处理的情况向上级报告。调查报告实际上就是把我的思考和建议向你报告，往往是针对某件事情去调查。调查报告首先要写调查的方式和经过，然后是调查得到的情况，也就是事实的真相，然后写建议，结束部分没有固定的格式，一般根据实际情况具体问题具体分析。

6. 决定、意见

这是公文中规格比较高的公文，一般用于重大工作部署。如一级地方党委全会作出的决定，还有党委、政府出台的若干重要政策意见等。这类文种有一个共同特点，就是针对某一项工作做决定，实际上就是工作部署的通知。通知、意见和决定这三个文种最大的区别在于，通知主要是讲具体要做的工作，一、二、三、四，讲好就可以了。意见需要提出总体要求、工作原则、具体目标、若干意见以及组织领导。决定适用的场合比较高，往往包括总体要求、指导思想、奋斗目标、若干原则以及保障措施等。

7. 纪要

纪要一般指的是会议纪要。纪要要写清楚会议的时间、地点，参加对象，研究了什么问题，这是第一段肯定要写的，这是规律性的东西。什么叫纪要？首先要记事情，要将主要、重要的事情扼要地记录下来。不是要面面俱到，写一大堆东西。一个会议，那么多人发言，全部都在纪要里体现出来是不可能的。纪要的内容要按照会议的议程来确定和构思，这是主体部分。第二个，千万要注意，以谁的意见为主，谁做归纳总结，就是纪要要着重写的。也就是说会议主持人最后的小结讲话，以及主持人虽然没有提到，但是前面会议发言人讲过的很重要的内容，在纪要里都要体现出来。既不能曲解，也不能增多或减少。纪要充分考察一个人的逻辑思维能力、归纳能力。其他的各类公文都可以抄，唯独会议纪要是很难抄的，一定要归纳准确、表述准确。

8. 会议、公务活动方案

方案不是法定文种。但在实际中用得比较多。这里也说一下。会议方案不同于会议通知，我们现在开一个会、做一件事情，都需要有方案。会议方案有以下几个元素：一是会议主题，要概括准确。二是会议的时间、地点，要根据会议的实际情况确定，由领导审批后起草会议通知。三是参会对象，方案里面一定要写清楚。四是会议议程，有几个事项，包括发言的对象、内容以及先后顺序要安排落实好。五是关于会议筹备有关事项，包括会议怎么筹备，各项任务由谁负责，会务组的分工，以及食宿安排等，都要写清楚。公务活动方案主要包括以下几个内容：一是活动的主题。二是活动点的选择，要围绕主题来选，无关的点不要选。三是活动的行程安排，不能纸上谈兵，要计算好路程、时间，包括路线的选择，要有现场感，甚至有些点要自己亲自去看过。活动方案是最能体现办公室思考能力的一件事情，就是你这个人的思考能力，考虑问题要细致，非常全面，方方面面都要顾及到。做领导活动的方案是在和领导的身体交流，写材料是在和领导的灵魂交流。

三、公文写作的小秘诀

我长期从事公文写作，在文字堆里摸爬滚打几十年，积累了一些心得，算是个人的小秘诀，今天与大家分享。

1. 放轻松一点

很多人都怕写作。说老实话，写作可能是一件非常令人沮丧、令人焦虑的工作，因为它涉及我们内心最深切的需要，需要被看到、被听到，渴望自己的生命有意义。这些年来，我始终记着鲁迅先生说的："写不出的时候不硬写。"最近，我看了美国作家拉莫特的书《关于写作》，她写道："三十年前，我的哥哥十岁，第二天得交一篇鸟类报告。虽然他之前有三个月的时间写这份作业，却一直没有进展。面对眼前艰巨的任务，他不知如何着手，简直快要哭了。后来，身为作家的父亲在他身旁坐下，把手放在他肩上说，一只鸟接着一只鸟，伙伴，只要一只鸟接着一只鸟，按部就班地写。”对此我深受启发。写作就是要放松，要让文字如一只只鸟从容不迫地飞起来，不要给自己施加压力，套上枷锁。真的写不出来，怎么办？我年轻时候的做法是写前吃一包香瓜子，吃的过程就是凝聚心思的过程，吃完就集中精力写文章。现在的做法是每天在早晨走路，走路过程中思路、提纲就形成了。效果比硬写要好。

2. 学会列提纲

公文绝大多数是抽象的、理性的，不是诗、散文、小说，可以形象思维，发散性思维。纲举目张，有了提纲，就有了公文的思路、结构，你就可以从容不迫地写下去。有了一个好提纲，基本上不存在推倒重来的可能。所以一定要学会列提纲。尽量把提纲考虑得细一些，从一级标题，到二级标题，再到三级标题。你也可以把文章的主题、精彩的观点，都列在提纲上。总之，要预先给你的公文写出中心思想、写出段落大意，就像读小学、读中学上语文课时，老师经常叫我们做的那样。

3. 从概念入手

一定要学习、了解、掌握概念，特别是对你所在地方、所在单位的工作概念、术语要掌握得十分熟练。概念是思维的基础，是公文写作的零部件，是写作公文的基本要求，也是尽快完成公文写作的捷径。写作公文的过程，实际上是使用概念（术语、行话）的过程。不同机关、不同行业的公文有不同概念，要写好不同类公文，必须掌握不同类的概念。为什么有的人既能写综合的，又能写单项的，就是由于他掌握了综合的或单项的概念。适应一个地方一个单位工作的过程长短，适应公文写作过程的长短，实际上是掌握概念（术语、行话）时间的长短。有的同志能较快适应地方工作，适应不同公文的写作，主要是他能善于掌握不同类的概念。一个月公文写作就可以入门了，因为一个月就可以掌握这个单位的日常概念。下面，我讲一下开头说的如何完成教育局长交给我的写总结任务。我刚到教育局，对教育局的工作一概不清楚，那么如何写，我先找来了教育局前三年的工作总结，画出每年最关键的概念，然后，我到各股室找来这一年的股室总结，再找出当年最重要的概念，最后按这些概念把各股室的总结材料填充进去，就完成了这份总结。局长看了笑眯眯地说："想不到你来几天就能写总结报告了。虽然粗，但内容都在了。"这里的一个最关键的做法就是找到了概念，掌握了概念。所以概念很重要。最牛的是创造概念。当你会创造概念了，基本上你是一个很优秀的公文写作高手了。

4. 善于概括

公文写作中的"概括"，是指运用相关概念，通过归纳、总结等抽象的、高级的概括，从感性认识到理性认识，提炼出观点、思路、政策、措施等，从而使公文体现准确性、鲜明性、生动性。如果说"概念"是一个词，那么"概括"就是一句话，或几句话，甚至可能是一段话、一篇文章。用对概括，就能写好公文。公文的最基本目的是说明观点，是要人相信这个观点。这就需要善于概括、精准概括出文章的观点。会不会概括，体现公文的思想高度高不高，体现公文的观点鲜明不鲜明。无论哪一类公文都要用到概括。公文中的概括不但关系到公文的内容，还关系到公文的谋篇布局，精准的概括从某种意义上讲，确立了文章的提纲、结构。我们经常听到领导开会时说，下面我概括起来讲四个方面内容……我把今年的工作成效概括起来讲是"快、好、稳、清"四个字。这里的"四个方面""四个字"是通过概括得来的，讲话稿的结构就是这样确立的。

5. 生动、形象一些

公文往往是抽象的，以讲道理为主，以提要求为主。但好的公文都是观点与材料的有机结合。在一些公文中，经常会出现抽象的词语，现在下级评价上级的讲话，无论是评价习近平总书记的讲话，还是评价某个支部书记的讲话，一律“主题鲜明，立意高远，思想深刻，高屋建瓴，有很强的现实性、政策性、指导性、针对性和可操作性……”这个性那个性，说实话有点没人性。这样的公文，肯定是空话虚话套话。特别是写领导讲话稿，材料要有说服力，宁可多讲点故事、讲点事例，增加信息量，也不要套话连连，让人讨厌。即使日常公文，也要写得具体些、活泼些。一具体，公文就会很深入、很深刻；一活泼，文章就会很形象、很生动。

6. 到什么山头唱什么歌

不同公文、不同讲话，受众面不同。写作公文要看公文派什么用场，写作领导讲话稿要看领导讲给谁听。不同场合、不同对象要说不同的话。不分领导讲话场合，不熟悉领导讲话的听众，就难以写出管用的公文。起草各类会议的稿子，要根据不同会议的性质写：务虚会可以宏观些、虚一些，年度会可以综合些、全面些，专题部署会可以集中些具体些。对低层次的听众，要写得通俗易懂；向上级领导汇稿工作的讲话稿，要老老实实汇报情况：所做工作和下一步打算，不要夸夸其谈工作的重要性；对下级的讲话稿，要视野开阔、掌控全局，有指导引领作用，布置工作如数家珍，轻车熟路。

7. 傻瓜才不抄

“天下文章一大抄”“秘书就是秘密抄书”。公文本身就是有格式的，这决定了格式上要抄。公文要学习贯彻上级精神，上级精神不能自己生造，这决定了在提法上也需要抄。当然公文的这种抄，并不是说整段、整节、整篇文章去抄。公文概念是现成的，不用抄的，只要把概念拿到百度上去搜索，各种句子就出来了，把句子改头换面改造一下，就可以成为一句原创、有内容、又看不出是抄来的新话。

8. 短些、再短些

大道至简。中央反复强调文章要写得短。毛泽东同志反对把文章写得像老婆娘的裹脚布又臭又长。古往今来，好文章都很短。钱镠的《与夫人书》只有九个字，“陌上花开，可缓缓归矣”，很简洁，也很婉美。美国有一位总统威尔逊，他是一名著名的演说家。人问他，准备十分钟的演讲要花多少时间。他答，要两个星期。人又问，准备一小时的演讲要花多少时间。他答，一个星期。人再问，如果两个小时的演讲要花多少时间。他答，不用准备。现在，一些地方和单位都对下发的领导讲话和文件有文字篇幅的要求，不能太长。我们写公文要把可有可无的字都删去，只保留干货。

调查研究对中共重大决策的影响

陈　述*

中国共产党在近百年领导人民进行革命、建设、改革的过程中，取得了举世瞩目的伟大成就，实现了人类发展史上最伟大的进步。这是由于中国共产党创立了科学的指导思想，选择了正确的战略道路，确定了正确的基本路线，制定了明确的基本方略，而这一切的基础，来源于一代又一代中国共产党人对中国国情的准确把握和社会主要矛盾的科学判断，而这又来源于中国共产党人对中国实际的深入调查研究。“没有调查就没有发言权”“没有调查就没有决策权”“调查研究是谋事之基、成事之道”“调查研究是做好领导工作的一项基本功”等至理名言，体现了几代中国共产党人的思想方法和工作方法。

一、调查研究与中国革命道路的确定

近代中国反帝反封建的民主革命任务极其复杂艰巨。民主革命

* 作者系中共中央党校（国家行政学校）教授。

时期，以毛泽东同志为代表的中国共产党人是通过调查研究来解决什么是中国革命这个问题的，是在认清国情的基础上明确道路、确定路线方针政策、形成科学理论，解决怎样进行中国革命这个问题的。

毛泽东同志是一个有伟大志向和勇于担当革命重任的人。他是党内最重视深入实际进行调查研究的代表。国民大革命时期，毛泽东同志最重要的调查研究是他回到湖南对湘潭、湘乡、衡山、醴陵、长沙五县进行的32天的实地考察，在乡下、在县城，召集有经验的农民和农运工作同志开调查会，仔细听取他们的报告。这次深入实际和基层的调查，对毛泽东同志搞清楚农民在中国革命运动中的地位和作用，对后来形成完整的阶级斗争理论起到基础性的作用。

土地革命战争时期为开辟中国革命道路，毛泽东同志在井冈山地区对宁岗、永新两县，中央苏区的寻乌、兴国两县，才溪乡、长岗乡，木口村和东塘村等处进行了深入细致全面的调查研究；还进行了若干专题性的调研，如赣南土地分配情形、分青和出租问题、江西土地斗争中的错误、分田后的富农问题、革命初期的两部土地法等。这些深入持续的调查研究，对探索符合中国国情的中国革命道路理论，以及党的建设、人民军队建设和根据地建设理论，初步形成一切从实际出发、实事求是的思想路线，起到至关重要的作用。

在抗日战争时期，为了打败日本帝国主义这个强大敌人，完成建立新中国的艰巨任务，中国共产党注重内外兼修，科学认识客观世界，坚决反对党内存在的主观主义，坚持实事求是的思想路线逐渐成为党内的共识。1939年，毛泽东同志就指出："认清中国社会的性质，就是说，认清中国的国情，乃是认清一切革命问题的基本的根据。”因为，“只有认清中国社会的性质，才能认清中国革命的对象、中国革命的任务、中国革命的动力、中国革命的性质、中国革命的前途和转变。”

1941年毛泽东同志出版《农村调查》一书，倡导全党同志进行调查研究。同年7月，中共中央决定设立中央调查研究局，毛泽东同志担任局长，任弼时同志担任副局长，下设情报部、政治研究室、党务研究室，毛泽东同志兼政治研究室主任，收集和研究国内外政治、军事、经济、文化及社会阶级关系各方面情况。同年8月1日中共中央发出毛泽东同志起草的《中央关于调查研究的决定》和《中央关于实施调查研究的决定》，在全党大兴调查研究之风。包括张闻天同志在内的从中央到地方的领导人，都深入各个方面进行调查研究。张闻天同志著名的《出发归来记》就是这个时期深入农村调查的成果。

可以说，毛泽东同志倡导全党实施调查研究，就是用科学的世界观和方法论，从中国社会性质和发展阶段的高度正确认识中国国情，以此为基础，确定怎样搞中国革命的理论、道路、路线、方针和政策。从这意义上说，调查研究决定着中国革命的兴衰成败。

二、调查研究与中国社会主义建设道路的探索

在民主革命取得胜利、新中国成立后，为解决“如何在中国这样一个贫穷落后、人口众多、情况十分特殊的东方大国建设社会主义”这一课题，以毛泽东同志为代表的中国共产党人进行了两次重要的调查研究。

这期间第一次重要的调查研究是为开好中国共产党第八次全国代表大会，探索中国社会主义建设道路而进行的。

1955年12月毛泽东同志离开北京到河北、河南、湖北、湖南，期间同省委书记、县委书记座谈，了解情况，进行调查研究。1956年2月14日到4月24日，毛泽东同志又到南昌、杭州、上海、南京、天津等地进行实地调查。随后，毛泽东同志在北京共听取国务院34个有关部门的工作汇报，还有国家计委关于第二个五年计划的汇报，实际听汇报的时间为43天。

1956年4月25日，毛泽东同志主持中共中央政治局扩大会议，发表了著名的《论十大关系》的讲话，这是他历时一个多月的调查研究成果。这次调查研究，为探索中国自己的社会主义建设道路，形成毛泽东同志社会主义建设思想，起到了显著作用，也为开好党的八大提供了指导思想，成为开辟中国社会主义建设道路的良好开端。

这期间第二次大规模的调查研究是1961年。在探索中国社会主义建设道路的过程中，由于没有经验，也出现了急于求成的错误。1961年1月在党的八届九中全会上，毛泽东同志号召全党大兴调查研究之风。他强调："今年搞个实事求是年，当然不是讲我们过去根本一点也不实事求是。建国以来，特别是最近几年，我们对实际情况不大摸底了……我从前在江西那样的调查研究，现在就做得很少了。"

在全会结束的时候，毛泽东同志再一次就调查研究问题发表讲话。他强调，"希望今年这一年，一九六一年，成为一个调查年，大兴调查研究之风。调查，要在实际中去调查，在实践中才能认识客观事物"。

1961年1月，毛泽东同志亲自组织指导三个小组，带着他30年前写的一篇文章《调查工作》，即《反对本本主义》，到湖南、浙江、广东进行调研。同年3月23日中共中央发出《关于认真进行调查工作问题给各中央局，各省、市、区党委的一封信》，强调“一切从实际出发，不调查没有发言权”。

大兴调查研究之风的1961年，让中国共产党更加清醒地认识到：调查要在实际中去调查，在实践中才能认识客观事物。

这次全党进行的调查研究，为克服当时的严峻困难，确定正确的调整方针，开好“七千人大会”，特别是探索自己的建设道路，制定工业七十条、农业六十条等重要文件，起到了非常重要的作用。

三、调查研究与改革开放伟大决策的制定

改革开放是决定中国命运的一招。从中国共产党的历史看，决策和实施改革开放与两次大规模的调查研究密切相关。

一次是从1977年下半年起，中共中央和国务院同意分别派团出国考察。据不完全统计，从1977年7月1日到1980年6月30日，除中央领导同志出访活动外，派出的部委办代表团出访次数达360次、科教经贸代表团出访次数达472次。

可以说，这是一次大规模的具有特殊意义的调查研究。其中党的十一届三中全会召开前的五路深入调研考察至为重要，特别是时任国务院副总理谷牧同志率团考察西欧五国，即法国、联邦德国、瑞士、丹麦和比利时，影响更是重大。体现在1978年的国务院务虚会专门听取了考察团的汇报，引起中央和国务院决策层的高度重视。

正如当时的中央副主席李先念同志所说：组织人员出国考察回来汇报，这也是调查研究，是很重要的调查研究。为1978年12月成功召开党的十一届三中全会，作出改革开放的伟大决策起到不可

估量的作用。

这期间还有一次大规模的调查研究是国内的。党的十一届三中全会确定全党工作重心转移到现代化建设上来后，如何实行“调整改革整顿提高”的方针，把国民经济搞上去，中共中央和国务院再次部署一次大规模的调查研究工作。

1979年6月，中央财政经济委员会专门召开经济理论和财政政策研究工作座谈会，部署动员调研工作。这次调研确定四个调研课题并组织了四个课题组，分别承担经济体制改革问题研究、经济结构问题研究、解决引进技术设备资金同改造企业相结合的问题以及经济理论方法研究等调研工作。

这四个调查组直属队的人员就近400人。全国各地区和各部门纷纷响应和效仿，如黑龙江等省，由省委书记亲自挂帅进行调查研究。这次对国民经济的调查研究，反映了各部门和各地区希望真正从实际出发，在认真总结中外历史经验教训、调查现状的基础上探索出中国实现四个现代化最好途径的愿望。

这两次大规模的调查研究是在党的十一届三中全会前后，为确定和实施以经济建设为中心和改革开放的伟大决策起到非常大的作用。

四、党建调研与“三个代表”重要思想的形成

在20世纪与21世纪之交，一个重大的问题摆在全党面前。这就是：在实行改革开放和发展社会主义市场经济的条件下，建设什么样的党、怎样建设党？这个重大现实问题，直接关系到党和国家的前途命运。为解决这个十分重大和紧迫的问题，以江泽民同志为代表的中国共产党人与时俱进地进行了两次大规模的调查研究。

江泽民同志十分重视调查研究工作。他指出："重视调查研究，是我们党的优良传统。"他强调："没有调查就没有决策权。"为回答在实行改革开放和发展社会主义市场经济条件下如何把党建设好，中共中央决定党的十四届四中全会专门研究党的建设问题，审议《中共中央关于加强党的建设几个重大问题的决定》。

为开好这次全会，起草好这个重要的决定，中央组织了18个调研小组，抽调100多名干部对党的建设问题进行系统的调查研究。他们先后到22个省、市和有关部委办进行调研，同4000多位同志座谈，其中有省部级干部174名，厅局级干部1300多名，专家学者120多名。在调查研究的基础上，写出3个专题调研报告，送中央和供文件起草小组参阅。

1994年9月党的十四届四中全会通过《中共中央关于加强党的建设几个重大问题的决定》，明确了党的建设的总目标和总任务，正式提出和部署"党的建设新的伟大工程"。

这期间还有一次重要的调查研究与"三个代表"重要思想的提出和发展有紧密的关系。在世纪之交，江泽民同志认真研究马克思、恩格斯、列宁的重要著作，以及毛泽东同志和邓小平同志的重要著作；还调阅了党的一些重要历史文献，如1935年中央政治局作出的瓦窑堡会议决议等。

与此同时，深刻总结世界上一些长期执政的政党垮台的历史教训，研究当时世界各国共产党和社会党情况的材料；阅读了不少有关当时国际局势和世界各地区发展情况的专题报告；同时也研究了一些有关我国和西方主要国家经济社会发展情况的资料，特别是世界高新技术及产业发展情况的资料。2000年2月江泽民同志在广东高州市指导党政干部进行"三讲"教育后，紧接着在广东深圳市、顺德市和广州市进行调查研究，主要课题是关于加强党的建设等问题。

在2月25日江泽民同志同广东省委常委座谈中，首次完整地提出了“三个代表”重要思想。他郑重指出：“总结我们党七十多年的历史，可以得出一个重要的结论，这说是：我们党所以赢得人民的拥护，是因为我们党在革命、建设、改革的各个历史时期，总是代表着中国先进生产力的发展要求，代表着中国先进文化的前进方向，代表着中国最广大人民的根本利益，并通过制定正确的路线方针政策，为实现国家和人民的根本利益而不懈奋斗。”同年5月江泽民同志在江苏、浙江、上海调研考察，5月14日，他在党建工作座谈会上特别指出：“始终做到‘三个代表’是我们党的立党之本、执政之基、力量之源。”

江泽民同志提出“三个代表”重要思想，是在调查研究的基础上，科学观察世界和中国的发展趋势，深刻总结中国共产党和世界上一些政党历史经验的基础上，加深了对什么是社会主义、怎样建设社会主义和建设什么样的党、怎样建设党的认识，经过长时间的深思熟虑的结果，是全党集体智慧的结晶，继承和发展了毛泽东思想和邓小平理论，是马克思主义中国化的重要理论成果。

五、调查研究与科学发展观的提出与完整阐述

以胡锦涛同志为代表的中国共产党人，已经把调查研究作为常态化的工作方法。这期间的调查研究与科学发展观的提出与论述形成互动的关系。

1999年3月，在参加全国人大九届二次会议福建代表团审议宪法修正案草案、政府工作报告等大会文献时，胡锦涛同志就提出要树立科学的发展观。2002年11月，党的十六大强调：发展是我们

党执政兴国的第一要务。进入21世纪如何实现更好地发展是摆在中国共产党面前的重大课题。为此，胡锦涛同志身体力行，多次深入基层、地方和行业进行全方位的调查研究。

2003年4月，胡锦涛同志在广东先后到湛江、深圳、东莞、广州等地的港口码头、企业车间、城市社区、乡村农户调研，强调要抓住新机遇，增创新优势，开拓新局面，努力实现加快发展、率先发展、协调发展。同年8月，胡锦涛同志在江西先后到赣州、南昌等地，就加快经济社会发展等专题进行调查研究。要求不断探索促进协调发展、全面发展、可持续发展的新思路新途径，万众一心地为全面建设小康社会的宏伟目标而奋斗。10月，胡锦涛同志在湖南先后到湘潭、岳阳、长沙等地，深入田间地头、企业车间、科研院所、社区商场，就加快经济社会发展等问题进行调研。明确要求要牢固树立和坚决落实科学发展观，积极探索符合实际的发展思路，通过改革不断为发展注入新的动力，努力推动经济社会更快更好地发展。

为了给党的十七大报告起草工作做准备，2006年10月上旬，在胡锦涛同志的指导下，中央确定了20个重点课题，包括科学发展观理论问题研究、和谐社会理论问题研究、我国改革开放的主要成果和历史经验问题研究、我国经济社会发展到2020年总体目标和战略布局问题研究、围绕完善社会主义市场经济体制深化体制改革问题研究、加强社会主义民主法制建设问题研究、加强党内民主建设问题研究、加强党风廉政建设和反腐败斗争问题研究等涉及党和国家工作的重大课题。

中央组织了36个部门和单位进行研究，并把上述20个重大课题分解为62个具体课题进行专题调研，形成了62份调研报告。各课题组一共召开座谈会1523次，参加座谈会人员达20072人次，调研的广度和深度可见一斑。这次调研结束后，胡锦涛同志亲自主持召开12次会议，听取有关课题组的汇报。可以说这次胡锦涛同志亲自指导的调查研究成果，如“进入新世纪新阶段，我国发展呈现一系列新的阶段性特征”等，为党的十七大报告论述科学发展观做了基础性、科学性的准备。

六、调查研究与习近平新时代中国特色社会主义思想的确立

习近平总书记非常熟悉基层、地方和中央的情况。作为具有伟大志向的领导人，同样十分重视调查研究工作。他多次强调：“调查研究是我们党的传家宝，是做好各项工作的基本功。”他还指出：“调查研究是谋事之基、成事之道，没有调查就没有发言权，没有调查就没有决策权。”研究问题、制定政策、推进工作，刻舟求剑不行，闭门造车不行，异想天开更不行，必须进行全面深入的调查研究。习近平总书记指出，调查研究的目的是把事情的真相和全貌调查清楚，把问题的本质和规律把握准确，把解决问题的思路和对策研究透彻。

关于如何调查研究，习近平总书记强调要重点处理好调查和研究两个环节的关系。对调查了解到的真实情况和各种问题，坚持有一是一、有二是二，既报喜又报忧，不唯书、不唯上、只唯实。在调查的基础上进行深入细致的思考，进行一番交换、比较、反复的工作，把零散的认识系统化，把粗浅的认识深刻化，直至找到事物的本质和规律，找到解决问题的正确办法。开展调查研究，务求“深、实、细、准、效”。调查研究要制度化经常化。要适应当今社会信息网络化的特点，拓展调研渠道、丰富调研手段、创新调研

方式。

党的十八大以来，以习近平同志为核心的党中央在带领中国人民实现中华民族伟大复兴的过程中，把调查研究的理论与方法贯彻到实践中，调查研究不仅是一种工作方法，同时还成为一种工作制度和惯例。党的十八大以来，中央凡是准备作出重大决策，都建立在广泛深入调研的基础之上。

无论是党的十八届三中全会审议通过《中共中央关于全面深化改革若干重大问题的决定》，党的十八届四中全会审议通过《中共中央关于全面推进依法治国若干重大问题的决定》，党的十八届五中全会审议通过《中共中央关于制定国民经济和社会发展第十三个五年规划的建议》，党的十八届六中全会审议通过《关于新形势下党内政治生活的若干准则》和《中国共产党党内监督条例》，还是党的十九届二中全会审议通过《中共中央关于修改宪法部分内容的建议》，党的十九届三中全会审议通过《中共中央关于深化党和国家机构改革的决定》和《深化党和国家机构改革方案》，党的十九届四中全会审议通过《中共中央关于坚持和完善中国特色社会主义制度、推进国家治理体系和治理能力现代化若干重大问题的决定》，都组织若干调研组深入地方和部门进行全面的调查，在调查的基础上反复研究起草决定。

党的十九大报告是公认的马克思主义的纲领性文献。党的十九大报告这样的纲领性文献堪称在起草的过程中与深入全面的调查研究相结合的典范。在习近平总书记亲自部署下，起草组围绕一系列重大理论和实践问题开展实地调研。2017年2月上旬，根据起草组的工作部署，9个调研组赴16个省区市，就党的十九大报告议题进行调研，召开各级各类座谈会65次。2月20日至3月31日，按照党中央部署的21个重大理论和实践问题，59个承担部门和单位组成

80个调研组，深入1817个基层单位开展实地调研，召开1501次座谈会和研讨会，参会或接受访谈人数21532人，形成80份专题调研报告。这些成果为报告起草奠定了坚实基础。一次次访谈，汇聚了广大党员的意见和建议；一次次调研，带回基层群众的深切期盼。5月下旬，25个国家高端智库建设试点单位提交了65份围绕党和国家发展面临的重大理论和实践问题开展深入调研形成的报告，提供起草组研究参考。

七、中国共产党历史上的调查研究给当代的启示

从毛泽东同志到习近平总书记，几代中国共产党人形成了科学的调查研究理论和方法。善于进行调查研究，这既是中国共产党的思想方法和工作方法，又是中国共产党优良传统。坚持调查研究，理论与实际相结合，由此制定和执行正确的路线方针政策，是我们党领导革命、建设和改革的谋事之基、成事之道。这些基本经验对今天中国共产党领导人民继往开来实现伟大民族复兴，具有极重要的启示。

首先，调查研究是贯彻实事求是思想路线的前提。党的思想路线是一切从实际出发，理论联系实际，实事求是，在实践中检验真理和发展真理。唯物辩证法是马克思主义哲学的核心内容，是认识世界发展规律的理论武器。调查研究是唯物辩证法在工作中的运用。只有坚持调查研究，才能正确地认识世界，做到从实际出发，形成对客观事物及其规律的正确认识，既看到事物的现象，也能抓住事物的本质，把握事物的规律性。也就是说，调查研究关系到对实际的把握，关系到在此基础上对主要矛盾的判断，关系到主要任务的确定，关系到路线方针政策的制定，关系到事业兴衰成败。

其次，调查研究是完成革命、建设和改革任务的科学方法论。马克思主义是实现共产主义的学说，是中国共产党的指导思想。调查研究是马克思主义者认识世界的主要方法之一。概括起来，调查研究的方法主要有以下几种。

一是运用马克思主义的阶级分析方法，深入分析中国社会各阶级以及各阶级内部的特殊矛盾。阶级分析是毛泽东同志调查研究实践的最重要的手段，也是他在革命时期进行调查研究最主要的目的之一。

二是要抓住主要矛盾。在调查研究过程中，必须贯彻抓主要矛盾的原则。

三是运用唯物辩证法共性与个性相互关系的原理分析现实问题。主张对事物既要有一般了解，也要有典型剖析；既要重视一般，也要抓住个别。四是把辩证逻辑运用于调查研究中，总结出观察、分析和综合相结合的方法。

再次，调查研究体现马克思唯物史观的基本原则。毛泽东思想的活的灵魂是群众路线，调查研究实质上就是在践行群众路线。

毛泽东同志指出："群众是真正的英雄，而我们自己则往往是幼稚可笑的。不了解这一点，就不能得到起码的知识。"毛泽东同志的这一思想，既强调了调查研究要有正确的态度，同时也指出了要坚持人民群众是历史的创造者的历史唯物主义观点，并把它视为做好调查研究工作的根本条件。毛泽东同志进一步指出："一切实际工作者必须向下做调查。对于只懂得理论不懂得实际情况的人，这种调查工作尤为重要，否则他们就不能将理论和实践相联系。"调查研究是是否坚持群众路线的试金石。

最后，必须坚持把调查研究深入化和持久化。毛泽东同志指出："事物是运动着的，变化着的，进步着的。因此，我们的调查，也是长期的。”调查要经常进行，一劳永逸的调查是没有的。从大革命失败至1934年离开中央苏区，毛泽东同志对农村调查工作始终未间断，这才有中国革命道路的开辟。习近平总书记强调，开展调查研究，务求“深、实、细、准、效”。调查研究的方式方法要与时俱进，要把问卷调查、统计调查、抽样调查、专家调查、网络调查结合起来，把现代信息技术引入调查研究工作，提高调查研究的效率和科学性。调查研究要有制度来保证，调查研究有专门的机构。

总之，历史经验告诉我们：调查研究不仅关系到思想方法和工作方法，还关系到中国共产党领导革命、建设和改革事业的得失成败。当今世界正经历百年未有之大变局，我国正处于实现中华民族伟大复兴关键时期。要求中国共产党继续坚持调查研究，顺应时代潮流，适应中国社会主要矛盾变化，统揽伟大斗争、伟大工程、伟大事业、伟大梦想，不断满足人民对美好生活新期待，战胜前进道路上的各种风险挑战，为实现“两个一百年”奋斗目标、实现中华民族伟大复兴的中国梦而努力奋斗。

用好调查研究“24招”*

王青云**

习近平总书记指出，调查研究是谋事之基、成事之道，是我们做好工作的基本功。调查研究是我们党的一项优良传统，要坚持实事求是的原则、树立求真务实的作风。我们在日常工作中把调查研究作为察实情、找问题、解民忧、出实效、练队伍的重要抓手，总结形成了聚焦预研、深蹲、实查、连心、求效5方面“24招”，推动调研工作切实取得实效。

一、充分预研夯实基础

预研是调查研究不可或缺的案头工作，是确保调查研究工作高效有序开展的基础。调研工作需用好对标对表、系统梳理、案头推演、结对支撑、混编借力5招，明确工作方向、加强知识储备、找准抓手支撑，有效夯实调研工作基础。

1. 对标对表。以习近平总书记相关重要指示批示精神为根本遵

* 载《学习时报》2022年10月24日。

** 作者系国家发展改革委评估督导司司长。

循，准确把握科学实质和精神内涵，找准工作站位、明确工作方向、路径方法。精准对标对表党中央、国务院重要决策部署，锁定调研“靶向标”，高效开展调研工作。

2. 系统梳理。系统总结政策文件、背景材料、国际做法、研究报告、统计数据等多方面材料，建立调研资料基础库。在此基础上对庞杂资料总结提炼、精细分类，梳理出基本情况、政策要点和重要观点，努力做到“在案头知全局”。

3. 案头推演。科学设计调研提纲，周密谋划调研步骤，采取有针对性的调研方法，预判障碍阻力，设计工作预案。通过事先推演切实把案头工作做实做细，保障调研工作有条不紊开展。

4. 结对支撑。聚焦评估督导重点领域，加强与研究机构的深度合作，努力发挥其人才、专业优势，联合开展调查研究，提升工作专业化水平。

5. 混编借力。针对调研任务特点邀请高校智库、研究机构、行业协会、企业专家参与，凝聚合力、有效借力，确保参与调研的每个工作组都得到专业化的人才支撑。

二、深入蹲点解剖麻雀

蹲点调研是深入群众、了解实情、锤炼作风的好方法。可通过深蹲真蹲、下沉到底、全面解剖3招，深入解剖麻雀，找出事务本质，发现问题背后的问题，切实找出破解难题的办法和路径。

6. 深蹲真蹲。通过深蹲真蹲精准调研，把情况摸准摸透、把数据搞准搞实，找准群众最盼、最急、最忧的问题，有效发现工作堵点、难点、重点和突破点。

7. 下沉到底。“沉到底”就是以钉钉子精神直插一线，直抵现场，到最能发现问题的地方去，真正把心沉下去，认真扎实开展调查研究。

8. 全面解剖。对发现的情况、问题进行全面深入地系统分析，抽丝剥茧细解麻雀，避免蜻蜓点水、盲人摸象、以偏概全。

三、多措并举深查实情

实查是调查研究能否取得实效的关键一环。为真正把实情“挖”出来，可从细查、精查、巧查、暗查、快查5个方面入手，采取技筛人查相结合、座谈访谈相结合、明察暗访相结合的9招工作方法。

9. 高效率“摸排”。通过遥感、大数据技术辅助调查研究，用好互联网舆情分析和企业信用等多维度数据库，在开展调研工作时进行宽领域搜集，摸清情况现状、缩小问题寻找半径，提升调研效率。

10. 智能化“穿透”。对摸排出的情况和问题进行初筛核查，将信息手段与实际情况相互印证，对情况和问题进行穿透式了解，对问题进行精准定位。

11. 两条线“深挖”。将实地调研提供的情况与线上了解情况有效结合、深入分析、互相印证，提高调查研究质量和效率。线上用好技术手段提供资料数据支撑；线下组建精干队伍，结合线上有效信息进行深查细挖。

12. 多开“热烈茶话会”。多唠家常、说“大白话”，引导被访企业、居民打开话匣子，与群众、企业围坐一起深度访谈，深入了解他们的所难所盼所思所困。

13. 多开“重点上门会”。对于重点部门、重点企业及时上门座谈，充分体现对相关市场主体意见的重视。深入沟通了解真实情况，为研究提出务实管用的建议奠定了坚实基础。

14. 多开“个别访谈会”。对调研重点和发现的重点问题，与群众和企业主体开展一对一深入座谈，使受访企业、群众卸下包袱，敢讲真话、实话。

15. 调研路线灵活机动。不打招呼、不走“经典线路”，直奔一线抽查，根据掌握的问题线索，随时调整行程路线，有效发现问题。

16. 不露声色暗访。通过专家、记者等随行人员掩护身份，采用小股部队游击战术，不露声色大幅提高暗访工作效率。

17. “点穴式”突击。用信息手段筛选网络舆情后再人工精选锁定问题线索，借助当地熟悉情况人员，快速出击、直奔基层、直插现场开展“点穴式”突击，有效获取真实情况。

四、讲百姓话采集民意

为了解企业和群众所难所盼、所急所怨，就要聚焦“如何走到群众心坎上”这个命题，用好用白话促交心、以诚意听民情、用真心问愁盼3招，真正做服务群众和企业主体的知心人。

18. 用白话促交心。讲老百姓的话，把机制、收入、程序、工作这些词变为“这个怎么办的”“挣多少钱”“需要你做些什么”“在哪忙活”等老百姓一听就懂的话，到了当地学几句老百姓常用的“土话”，真正走进群众。

19. 以诚意听民情。深入一线和企业、基层群众围一张桌子、坐一条板凳，聊经营、谈家常、听困难、记诉求，让企业和群众敞开心扉，以诚意让受访群众和企业人员掏出心窝讲出真话。

20. 用真心问愁盼。联合技术支撑单位提前掌握当地企业和群众的问题诉求，在调研中着力跳出精心打磨材料的“包围圈”和早有准备的“场面话”，重点围绕企业和群众最直接、最迫切的事项进行求证，切实把调研工作做到位。

五、对症下药力求实效

能否取得实效是衡量调查研究工作成败的重要标尺。为实现政策的优化和工作质量的提升，需把握去繁取精深析解剖、聚焦问题推动整改、纠偏完善疏通堵点、提出建议改进优化4招，确保调查研究成果得到有效应用，真正取得实效。

21. 去繁取精深析解剖。去粗取精、由浅入深、由表及里的深入分析，去掉无效信息、理清逻辑链条，把真实情况提炼出来、把正确观点总结出来、把问题短板揭示出来、把意见建议准确提出来。

22. 聚焦问题推动整改。对梳理出的问题形成问题清单，明确责任对象。建立问题整改机制、压实主体责任，努力用好通报、约谈、评优评差、工作晾晒等手段，对各方形成有力督促约束。

23. 纠偏完善疏通堵点。对调研发现的问题和不当做法，及时督查纠正纠偏，在自身职责范围内努力协调解决。

24. 提出建议改进优化。从推动政策更好发挥效能的角度出发，将调查研究的经验和结论转化为能落地、真管用的意见建议，并积极协调政策制定部门改进优化相关政策。

怎样写好领导讲话

——在局处级干部素质能力提升专题培训班讲课提纲

张传禄

刚才大家围绕“好的领导讲话稿符合什么要求，有何特点”“失败的讲话稿为什么失败”“如何构思领导讲话稿”“写好领导讲话稿的要点是什么”等四个方面的问题，结合为领导起草讲话的切身体会作了精彩发言，起点很高，落点很实，感悟很深，谈得很透，我听了深受启发，受益匪浅。下面，根据课程安排和大家在发言中涉及的问题，结合我平时的学习体会和工作体会，就“怎样写好领导讲话？”做个发言，属于研讨性质的，目的是抛砖引玉。

第一，对起草领导讲话要有正确认识

这次论坛的主题是“如何写好领导的讲话稿”，这个主题定得非常好。会写领导讲话，确实是机关干部的一项重要素质能力。

我们这里所说的领导讲话，不是泛指领导的讲话，而是指领导作为一级机关的代表者，就一些重要工作、重要问题在一定的会场条件下所提出的指导性意见。在这里，领导不是作为一般的个人来

讲话，而是代表一级组织作工作指导；他的讲话不仅仅是个人意志的表达，而是领导以个人的身份代表一级机关发言。

领导讲话就其文字形式来讲，是领导机关常用的文体之一，属于文件范畴。近些年来，领导机关通过领导讲话这种形式来指导工作，在机关全部文件中所占的比重有了明显的增加。起草领导讲话是机关干部的一项经常性的重要工作。

对起草领导讲话怎么看，我觉得，写好领导讲话稿，是实现领导机关工作指导的一种重要方式和途径。

起草领导讲话，领导本人当然要亲自动手，如提出基本思想，但机关也应当甚至必须参与。这主要有两方面的原因：

一方面，是提高工作指导的准确性、科学性的需要。从机关工作的范围来看，领导讲话主要有三种类型：一是重要工作的指导；二是就重大问题统一认识；三是礼节性的讲话。也有的领导讲话是以上几种类型的综合。这些讲话，如果只靠领导个人的思想、认识、知识，情况的积累和精力，显然是不够的。在现代社会中，指导工作所需要考虑的因素和信息量大幅度增加，决策者个人不可能全面收集把握信息，并对之进行分析整理，决策者个人所面临的问题日趋复杂，而且解决这些问题需要的知识、信息要比过去复杂得多，单凭决策者个人的经验和知识已远远不够。要想提出科学、准确的工作指导意见，机关不参与是不行的，机关参与起草领导讲话，从一定意义上讲可以说是参与决策、参与指导工作、参与领导的决策思维活动，即在决策活动中起“外脑”的作用。

另一方面，是提高决策效率的需要。在现代条件下，不仅领导决策需要“外脑”，决策的准确表达也需要外脑。机关干部参与起草领导讲话，可以避免领导者用大量精力考虑决策的文字语言表达等一般程序性、事务性的工作，从而提高决策的效率。这在一定意义上说，也是现代决策科学、领导科学发展的客观要求，是现代社会行政学运转的一般现象。

还有一点需要明确的是，现在倡导领导讲话尽量不念稿子，不念稿子不是说不用写讲话稿了，特别是一些重要场合，讲话稿是必须认真准备的。大家都知道美国总统竞选演讲都是不念稿子，看似即兴演讲，实际上讲的都是他们的写作班子认真准备的演讲稿。我觉得，领导讲话不用稿子了，反而对机关干部起草讲话稿的要求更高了。不用稿子讲话，篇幅不能太长，太长了不容易背记。而起草简洁、简短的讲话稿，虽然字数少、篇幅短，但并不是费功夫少、动脑筋少、花气力少，而是恰恰相反，越短越不容易写，写得越短，有时花的时间越多。丘吉尔对这个问题做了精彩的描述，他说，如果让我讲5分钟的话，我得提前一周准备；如果让我讲20分钟的话，我得提前两天准备；如果让我讲一个小时的话，我不用准备，随时都可以讲。

第二，掌握领导讲话的基本特点

机关一般公文和领导讲话都是用来指导工作的，而后者是以领导的个人身份来表达的，因此和一般公文既有相同之处，又有明显的不同。起草领导讲话的最大特点，可以说是“代人立言”，而不是“为己立言”。在体现领导机关指导工作总体意图的前提下，要符合领导个人的思路，符合领导特定的身份，符合领导的语言风格。起草讲话的人是领导的影子，要跟着领导走，不能牵着领导走，更不能随心所欲，把自己的观点强加给领导。那么，领导讲话有哪些具体特点呢？

一是内容上的指导性。领导讲话往往是就重大工作的指导和重大问题的认识而发，因此，既有传达决策的指令功能，又有深化认识的理论功能。总之，要对推进工作、对深化和统一认识有指导作用。

二是风格上的个性。由于领导讲话是以个人身份代表一级组织发言，因此，讲话的风格、格调要与讲话领导自身的情况特点相适应。同一方面的内容，由职务、分工、经历不同的领导讲，应有不同的风格，不能千篇一律。

三是效果上的二重性。领导讲话是与一定会场条件相联系的文稿，因此，它既具有会场效果或直接效果，又具有文件效果或间接效果。一个好的领导讲话，必须达到二者的统一。一方面，要适应讲话场合的性质，考虑听众的直接反映，符合讲话场所当时当地的气氛，便于听众接受，通俗地说，就是要使大家听得懂、听得明白；另一方面，又要符合通过文件渠道传播的要求，便于被读者准确地理解和贯彻执行，这样，在语言风格上和其他文件，就有了明显区别。

第三，明确领导讲话的基本要求

好的领导讲话稿符合什么要求？刚才大家都谈到了，谈得很好，综合大家的观点，我觉得，一篇好的讲话应当满足如下几个要求：

一要有思想。领导讲话不仅要讲决策、部署、要求是什么，更重要的是阐述确定这些决策、部署、要求的基本考虑和基本思想。领导讲话的指导性，从根本上讲，不在于讲话者的身份，即职务高低，而在于对问题的深刻见解和说服力。一个领导讲话成不成功，对人有没有启发，对工作有没有指导作用，关键在于问题抓得准不准、道理讲得深不深、有没有超出一般的东西，也就是有没有“思想”。这里所谓的“思想”是有特定的含义，就是指对问题和解决办法的深刻见解。

二要接地气。领导讲话面对的是做实际工作的人，讲话的基本功能是回答解决实际工作中提出的种种问题和矛盾。因此，要真正能吸引人、打动人、对人有启发、对工作有指导，就必须紧贴实际，实实在在，也就是接地气。不能不着边际地说空话、套话，没有着落地讲一般原则。首先，问题提出的起点要接地气。就是要尽可能从大家关注的、熟悉的、工作中迫切需要解决的实际问题中引出讲话的主题。其次，分析阐述的角度要接地气。就是要力求阐述通俗易懂，便于被理解和接受。再次，使用的思想和语言材料接地气。就是尽可能使用通俗易懂、明白朴实的语言，包括一些生动形象的群众评议，要力求把思想性和可操作性有机地结合起来。

三要准确无误。领导讲话的内容必须准确、全面、妥帖，防止片面性、模糊性和偏差。这是领导讲话的基本功能和性质决定的。领导讲话要用以指导工作和统一思想，如果不准确，就会“失之毫厘，差之千里”，造成不良影响甚至严重后果。可以说，准确是领导讲话的根本所在。具体说来，首先，立论要准。就是所确定的基本观点、基本结论要准确无误。其次，把握分寸要准。特别是涉及到对一些问题的判断，讲到什么程度比较妥当要反复掂量，做到恰如其分。再者，遣词造句要准。在领导讲话中，一些关键性的词句直接关系到对重大问题的认识和工作指导的准确性，因此，要一字一句反复推敲，力求准确无误、天衣无缝。

四要厚实。领导讲话要深刻阐述和表达思想观点，就需要从不同的角度运用不同的材料来分析和说明，这样才能有说服力。同时，由于领导的阅历一般都比较丰富，接触掌握的情况比较多，因此人们听领导讲话，一般都希望有比较大的信息量和知识点。这就要求起草的领导讲话，不仅要有一定的深度，而且要有一定的广度，以帮助听众开阔工作思路和拓宽思维空间。使讲话达到丰满厚实的主要手法有：一是回顾追溯。就是讲述事物的来龙去脉，增强纵深感。二是概括全局。就是对总体情况进行综合分析，给人以总揽全局的感受。三是典型例证。就是通过实际生活、工作中的典型事例来说明问题，引起深思。四是广征博引。就是适度用古今中外一些经典性评议和典故，使人产生联想，使讲话具有丰富的知识性，以强化主题思想。

五要有个性。领导讲话既然是以个人身份代表一级组织发言，因此在共性的前提下也要有个性，这种个性包括两层含义：一是在不同场合、不同时机，面对不同对象，领导讲话有不同的特点；二是在其他相同的前提下，不同领导讲话在表述风格（主要是语言风格）上有不同的特点。根据领导讲话的特点来承办起草是一大学问。首先，在确定讲话主题思想和基本角度时要考虑领导的特点。其次，在不影响准确性的前提下注重语言的个性化。个性化的语言，可使人产生亲近感和可信感，防止产生一般化和雷同的印象。在起草过程中，可采用以下几个方面反映个性的语言：一是反映领导个人身份的语言；二是反映领导个人经历的语言；三是反映领导性格气质的语言；四是反映领导讲话习惯的语言。

第四，防止和克服领导讲话存在的主要问题

在刚才的交流发言中，大家还就“失败的讲话稿为什么失败”发表了很好的见解。从总体分析，当前领导讲话稿中存在的主要问有五个方面，克服了这些问题，起草讲话就会远离失败，迈向成功。

一是篇幅冗长。经常为领导起草讲话的人都知道，一篇讲稿在

篇幅上必须符合两个方面的要求：一方面，事先规定字数；另一方面，会前预定领导在会上讲话的时间长度。在字数方面，约定俗成的习惯是一般会议5000字左右，大型会议8000字以上。但这是一般而言，特殊情况例外。比如，邓小平为周总理起草的四届人大工作报告讲话才4000来字，效果非常好。在时间方面，负责召集会议的部门一般都希望领导在会上讲话的时间不能过于短促，领导在会上讲得多，表明对这项工作重视。作为具体工作部门来讲，就好借此大力宣传并开展工作。这样，有字数和时间这两个因素的制约，领导讲话稿在篇幅上就不能写得太短。而有的领导同志也有讲话长了显得重视的观念，在实际工作中老想把讲话稿写得长一些，埋怨起草者这个问题没写上、那个问题没写全的现象也比较普遍。这样一来，一篇讲话稿在篇幅上非拉长不可。所以，在实际工作中，写短文、讲短话还很难做到。

二是框架雷同。这主要表现在一篇讲稿的结构与组成上。按理讲，领导者有不同的思维方式，哪些问题先说，哪些问题后说，哪个问题从这个角度说，哪个问题从那个角度说，应该是各不相同的，表现在讲稿的谋篇布局上便是结构组成互不一样。然而翻开不同单位、不同部门、不同行业的领导讲话稿，可以发现在这方面有着惊人的相似。当然，也不能说相同的讲话稿结构在不同的会议上不能出现，问题是不能次次相似、年年相同。今年的总结讲话，拿出去年的讲稿换个时间即可，这就不行了。群众反映这样的讲话稿为“下级抄上级，一级抄一级”，“年年开会年年讲，年年都是一个样”。

三是内容庞杂。分为这么几种情况：首先，方方面面如蜻蜓点水，面面俱到；其次，工作一一罗列，一一分析，一一强调；最后，从上到下，从过去到现在，话题扯得太多。领导同志在会上把工作讲得全面一点、把问题分析得全面一点、把要求提得全面一点，这些动机应是无可厚非的，问题在于，一个会议的时间毕竟有限，而且主题只能有一个，领导者如果逢会便讲，一讲就多，过于“全面”了，就势必琐碎庞杂，冲淡主题，总体效果也就好不了。有个高级领导同志对我讲，领导同志一次讲话，能有一两句听后让人记得住、忘不了、到处传颂的话就很不错了。这是有道理的。

四是叙述空泛。这是领导讲话最典型的通病之一。不少领导者在认识上有一个误区，讲话不能太具体、太实际，不然就会因缺乏普遍指导意义而失去领导者看问题所应有的高度和深度。因此，他们总是希望起草的讲话在叙述上要原则一些、理性化一些，比较具体、针对性强的东西少写为佳。这种讲稿往往气势很大，站得很高，但实际上却很“虚弱”，里面许多都是没有真正内容的大话、空话和套话。事实上，高度也好，深度也好，它们都应当是基本道理与具体工作的统一，是说理与叙事、理论与实际、一般与个别的有机结合。一篇讲稿如果写成一种好像什么都说到又好像什么都没说的“论”文时，那么其高度和深度也就失去了它应有的意义。

五是语言生硬。现在，群众常常把一些口气大而生硬的语言戏称“官腔”。官腔的特征是习惯运用居高临下的指令性语言，“应该”“必须”“一定”之类的词语使用频率高。领导同志念这种讲稿，仿佛在念一纸命令，令人有一种集体受训的感觉，无形中增加了一道领导者与群众感情沟通上的屏障。

第五，把握写好领导讲话的重要环节

领导讲话产生的最佳模式是两个结合，即领导和机关结合、起草者和执行者结合。就起草工作本身而言，有以下几个重要环节或要素需要把握。

一是吃透领导意图。领导讲话是领导个人意图和承办机关指导工作意图的重合。因此，不仅要体现承办机关和直接起草者的意图，尤其要体现领导的意图，而且前者必须服从后者。这就要求承办起草者善于领会、吃透领导意图。吃透领导意图，关键是和领导要有思想交流。平时多留意领导的言谈话语，最好能掌握领导的所思所想，关注重点和焦点。思想交流越密切、越深入、越透彻，起草过程就会越顺利，质量也就越高。

二是提高思维层次。对于讲话稿，领导交代意图往往是提纲挈领、简明扼要的。对起草者来说，关键还是要能够使自己的思维和领导的想法接近，就是说能与领导在同一个层次上思考问题。这就需要对领导关注的问题焦点、领导思考问题的根据、领导处理和解决问题的思路、领导个人的思想和表述风格等有所掌握。这样就可以使起草的初步设想与领导的意图比较接近；对领导交代的意图做到心领神会，正确地把握住要点，乃至于提出领导已有所感或正在思考而没有表达出来的思想。

三是集思广益。重要讲话的起草，要尽可能广泛听取各方面的意见。对涉及到的一些重要问题，要找一些既有理论知识，又有专业知识，还有实践经验的同志来商量，请他们提出各种意见和想法，以供讨论、比较。多听各方面的意见，可以使思想更深刻、论述更全面。为使讲话更加符合实际，还可以找一些直接执行的同志，尽量把讲话所提出的意见在付诸实施过程中可能出现的各种复杂情况考虑进去，从而有利于更好地贯彻执行。

四是善于积累。起草好领导讲话，归根结底要提高参与起草者的自身素质，尤其是要善于积累。首先要积累真实情况。把单位面上的情况都装脑子里边。其次是要积累必要的理论知识和其他方面的知识。再次要积累领导在不同场合谈的有价值的思想观点。只有平时多想、多学、多记，起草时才能思如泉涌，写出漂亮的讲话。

第六，要把领导讲话稿写成美文

我们这次论坛还有一个话题——如何构思领导讲话稿。大家也提出了很好的意见和见解，都是经验之谈。我想提一个研讨性观点，把领导讲话稿写成美文。

么是美文？《辞源》的解释是：美好的文辞。我觉得，美文是个与时俱进的概念。通俗地讲，凡是写得好的文章，不论是文学作品，还是实用文章，就是美文。那么，文章怎么叫好？怎么叫不好？怎么才能写好？这里面的道理很多，可以说，智者见智，仁者见仁。毛主席曾经提出一个要求："文章和文件都应当具有这样三种性质：准确性、鲜明性、生动性。"我认为，具备了这"三性"的领导讲话，就称得上是美文。具体说来，要具备"通俗、深刻、简洁、生动"等方面的特征。

一是通俗——深入浅出，言近旨远。文稿的表现形式大致可分为四种：深入深出，深入浅出，浅入浅出，浅入深出。这四种中，以深入浅出为最好，以深入深出为最差。其中的道理不言而喻。我们写领导讲话目的是给人家看（听）的，不是给自己看（听）的，所以只有自己能看（听）懂不行，最主要的是让人家看（听）懂才好。人家看（听）不懂或不完全懂，就看（听）不下去，即使硬着头皮看（听）下去了，似是而非，也难以收到好的成效。

什么样的领导讲话算深入浅出、通俗易懂？一言蔽之，"外行人能听得懂，内行人听着不外行"。尤其是那些理论性、专业性、技术性强的讲话稿，需要在起草过程中进行通俗化、浅显化、大众化处理。

二是深刻——触及问题，观点鲜明。一篇讲话总的要求就是要解决什么问题。所谓深刻，就是要有鲜明的立场和观点，敢于触及问题，提倡什么、反对什么，必须旗帜鲜明。因而，中央在一个《通知》中指出："一个领导者，起草一个文件，或者讲一篇带有指导性的讲话，总应该提出问题、分析问题、解决问题。"首先，触及的问题越尖锐、越突出，引起的影响就越大。我们在日常生活中都有这样的体验，有时一项工作或一个社会问题，在现实生活中表现得很突出，矛盾很尖锐，大家觉得迫切需要改变，需要解决。在这样的情况下，有人针对这一问题拿出好的经验或提出好的办法，马上会使人豁然开朗。而且触及的问题越尖锐，针对的问题越突出，引起的影响就越大。其次，触及的问题涉及范围越广泛，引起的反响就越强烈。实践证明，一篇讲话触及的问题带来的效果是：如果是针对某一个人讲的，只能引起当事人的反应；如果是针对某个单位讲的，就会在这个单位引起反应；如果是针对一个行业讲的，就会在这个行业引起反应；如果是针对整个社会讲的，就会在整个社会引起反应；如果是针对人类普遍存在的，就会对整个人类产生影响。再次，触及的问题越难解决，在历史上反复的次数越多，影响越长远。有一首耳熟能详古诗——"锄禾日当午，汗滴禾下土。谁知盘中餐，粒粒皆辛苦。"流传已经2000年了，到现在还在传颂，为什么它有那么强的生命力？这首诗针对有些人不珍惜劳动人民汗水的现象还广泛存在，据统计，中国人在餐桌上浪费的粮食一年高达2000亿元，被倒掉的食物相当于2亿多人口一年的口粮。正因为"舌尖上的浪费"现象触目惊心，令人心痛，所以人们还经常举出这首诗来教育大家，什么时候浪费问题不存在了，这首诗就没有生命力了。再如，20世纪60年代我们宣传了焦裕禄这个典型，在当时引起的反响很大、很强烈。半个世纪过去了，现在把焦裕禄搬上电影、电视，反响还是很大，不少人感动得流泪。为什么？焦裕禄是针对有些干部的事业心不强、作风不廉洁的问题写的，这个问题在当时干部队伍中很突出，在现在的干部队伍中也很突出，所以能够在群众中引起强烈的思想共鸣。古今这两个典型事例充分说明，无论是采取哪种方式写文字材料包括领导讲话，只要针对的问题越难解决，在人类历史上反复的时间越长，影响就越深远。反之，生命力就短。

三是简洁——字斟句酌，反复推敲。简洁就是行文简明扼要，没有多余的话。我觉得，简洁不仅是文字作品的一种形式，更是文章的一种美的素质。写出简洁的作品，不是一蹴而就的事情，需要有一个学习的过程和锻炼的过程。一般地说，人的经历阅历越丰富，他的行文就越趋向简洁，这不只是与文字修养有关，也与把握现实、洞察世情有关。当然，要把讲话稿写得简练，把比较复杂的意思用最短的话语表达出来，就如同矿石提纯、元素浓缩一样，是要经过千锤百炼的。所以讲稿写好后，要不厌其烦反复修改、反复推敲，把可有可无的字句段删去，力求用最经济的语言阐释最丰富的内容。

四是生动——能说服人，能打动人。胡乔木同志在《怎样写文件》中曾提出公文生动的三条标准，一要引人看，要有好的介绍方法，要有吸引人的力量；二要看得懂；三要能说服人，打动人。他还指出，我们写文章的时候，总以为自己的道理是对的，要人家相信，要说服党和人民群众。写文件就是要用道理说服人，不但说服人，还要能打动人，说服着重在理智方面，打动人除了理智方面还带有一点感情，使看的人真正被你动员起来。切实做到以理服人，以情动人，讲话稿就会达到新的境界

浅谈文稿写作方法

——为年轻干部讲授文稿写作

（2021年11月）

林树斌*

很荣幸受邀参加年轻干部座谈会。首先补充下自我介绍，我在市委办里分管文稿起草、调查研究、深化改革、信息值班工作，几年来，起草文稿积累了一些经验。

前几个月，我就接到了邀请，说想让我给年轻干部们上一堂“起草综合文稿”的课。当时我就觉得咱们领导很有远见，也很关心咱们在座的年轻干部，远见在于，他认识到写好文稿对促进工作的重要性；关心年轻干部在于，他认识到写好文稿对年轻干部成长很有帮助。我很乐意跟年轻干部们分享自己起草文稿的一些心得，所以我今天来是抱着学习分享的心态，跟大家交流一下文稿写作方式方法。

我这里跟大家讲怎么起草文稿，讲的是框架、结构和内容，而像用几号字体、页边距怎么设置等，这些格式的东西不难，大家根据之前两办印发的《标准公文格式》按图索骥就行了。我主要讲为

* 作者系海南省万宁市委办副主任、政研室主任、深改办主任。

什么要写好文稿，文稿起草的几个步骤，几类常用文稿写法，优秀文稿写作者应具备的能力素质四个部分内容。我来之前，也做了统计，了解到咱们在座一半以上年轻干部平时接触综合文稿的不多，所以我尽量讲得浅显直白些，希望大家听完就能够有所思所想所得，拿到一篇文稿任务不慌不忙就能弄好。

第一，为什么要写好文稿

我觉得主要有两个方面原因：

一是要开展好工作离不开文稿。毛主席说过，革命夺权靠枪杆子和笔杆子。远的不讲，就拿我们平常开展工作来说，大家可以思考下，我们一项工作是怎么开展的？首先要形成开展这项工作的思路，要有工作方案吧；接着要把这项工作部署下去，领导要在会上做动员讲话吧；再者工作部署了，干得怎么样，要阶段总结推进，领导要做推进讲话吧；最后这项工作干完了，要来个全面总结吧，总结亮点、盘点不足、奖优罚劣。大家看一下，开展一项工作的四个基本步骤，都离不开文稿。有些同志可能会说，自己接触的没有这么复杂。我的理解是乡镇工作比较繁杂，我们镇领导工作经验也很丰富，有些工作镇领导自己口头部署了，而不是每次都让大家准备正式的讲话稿，大家想下是不是这样？所以大家一定要认识到，我们的工作离不开文稿，一项工作开展得好不好，文稿起草得怎么样就至关重要。

二是年轻干部要想全面成长必须拿得起笔。邓小平同志曾说，用笔领导是领导的主要方法。大家再思考下，咱们年轻干部应该具备什么样的素养呢？我认为就是会干、能写、懂说，而能写尤为重要。打个比方，领导给你安排了一项任务，你干得怎么样要如何跟他汇报？不是通过说就是通过写来表达，而且有时候怎么说也要通过写来转换，所以写是无处不在的。大家会发现，往往能写的人抓起工作来思路会更清晰。因此，年轻干部要想全面发展绕不开写这个关，必须拿得起笔。

接下来，我讲下什么样的人适合写文稿？有的同志会问，我也知道写很重要，但我不是文科出身，能不能写好呢？我看了咱们在座年轻干部名单，大家学历都很高，有毕业于985、211高校的，也有毕业于省属重点高校的，但大多数是理工科专业，没有学文秘或者汉语言文学专业的。我想讲的是，不管学文学理，都能起草好文稿，文科理科起草文稿也各有优势，文科生基础要扎实些，但理科生逻辑思维能力要更强。在我接触的市、县笔杆子中，大多数是学理科的，我们政研室前主任是学理科的，我也是理科出身。其实和学历高低也并无直接关系，早期一些笔杆子中专出身，照样能把文稿写好，只能说学历高代表学习能力强些。同样也不会存在性别之分，是不是男同志更适合文稿工作，而女同志不适合，没有这个说法。这里要讲的是，目前来看，在机关写的机会要比乡镇多些，而且越往上级机关能写就显得越为重要，而随着机关和乡镇干部频繁交流，机关干部会下乡镇，乡镇干部也会交流到机关，掌握写的技能是必不可少的，早晚都得学不如早学。所以这里的结论是，只要有一些文字基础，肯下功夫，每个人都能把文稿写好，特别是年轻干部比较优势就是学习能力强、可塑性强，善于接受新事物，写好文稿不是那么难的事。

第二，文稿起草的几个步骤

我总结成日常积累、确定主题、列好提纲、充实内容、修改打磨五个步骤。

一是日常积累。我们常说“磨刀不误砍柴工”，日常积累就是磨刀。我们有的同志看到别人写起文稿来感觉很简单，但到自己动笔却无从下手；还有的同志说起来头头是道，但接到文稿任务后脑子一片空白，主要原因还是平时积累不够，手中无“粮”，心中发慌。所以文稿写作第一步，就是要做好日常学习积累。从哪里学习积累？我们政研室每个干部都关注了人民日报、求是、海南日报、万宁发布厅等公众号，对于这些公众号推送的中央、省和市的工作部署新闻稿，都会一篇不落地认真学习；还专门学习各级印发的讲话稿；还成立了市委办学习小组，把年轻人集中在一起，每周进行1—2次一个半小时左右的集中学习研讨。这些经验大家都可以借鉴，我们就是要通过这种积累，来吃透上级精神和掌握本地工作情况。

对于咱们在座年轻干部来说，要认真学习积累中央、省、市和镇系列工作部署精神，像上级领导讲话，大家可能少有渠道学习讲话原文，但也可以通过新闻通稿来获知中央和省部署了哪些工作；某某讲话以内部通报形式印发，大家都可以收集起来经常学习，特别是领导关于咱们镇的系列讲话指示批示精神，更是要反复学习领会。除了上级精神，还要熟练掌握镇里以及所处科室工作情况。如果平时时间充裕，还可以分门别类整理归类各种素材，比如可以分为党的建设、经济发展（产业、项目、园区）、改革开放和自贸港建设、生态环保、民生等几大版块。需要特别强调的是，这里讲的积累，是日积月累，不是“三天打鱼、两天晒网”；心情好的时候看一下，有空的时候看一下，不是这么回事，雷打不动地哪怕每天腾出三四十分钟看新闻找素材，时间长了，也会感觉到进步，动笔起来就不难了。

二是确定主题。接到文稿任务后，有时候我们就知道了大的方向，这个稿子是围绕什么主题来写的；但有时候不是太明晰，比如咱们乡镇快召开党代会了，接到镇委书记下的任务——写一个党代会闭幕讲话稿。闭幕要讲些什么呢？刚才说的第一步积累就派上了用场，如果学习了以往中央、省和市党代会闭幕讲话，就知道要写什么了，无外乎是肯定这次大会开得很成功、感谢代表们和工作人员们的付出、抓好大会精神的学习贯彻、对不再担任镇领导的干部表示敬意，最后来几句号召提神鼓劲的话。所以说积累很重要，我们有很多文稿是相通的，多看多学就会有启发。往这个方向思考大体不会错，但是符不符合镇委书记最想表达的观点，这就需要咱们党政办经常接近领导干部去思考，把领导最想说的话说出来，所以有时间有机会最好能跟领导当面交流下，使我们确定的主题尽可能接近领导的意图。要指出的是，我们确定的主题要契合会议的语境，就是会议场合不同、规模不同、参会对象不同，主题也不相同。好的讲话稿和一般的讲话稿相比，就是更贴近会议语境。比如，同样是讲工作，部署会和汇报会讲的肯定是不一样的，后面我会展开讲几类常用讲话稿写法。我这次来之前，就提前了解在座的各位是属于文稿写作什么层次的，是初学者多还是入门比较久的多，初学者多我就讲得浅显易懂些，入门比较久的多我就可以深入点讲，就是这个道理。

三是列好提纲。提纲是文稿结构的蓝图，就像房子的四梁八柱，也像人的骨架。提纲定好了，写起来才不会节外生枝，就像大家以前写作文一样，列好提纲就不会离题。我们政研室一些干部刚进来的时候，不大习惯列提纲，有贪图快的心理，想马上就写出来，其实反而欲速则不达，后来在我的纠正下都养成了列提纲的习惯。

提纲怎么列呢？最初列的提纲，可以线条粗点，但是尽量形成一个完整的标题，标题要拟得好看务实些，当然不是要死磕字数对齐、用语对仗等。一般来说，提纲要列到二级小标题，每个小标题下要写什么内容，我们思考的时候可以标注几个关键词，写的时候可以围绕几个关键词展开，以免写漏了一些工作。像我今天讲课的文本，就是列到了二级标题，四个部分是一级标题，每个部分下再讲几点，这几点就是二级标题，这种层级比较合适。有的同志说，我要写的这篇文稿内容比较多，第二个层级下还要展开几个小点。我觉得这要看是什么样的稿子，书面稿是可以的，但如果是口头稿，会导致听的同志感觉条理层次感不是那么强，每个点下都有几个一二三四，很容易记串，所以建议口头用稿控制在二级标题以内。列提纲还有个好处，像我们写党代会报告，是几个同志去写，大家想法可能不够一致，有了提纲就能把每个人想法揉在一起，文稿出来后就像个样子。

四是充实内容。提纲列好后，我们就要把内容充实进来。把提纲比作人的骨架，内容就是血肉，有骨架有血有肉才完整。写文章贵在一气呵成，我们起草初稿时候不要过于追求完美，不要想我写完这几句话就不改了，而要顺着写，有些地方可以先空着数据和事例，后面再补上。如果一直扣着某个地方，卡在这里，效率就比较低。这个过程可以看成我们往已经列好的小标题里塞内容，要注意的是，内容是要对应标题来写的，也就是说标题要能盖住内容，不要出现文不对题的情况。一个小标题下的内容可以是并列关系，也可以是递进关系，要一件事一件事来写，不要混杂着，条理才更清楚。如今提倡写短文，所以语句都要精炼些，少些过程性表述，多些结果性表述，多用数据和事例说话。比如写一篇咱们镇经济社会发展情况的文稿，成效部分讲到咱们镇某项指标不错，就可以拿跟以往对比的增速来表述，在全市各镇区排名第几；哪项工作获得全国全省全市性荣誉；还可讲一些别的镇区没有或做不出的亮点，咱们镇比较有亮点的工作，以及一些立足镇里，为全市作出贡献、提供样板的创新举措。总之，好文稿里的内容肯定不是大路货，一定是能够实事求是、恰如其分地突出本地本部门工作特色的，如果一篇文稿放在这个镇可以，拿到那个镇也说得过去，可以断定不是好文稿。

五是修改打磨。好文章是改出来的。不少同志都知道唐代诗人贾岛“推敲”的故事，他因为思考一句诗中用“推”还是“敲”好，骑驴冲撞了大官韩愈的座驾，还好韩愈也是大诗人、散文家，还帮他出了主意。所以我们不要以为辛辛苦苦弄出稿子就完事了，还要反复修改打磨，特别是像五年一次的镇党代会报告、镇政府报告这种大型文稿，要汇编成册，还要存档，就要经得起历史和人民的检验，不要提一些不切实际的目标任务，不要有语句上的硬伤、数据上的错误，甚至出现错别字等问题。古人云“文人相轻”，就是文人之间互相看不起，我们起草文稿的人就要不得这种想法，像一些大型重要文稿，除了我们内部起草小组多次研究谈论修改之外，还可以适当征求“两代表一委员”、专家学者和群众的意见，达到集思广益的目的，让大家都来思考会碰撞出更多火花，解决几个人思路局限的问题。

第三，几类常用文稿写法

下面跟大家讲下我们工作中常用的文稿写法，这里以大家通常认为最难写的讲话稿为例，这也是我们政研室经常涉及的，可以说讲话稿写好了，其他文稿就没问题。主要有七大类：

一是大型综合类讲话稿。像刚才提到的镇党代会报告和政府工作报告，就是这类文稿。应该说起草这类文稿很锻炼人，今年是换届年，所以在座的部分同志能够参与起草五年一次的重大文稿，要有荣誉感与责任感。这阵子我们政研室也在起草市党代会报告，跟大家分享下大致框架，具体内容就不剧透了：第一部分，五年来工作总结，包括做法及成效、经验体会、存在不足等。写这部分要精炼，怎么来展示成效？可以用前面讲到的今昔数据对比，比如五年来经济主要指标增长了多少、某项工作从2016年底的多少上升到2021年底的多少等，一些不大重要的工作可一笔带过。第二部分，分析面临的形势与自身发展优势，提出指导思想、大的目标等。即分析全国全省全市形势，咱们镇处于什么样的位置，有什么追赶跨越的优势等，未来五年要实现什么样的大目标。第三部分，未来五年工作任务。作为党代会报告，我们可以把党的建设单列第四部分，所以这里可以写经济发展、改革开放、乡村振兴、生态环保、民生等内容。第四部分，加强党的建设，包括基层党组织和党员队伍建设、干部队伍建设、人才队伍建设、党风廉政建设等。这是框架结构，内容要体现领会中央、省和市有关工作的部署精神，特别是市委书记对咱们镇工作的要求，同时紧扣镇里实际，未来五年怎么干要提一些实硬的措施。

二是专项部署类讲话稿。这类文稿用得还比较多，一般结构是：第一部分，开展这项工作的重大意义。第二部分，具体目标和工作任务。第三部分，加强组织领导，明确责任分工，抓好落实的要求。

三是工作汇报类讲话稿。即下级向上级汇报，比如镇里向市里或者向各种检查组汇报工作，都是这种类型。基本结构是：第一部分，汇报镇里开展工作成效，要尽量突出本地有特色有亮点的做法。第二部分，谈存在问题和不足，穿插着主观客观因素，虽然是讲问题，但也要让上级看到我们对这些问题是采取了措施、作出努力的。第三部分，讲下一步工作打算，要精练务实，不虚头巴脑。第四部分，可视情况提建议或请求帮助事项，适当写几条不宜过多，想要上级帮助的具体事项，不要泛泛而谈。

四是表态发言类讲话稿。这也是会用到的类型，比如市里刚部署一项重要工作，需要听镇里打算怎么做；或者镇里有项工作推进不大好，全市排名落后了，镇领导要做表态发言；还有各种检查组进驻镇里检查工作，有时见面会上需要镇里要做简短表态。基本结构是：首先是对这项工作表示拥护或者同意，接着可展开三个部分。第一部分，可谈从思想上认识到这项工作的重要性；第二部分，谈打算采取的一些比较务实的工作措施；第三部分，谈从加强组织领导、压实工作责任方面，确保这项工作落实到位。

五是典礼致辞类讲话稿。这类是比较简短的文稿，一般为项目动工典礼、庆贺仪式，以及市里或者相关单位在镇里召开会议或搞活动等，需要镇领导致辞。这类简短讲话稿可不设小标题，但是框架上也要有先后顺序，首先，要对会议召开或仪式、活动举行表示祝贺，对大家到来表示欢迎，对各界长期关心镇里发展表示感谢；其次，要指出这项工作或者活动完成的意义，介绍镇里基本情况以及涉及这项会议或活动主题相关工作开展情况；再次，镇里将以这次会议召开、仪式或活动举办为契机，下一步打算怎么干，欢迎大家对镇里工作提意见建议；最后是期望会议、仪式或活动取得圆满成功。

六是调研指导类讲话稿。这类是上级讲给下级听的，比如镇领导到村里或者下属所站去开会，就是这种类型。这类文稿可能平时也不用大家准备，因为镇领导一般脱稿就能讲，面对的群体也会讲得更通俗些，但是作为一种类型文稿，大家学学也无妨。这类也是比较简短文稿，可以不列标题，基本结构是：首先，为开场白，表明这次调研指导目的或者听取汇报的来意；其次，要对下级工作表示肯定，这部分通常比较简短，我们给领导准备稿子时候可以提供一些参考性的东西，因为领导还要根据下级在会上讲的内容进行概括，免得脱离实际；最后是对下级下一步开展工作提出几点要求，这是重点部分要展开写，有针对性地提一些具体工作要求，不可太笼统。

七是主持小结类讲话稿。就是主持词或者小结类讲话，应用得也比较多，也是简短文稿，通常两页纸以内。这类文稿通常结构是：首先，开头要讲这个会议召开或者活动举办的意义，“为了什么什么”，介绍参加的领导干部，讲一下有几项议程，逐项议程进行。议程完毕要进行小结，简明扼要地概括这次会议或者活动主要内容、取得的成果。最后要对贯彻落实会议或者活动精神提几点要求，可先提如何抓好精神的传达学习，以什么样的形式传达给哪些人；接着可讲要结合这次精神重点抓好的几项具体工作。

讲到这里，大家对怎么构思文稿，几类常用文稿写法有了一定的了解，我要强调的就是一定要去写，没有执行力、不去写等于零。在座的年轻干部有常写的，也有没怎么接触过文稿的，我听咱们党政办主任说大家平时接触请示和函件比较多，其他文稿要少些。咱们没有太好基础的同志可以从这些小文稿练起，再到写一些信息报道，一些亮点工作信息都可以报到市委办信息室，这也是我分管的组室。我们政研室有一些干部就是从撰写信息练手再到搞综合文稿的，我刚参加工作时候也写过不少信息，从撰写信息循序渐进地到起草综合文稿。大家刚写的时候会有些困难，硬着头皮、不怕打击，一两个月后就能看到进步了。

第四，优秀文稿写作者应具备的能力素质

这是进阶部分，我觉得也很有必要讲一讲，因为考虑到我们在座的有一些同志有一定基础了，想更深层次地掌握要义。我来之前，找了我们要求各镇区、各部门报送的过去五年工作总结和未来五年工作计划的情况，专门看了咱们镇报送的文稿，感觉比较规整，标题拟得不错，在乡镇中算可以了。我也跟市委办收文同志了解过平时镇里上报文稿的质量，得到的反馈是不错，比一些乡镇要强，我想这是在镇委书记领导下高度重视的结果，所以我有必要跟这些同志再分享一些观点。

一是要不断学习交流借鉴。前面已经讲过要日常积累。我经常跟政研室干部打比方，我们搞文稿的就像运动员一样，大家都知道运动员除了要掌握这项运动的技能之外，他的体能训练是必不可少的，像C罗今年36岁了还在当打之年，罗纳尔迪尼奥28岁以后就基本荒废了，就是因为C罗有自制力、常训练体能、身体素质很好，罗纳尔迪尼奥则沉迷于夜生活，加上经常受伤，身体素质越来越差，前者长年在欧洲主流赛场踢球，后者逐渐远离主流赛场，没多久就退役了，而本来罗纳尔迪尼奥的足球天赋是要比C罗高的。我们文稿写作者学习积累就跟运动员体能训练一样，要经常练、天天练，没有学习积累想要写好文稿是天方夜谭的，所以大家有时候工作忙不能集体学习，每天也要自觉抽出时间自学。我个人感觉只要有几天不学习就会漏掉许多重要的信息，会变得生疏起来，犹如“逆水行舟，不进则退”。除了学习之外，咱们也要经常跟两办和兄弟镇区等部门多沟通交流，就是既要掌握好上级方针政策，又要了解同级工作动向，相互借鉴文稿写法，我们市委办和政研室是这么

干的。

二是要善于概括提炼。我们有些部门、乡镇一些工作干得不错，但就是报不上来，其实是缺乏会概括提炼的能人。一些亮点工作我们怎么去概括提炼？可以往这几点去考虑，有没有体制机制上的创新，有没有惠及广大群众，有没有可供他人借鉴的亮点等，从这些方面去思考提炼出观点来。比如，我们有时看到一些文笔清新的文稿，把一年的工作概括成“快、实、强、新”几个字，这就是一种提炼。党政办的同志可以想一下，咱们镇这几年的工作能概括提炼成几个字或者几个词。

三是要深入研究政策、开展调研、谋划工作。这就比概括提炼更进一步了，概括提炼是对已经开展的工作来说，而这是要谋划下一步怎么干了。如果说提炼出观点，研究谋划就要出思想，指导一个地区未来一段时期要干什么、怎么干。大家要清楚，我们文稿写作者的一个重要定位是为决策提供参谋助手作用，要怎么做？往上要研究政策，往下要开展调研，就是要心怀“国之大者”，对大家来说，就是要站在中央、全省、全市和全镇的角度来想问题、办事情，要通过学习上级方针政策、立足镇里优劣势来找准发展定位，提出切实可行的目标任务和具体措施，而不要觉得镇里未来怎么发展是书记、镇长等镇领导们的事情，笔杆子们都要多琢磨多思考。再从我们起草文稿来看，前面一直讲要善于提炼亮点，亮点从哪里来呢？是要先谋划好这项工作怎样推才有亮点，然后再去推动工作，最后总结提炼亮点，而不是等工作干完了，我们再去想亮点在哪，生搬硬套出一些亮点来，这就不是实事求是了。

四是要经常总结复盘。毛主席说我们党干好工作就靠两个结——团结和总结。字面意思都很好理解。市里经常总结复盘一些重要工作，咱们镇里也要这么做，就是总结固化做得好的地方，及时查漏补缺、补足短板、举一反三，确保下次不再出现同样的问题、犯同样的错误。我们文稿写作者把文稿交给领导后，不是就完事了，领导用完后，要看他照用了哪些地方、改了哪些地方，总结分析一下原因，自己写得哪里好、哪里不好，为什么领导想到了自己想不到，“吃一堑、长一智”，通过总结复盘来不断进步。我们政研室干部就养成了这个好习惯，文稿交给我核改上报领导使用后，我都会再发大家总结复盘，偶有个别时候忘记了，他们都会追着我要领导的最终使用稿。

五是要因场合因人而异。前面讲过了在什么样的场合、面对什么样的人就写什么样的稿子。我这里要讲的是要因我们服务的领导而异，我们要清楚自己的定位，就是服务决策、服务领导，起的文稿是要给领导用的，要让领导满意或者领导班子满意，就要知道这个领导想要的是什么样的稿子、那个领导想要的又是什么样的稿子，而不能是“我们觉得满意”的稿子。我们一些笔杆子有才气，也有犟脾气，有时候会比较坚持自己的观点，这要改过来。要相信领导站位高、水平高，能看到我们看不到的东西，把我们的思维、步调调成跟领导同频共振，才能更好地写出文稿。

六是要大道至简。即文章要写得精炼，能短则短，我前面也点到了，这里展开下。毛主席就明确反对把文章写得像懒婆娘的裹脚布一样又臭又长，大家看下解放战争时期我们党制定的“三大纪律八项注意”，又短又好记。像前阵子开展疫情防控和脱贫攻坚工作，市委书记也亲自拟了一些简单易懂、朗朗上口的口号，非常实用。这些告诉我们，文章绝不是越长越好。以我的经验来看，往上报送的综合汇报文稿最好控制在5页纸以内，专项汇报文稿控制在3页纸以内。像我们发文让各镇区、各部门报送过去五年工作总结和未来五年工作计划，明确要求控制在4页纸以内，但仍然有些单位报了很长的文稿过来，其实还是没有抓住重点工作来报。如果把每项工作都当成重点工作，那就是没有重点工作。因此，我们起草初稿时候可以稍长些，改的时候就要尽量压缩，把可有可无的话删掉，只留下干货，用数据和事例说话。

七是要有情怀引领、家庭支持和好的身体支撑。这是最后一个方面，也是我感触比较深的一个方面，这是决定我们能不能坚持把文稿写下去的关键因素，这三点缺一不可。为什么要讲情怀？我们专门从事文稿写作的同志要明白，一般来说进入这个行当不是干一年半载的事，要干几年甚至是更长时间，就要静得下心、耐得住寂寞、坐得住冷板凳，要认识到这项工作是苦了点累了些，但是总得有人去干，而且我们是服务决策的，我们起草的方案、报告是能够推动这个地方发展，干这样的工作是很光荣的；要认识到经过这个岗位磨炼，我们能够快速成长起来，伴随着成长的总会有职位职级的升迁，时刻保持好的状态。家庭是我们的坚强后盾。我们这个年纪上有老、下有小、中间还有个大活宝，鱼和熊掌不可兼得，加班加点多、身心都投入工作就会有照顾家庭不周的情况，平时我们要跟家人说清楚讲明白，多讲些打气提神的话，让他们支持我们的工作，让他们跟我们同向而行，以免出现单位要加班、家里要闹腾的问题，搞得身心俱疲。身体是革命的本钱，这个岗位因久坐会出现颈椎腰椎疼痛等职业病，我们要经常锻炼身体，注意劳逸结合，身体好了工作才更有劲头，才能打好持久战。

最后，用一句话来结束今天的分享，“对于文稿写作而言，善不善于学习决定了你的下限，有没有情怀决定了你的上限”。希望今天的分享对年轻干部们起草综合文稿有所裨益，课后我们还可以保持交流。谢谢大家！

美国总统与他们的“笔杆子”*

高洪山　张　阳

对于美国总统来说，要获得竞选成功并当好总统，一个重要条件就是要善于演讲。美国总统在任期间要发表很多演讲：大选期间要发表竞选演讲，就职典礼上要发表就职演讲，每年年初发表国情咨文时也要演讲。总统站在台上总是口若悬河，滔滔不绝，常常博得听众的喝彩。其实，总统演讲并非随口而出的即席谈话，而是经过一番精心准备的“照本宣科”。在总统精彩演讲的背后，有很多“无名英雄”在为他埋头笔耕。每一篇演讲稿都凝结着大家的智慧与汗水。他们就是白宫的撰稿人——总统的“笔杆子”。

一

总统演讲稿的写作过程十分复杂，在写作前和写作中，总统新闻办公室、总统顾问、白宫内阁和其他行政部门会将带有大量信息和不同观点的材料呈送总统。总统看后再将这些材料转给他的撰稿

* 载《秘书工作》2013年第7期。

人。对于刚刚入职的新手来说，成堆的文字材料常常会把他们搞得晕头转向。动笔前，撰稿人要熟悉总统的行为方式和演讲风格。比如，有的总统喜欢文采飞扬，有的总统偏爱引经据典，有的总统愿意简单中肯。有时为了确保总统满意，写作班子不得不准备几套方案供其挑选。方案确定后，大家还要经过反复斟酌、酝酿、撰写、修改，最终成品往往是集体智慧的结晶。

要成为总统撰稿人，尤其是深受总统信赖和重视的核心撰稿人，并非一件轻而易举的事。一般来说，他首先必须具备某一方面的专业知识。比如在约翰逊总统的写作班子里，道格拉斯·科特负责起草关于健康、教育和福利方面的演讲稿，为了出色完成任务，他必须了解相应的政策法规，具备相关的系统知识，掌握有关的数据信息；理查德·顾德温负责为总统起草关于民权问题的演讲稿，他是民权方面的资深专家，那篇著名的《我们要勇往直前》就出自他的手笔。

要成为总统撰稿人，除了具备专业知识，还要善于抓住机遇，最好是能够被总统直接发现。派屈克·布坎南就是凭借他的才华和机遇从一名小报编辑逐步成为尼克松总统的核心撰稿人的。布坎南同尼克松的初次见面是在一次鸡尾酒会上。当时，布坎南好不容易得到与尼克松见面的机会，于是缠着对方不放，一个劲地向他提问。尽管尼克松屡屡拒绝回答，但他还是“死皮赖脸”地不肯离开。虽然尼克松有些不耐烦，但对他的执着精神留下了深刻印象。后来，尼克松当选总统，热衷于举行记者招待会展示个人魅力与领导才能。此时，他特别需要像布坎南那样有知识、有才能、有魄力的人为他效劳。恰好这时布坎南正负责为白宫高层作“每日新闻摘要”，有机会与尼克松进一步接触，这个优势使得他最终成为深受总统信赖的得力助手与核心撰稿人。

二

美国历任总统都较为重视演讲稿的撰写，并不同程度参与有关工作。富兰克林·罗斯福参加竞选时为了增强演讲效果，精心组建了一个庞大的写作班子，专门为他起草竞选演讲稿。班子中的成员大多是从他的个人助手中挑选出来的。总统十分了解他们的特长与才能，深知他们各自对哪个领域的情况最为熟悉。这些人与罗斯福共事多年，十分了解他的性格与喜好，善于撰写与其风格相符的演讲稿。罗斯福向他们提出了明确要求：每一篇演讲稿中都要体现出他的主体思想，保证他的政策主张和公开言辞的一致性。入主白宫后，不论工作多忙，罗斯福总统都会亲自过问演讲稿的撰写情况，并经常亲临指导——从观点的提出到最后定稿都要一一过问。与前任相比，杜鲁门总统的工作方法有所不同。他先将起草工作全部交给写作班子，到了规定日期再来逐一检查。当然，总统的标准是十分严格的，从篇章结构到列举事例，从提出观点到每一句话、每一个词，都要接受检验。

为总统撰写演讲稿，除了注重讲稿的思想性、准确性，很多时候还要充分考虑稿件的节奏感和听众的接受度。福特总统的演讲以简明扼要、精彩洗练著称。这在很大程度上得益于总统的首席撰稿人——罗伯特·哈特曼。后者在总结为总统撰写讲话稿的经验时说，福特总统要求为他撰写演讲稿要抓住三个关键：第一个关键是，稿子不要写得太长，能20分钟解决问题就不要拖到21分钟。演讲时间太长，再精彩的内容也没有人愿意听。第二个关键是，撰写演讲稿需要具有创作戏剧和诗歌的功夫。使用的词语要悦耳、动听，要有节奏感和主旋律的变化，整个讲稿要像一部音乐作品一样完整和谐。第三个关键是，所写演讲稿应简明扼要，通俗易懂，生动有趣，使大家喜欢听、听得懂、记得住。

三

总统与他的撰稿人不仅仅是工作中的上下级关系，由于接触时间较多，彼此交往频繁，他们往往能够更加相互理解，相互信任。休斯是小布什总统身边一位得心应手的助手，总统许多重要讲稿起草后都要交给休斯修改和润色。有时，小布什与休斯在事先并未通气的情况下，会对同一篇讲稿作出完全相同的修改，可谓心有灵犀。“休斯善于理解总统的意图，她在任何情况下总能体察总统的心理，了解总统在何种场合想要说些什么，也知道总统会以何种方式表达出来。”白宫首席撰稿人麦克·格尔森回忆说。

小布什担任得州州长期间，休斯担任州长办公室主任。无论是重大政治任务还是一般事务性工作，休斯总能从容不迫、有条不紊地及时处理妥当，从未有过怨言。小布什就任总统后，立即任命休斯出任总统顾问，负责白宫公共关系运作策划。总统心中清楚，休斯曾担任过电视台记者，对同行的心理状态可谓了如指掌，与记者打交道自然如鱼得水。尽管总统顾问并非什么有头有脸的官职，名义上也没有内阁官员位高权重，但实际上其对小布什制定政策的影响没有任何界限。

小布什的传媒顾问马克·麦金农曾形象地将休斯比作“总统行动的指南针”。此话似乎有些夸张，但不可否认的是，无论是在政治、经济方面，还是在外交、军事方面，小布什非常注重听取休斯的意见。总统常常要求休斯对他说真话，休斯总是力求百分之百地做到这一点。在她的办公桌上方赫然写着一句话——“告诉布什真相”。桌旁还有一张便条，上面写着丘吉尔的一句名言：“我不是狮子，但要发出狮子般的怒吼。”休斯立说立行，工作实事求是，从不拐弯抹角。她曾直截了当地对小布什说：“如果你不喜欢我的风格，我就走人。”事实上，小布什正是看中她的这种性格特点和工作风格，才对其委以重任的。

初版后记

我非常喜欢起草领导重要文稿这项工作，一直以来都是乐此不疲、以此为荣。这些年来，我有幸参加了党的十六大、十七大、十八大党代会报告的起草和党章的修改工作，十多次参加中央领导在中央纪委全会上的讲话初稿的起草工作，还有其他一些重要文件的起草工作。这本小册子就是我在起草文稿过程中逐步积累起来的一些经验和体会。

我是在1984年8月北京大学中文系毕业后主动要求到中央纪委研究室工作的。后来随着工作需要，又到中央纪委办公厅，再到中央办公厅调研室，2010年又回到中央纪委研究室，一直都是从事文稿服务工作。因此，本书谈及的文稿，主要指的是政治性文稿，特别是领导讲话、调研报告、政策文件等文稿。本书中说的事情、举的例子，往往也是和自己的工作经历相关的内容，具有一定的个别性。考虑到一些读者的需求，后来又扩充了一些基础性、普及性的内容。

本书书名《怎样起草文稿》，是受到王梦奎同志《怎样写文章》的启发。我专门查过，现在有一些谈起草文稿的体会文章，但专门系统地用问答式来谈起草文稿的书，可能这是第一本。这次承蒙王梦奎同志的厚爱，他把自己2017年在中央党史研究室的讲课稿《文章写作漫谈》专门交给我。真是非常的感谢！

非常感谢李忠杰同志为本书所作的序言，也感谢他对本人所作的评价与鼓励。我很早就知道李忠杰同志的大名，令我印象最深的是，在十六大党章修改前，他一个人就提交了一部党章的修改稿！后来，我们因一同参加党的十七大报告的起草工作，在玉泉山成了“草友”。2016年11月，我们还一起被聘为中国纪检监察学院客座教授。这次邀请李忠杰同志为本书作序，他欣然同意，并在两天内就写成了序言。作为“老友”的我还是深受感动！

由于本书的经验和体会只是我个人的一得之见，肯定会有不少局限性和不足的地方，希望得到读者的指正。

本书的附录，收录了一些作者介绍如何起草文稿特别是领导文稿的经验和体会，他们从不同角度谈到了起草文稿的重要意义、基本要求、方法技巧等，值得我们学习和借鉴。有了这些文章，就使本书更好地体现了完整性和丰富性，拓宽了本书的外延，也深化了本书的内涵。其中五篇是我的领导、同事和朋友的文章，有的已经征求过本人的意见。在此，我对所有作者深表感谢！

我要向原来在中央办公厅调研室和中央纪委研究室的同事表示衷心的感谢！那时我们经常在一起总结交流，切磋琢磨，挑灯熬夜，既完成领导交办的起草文稿的任务，也交流起草文稿的方法和技巧。这些忙碌的日子都成为我美好的记忆。

还要感谢浙江人民出版社社长叶国斌先生，张炳剑先生和陶辰悦先生，浙江日报社潘如龙先生的大力支持和热心帮助，他们为本书的出版付出了真诚的努力。

李雪勤　于北京清华东路

2018年11月26日

再版后记

《怎样起草文稿》这本小册子自2019年3月出版以来，已经4年过去了。听浙江人民出版社的同志说，这本书的第一版已经是第8次印刷。读者的反映也相当不错，有的认为读了此书“启发很大，收获颇多”，这说明还是得到市场认可的。自己努力的成果能够得到读者和市场的肯定，还是值得庆贺的，这也使我感到很欣慰。

这次再版，主要是增加了这些内容。

一是在“调研篇”中，增加了怎样看待调查研究的重要性、为什么说开展调查研究一定要有全局意识、调查研究怎样才能更好地为领导决策服务、调查研究人员必须具备什么样的能力、调查研究有哪些方式等内容，有的还用了一些例子来加以说明，以便更好地理解。这些都是我在调查研究实践中的切身体会，对搞调研的同志应该会有帮助。

二是在“能力篇”中，增加了我的个人回忆录《通往北大的高考之路》。回忆那时恢复高考后我连续参加3次高考，后来终于考上北京大学中文系的经历。说起来还有点传奇色彩，特别是自己坚持不懈、三落四起的事情，得到了不少人的鼓励和肯定。2019年，这篇回忆录在我的公众号“李雪勤文论”发表后，读者反映热烈，后被凤凰网等媒体予以转载报道，社会反响也相当不错。

三是在“参考篇”中，补充了4篇地方和基层机关干部起草文稿及调查研究的体会文章。之前出版的书稿中，讲起草高中层以上领导讲话体会的内容和方法居多，这次有3篇文章讲起草中层以下领导讲话的体会，也有一篇讲调查研究的体会。同时他们还熟悉起草领导讲话之外其他各种公文写作的方法。可以说，他们的体会对于我们作文者来说，都是很好的参考和借鉴。

非常感谢浙江人民出版社叶国斌社长、潘玉凤副总编一直以来的重视和关怀，我们在北京还专门就出版事宜进行了商谈。非常感谢陶辰悦和何婷编辑，他们的长期支持和对书稿的细心编校，使我深受感动。在此再次表示由衷的感谢！

李雪勤

于北京市海淀区中国纪检监察学院

2023年3月14日

图书在版编目（CIP）数据

怎样起草文稿 / 李雪勤著. — 杭州 ：浙江人民出版社，2023.4（2024.5重印）

ISBN 978-7-213-11048-1

Ⅰ. ①怎… Ⅱ. ①李… Ⅲ. ①公文-写作 Ⅳ. ①H152.3

中国国家版本馆CIP数据核字(2023)第065138号

怎样起草文稿

李雪勤　著

出版发行：浙江人民出版社（杭州市环城北路177号　邮编　310006）
　　　　　市场部电话：(0571)85061682　85176516

责任编辑：何　婷　陶辰悦

责任校对：杨　帆

责任印务：程　琳

封面设计：许冬喜

电脑制版：杭州兴邦电子印务有限公司

印　　刷：杭州钱江彩色印务有限公司

开　　本：710毫米×1000毫米　1/16　　印　　张：21.5

字　　数：253千字　　插　　页：2

版　　次：2023年4月第1版　　印　　次：2024年5月第2次印刷

书　　号：ISBN 978-7-213-11048-1

定　　价：78.00元
